中国互联网营销发展报告
（2023）

主　　编：喻国明　陈　永

副 主 编：苏　同　谭北平　邵京平　丁汉青

执行主编：姚　林　刘　佳　杨　雅

人民日报出版社

北京

图书在版编目（CIP）数据

中国互联网营销发展报告. 2023 / 喻国明，陈永主编. —北京：人民日报出版社，2023.12
ISBN 978-7-5115-8047-4

Ⅰ. ①中… Ⅱ. ①喻… ②陈… Ⅲ. ①网络营销—研究报告—中国—2023 Ⅳ. ①F724.6

中国国家版本馆CIP数据核字（2023）第204296号

书　　名：中国互联网营销发展报告. 2023
　　　　　ZHONGGUO HULIANWANG YINGXIAO FAZHAN BAOGAO. 2023
主　　编：喻国明　陈　永
出 版 人：刘华新
责任编辑：梁雪云　　王奕帆
封面设计：中尚图
出版发行：人民日报出版社
社　　址：北京金台西路2号
邮政编码：100733
发行热线：（010）65369527　65369846　65369509　65369512
邮购热线：（010）65369530
编辑热线：（010）65369526
网　　址：www.peopledailypress.com
经　　销：新华书店
印　　刷：天津中印联印务有限公司
法律顾问：北京科宇律师事务所 010-83632312

开　　本：710mm×1000mm　1/16
字　　数：338千字
印　　张：25.25
版次印次：2023年12月第1版　2023年12月第1次印刷
书　　号：ISBN 978-7-5115-8047-4
定　　价：88.00元

出品人

中关村互动营销实验室（IMZ）

联合出品人

华扬联众数字技术股份有限公司

京东零售

合作研究机构

秒针营销科学院

普华永道

北京师范大学新闻传播学院

《中国互联网营销发展报告（2023）》

编委会

序言

中国市场监督管理学会会长　刘玉亭

　　"十四五"时期是我国由全面建成小康社会向基本实现社会主义现代化迈进的关键时期。2022年，提振信心、凝聚共识，推动互联网营销行业高质量发展，是实现"十四五"时期经济社会发展目标的重要推动力。

　　互联网产业是经济社会发展的一面镜子。互联网营销作为宏观经济政策和微观行业调控的聚合落脚点，对其持续深入开展研究具有重要的理论价值和实践意义。探寻互联网营销的脉络，可深度感知经济走势和社会生活形态的变化。《中国互联网营销发展报告（2023）》内容翔实、数据丰富、案例鲜明，框架布局宏观、中观与微观相结合，忠实记录互联网营销创新特征与路径，探索互联网营销轨迹与趋势，注重传播生态改变对于产业发展及业态的影响，服务和推动实体经济稳定恢复发展。

　　随着国内整体经济环境迈入结构性调整的再平衡期，中国互联网营销市场也在此背景下步入结构性调整的深水期。坚持正确导向、弘扬社会主义核心价值观、传播社会主义先进文化、服务构建新发展格局、规范广告市场秩序、倡导绿色消费理念，是提升互联网营销行业发展的基本要求。一方面，促进消费升级和供给侧结构性改革，提升商品和服务的品牌附加值和竞争力，满足人民日益增长的美好生活需要；另一方面，服务传播社会主义先进文化，弘扬社会主义核心价值观，讲好中国故事，弘扬中国精神，提升国家文化软实力和国际竞争力。

2022 年，受全球经济增速、移动互联网流量增长态势，以及投资者信心等因素影响，中国互联网行业互联网广告收入 5088 亿元人民币（不含港澳台地区），较 2021 年出现一定程度的回调，同比下降 6.38%，减少 347 亿元。互联网营销行业开始进入结构性调整、资源配置与质量提升的新常态阶段；提振信心、凝聚共识，加快培育新型消费，探索新兴产业和科技创新，成为互联网营销领域未来深入探索、保持稳定的发展方向。

第一，政策环境层面，顶层设计创新完善数据安全监管机制，明确互联网营销主体责任，公布新兴生成式人工智能服务管理暂行办法，加快构建数据基础制度，体现"协同、共治、共享"的互联网发展理念。

围绕"十四五"时期扩大内需、质量强国建设的发展目标，以及国家数据安全的战略目标，从顶层设计层面对于互联网营销行业寄予厚望。《"十四五"广告产业发展规划》为中国广告营销产业提供科学指引；《互联网广告管理办法》全方位、多层次规范互联网广告发展，进一步明确互联网营销市场的经营主体责任，确保互联网平台的可持续发展；《扩大内需战略规划纲要（2022—2035 年）》提出支持直播电商、短视频等新业态新模式发展，规范网络直播营销行为，保护消费者合法权益；《生成式人工智能服务管理暂行办法》提出国家坚持发展和安全并重、促进创新和依法治理相结合的原则，采取有效措施鼓励生成式人工智能创新发展。

第二，经济环境层面，人工智能（Artificial Intelligence，AI）技术推动营销触点与内容生产方式转型，总体经济水平"承压"前进，结构性调整寻找"新动能"。

2022 年，我国 GDP 增势较前几年相对平缓，宏观经济发展在强调"总量"和"数量"之后，如何通过调整、优化经济结构，增强应对冲击的韧性，成为新的关键问题。通信基础设施布局铺开，应用市场纵深下沉；文化产业规模和文化消费需求稳定，创意文化经济和符号文化经济升级消费场景；网络零售产业规模稳步扩大、市场保持增长态势，农村零售和视频零售成为主要发展动力；居民消费更加趋于理性，追求精简消费、效率消费，需将消费市场报复性、补偿性消费的短期动机转变成常规性的长期消费潜力。

第三，社会环境层面，生态环境背景下的双碳绿色营销、媒介环境影响下的智能营销，以及外部环境影响下的国际营销成为新的增长点。

2022 年，居民服务性消费支出增长，消费信心逐步恢复。从消费情况来看，基本生活类商品销售和网上零售增长较快，以社区为半径的本地消费模式逐渐形成，老年群体消费需求在未来将会成为更加细分的产业链。党的二十大报告提出，倡导绿色消费，推动形成绿色低碳的生产方式和生活方式。绿色消费场景如空瓶回收、绿色包裹、碳中和商品、绿色互动等，推动绿色理念转化为消费者的自觉行动；低碳环保行为与品牌营销机制紧密结合，增强消费者认同感，提升产品复购率和品牌公益价值。同时，AIGC 推动消费者经济和体验经济，电商直播和虚拟偶像产业赋能发展升级；新一代人工智能技术强化平台话语权和数据隐私权，在更大范围实现国际传播和营销内容资源的引导、富集、加工，进一步促进中国品牌成长，以多元力量促进共生共享格局。

第四，技术环境层面，AI 技术依然是互联网营销的"核心序参量"，进一步提升营销的精准度与高效率，赋予企业与消费者连接的全新价值。

新兴科技如人工智能技术日渐成熟，催生出 AIGC 这一全新内容生产范式，算据、算法、算力的发展为互联网营销发展提供新的增长点，拓宽数字营销致效边界，在文本营销、图片营销、视频营销等内容生成层面赋能互联网营销主体，为互联网数字营销提供新动能。具体体现在赋能内容产出效率、降低营销成本，为营销内容和方案提供创意支撑，以及进一步影响内容传播过程与最终营销效果。新一轮 AI 技术将掀起新的互联网营销浪潮，科技化、智能化助推产业创新和发展，互联网营销领域将迎来新的发展机遇。

总之，2022 年的互联网营销态势，体现当前和未来一段时间内在新常态下行业探索结构调整、质量提升、创新科技、生态绿色的增长模式。面对全球经济态势、地缘因素和新一轮科技革命，中国互联网行业需致力于加快培育新型消费，提升科技创新、管理创新和流程创新，把握 AIGC 时代新技术所引领的产业赋能和生产率增长，追求更有韧性、更加稳定、更高增长质量以及更具长远未来前景的发展模式。行稳而致远，2023 年，提振信心、凝聚共识，不断巩固提升互联网行业可持续发展的基础。

⊢ 目录 ⊣

序 篇

2022 年中国互联网广告数据报告

第一部分

环境篇

第二部分

创新篇

第三部分

专题篇

序 篇

2022 年中国互联网广告数据报告

前言：栉风沐雨，奋楫笃行

迄今为止，《中国互联网广告数据报告》（以下简称《报告》）已连续发布了七个年度，我们怀着树立客观视角与行业分析标杆的愿景，忠实记录和发现互联网营销发展轨迹，旨在与业内同人共同探索互联网服务推动实体经济发展的新方向，也为中国互联网营销产业提供一份全面且具连续性的发展概要。《报告》已成为每年伊始，政府主管部门、国内外行业机构、品牌企业、专家学者、互联网从业者等了解我国互联网营销发展最新状况的重要参考。

《报告》由中关村互动营销实验室（以下简称"实验室"）联合普华永道、秒针营销科学院、北京师范大学新闻传播学院共同发布。《报告》沿袭了此前的统计口径、基本分析逻辑、数据来源和一贯坚守的品质，除互联网广告领域以外，从2020年开始，连续三年追踪统计了互联网营销产业规模并研判未来发展趋势，使其更具前瞻性及实用价值。

我们选择"结构性调整与产业资源配置优化"作为中国互联网广告行业2022年发展趋势的关键词，在经历了20余年的高速发展后，中国互联网迈入了结构性调整周期，这也是宏观经济结构性调整作用的结果。在刚刚过去的这一年里，我国经济经受住了疫情与国际经济下行的双重考验：由于俄乌冲突局势变化、欧洲能源危机与新冠疫情多发散发等诸多超预期不利因素的影响，在一段时期内我国经济产业链与供应链受阻，增速有所放缓。但总体来说，我们仍然坚持了"稳中求进"的工作发展基调，高效统筹了疫情防控和经济社会发展。

随着稳经济一揽子政策与措施的落地显效，国民经济顶住压力持续恢复，消费、投资、出口三大需求持续回升，新动能引领作用凸显。第三季度伊始，产业链逐渐得到恢复，生产需求持续改善，就业物价总体稳定，民生保障有力有效，主要指标运行在合理区间，积极因素累积增多。

随着经济发展进入新时期，我国的互联网发展也迈入了新阶段。当前互联网在促进我国产业结构优化升级，推动数字经济蓬勃发展，全面构建数字社会等方面发挥了重要作用。主要体现在三个方面：一是作为数字时代的基础设施，互联网持续扩大连接属性，形成规模效应；二是作为信息技术产品应用的重要平台，互联网通过技术创新全面提升全社会资源配置效率；三是作为数字经济的重要引擎，互联网推动新应用、新场景、新模式、新业态的大融合，有效促进数字产业化和产业数字化稳步发展，为经济高质量发展提供动力。

在这个继往开来的变革时代，我们希望继续分享在互联网广告与营销领域的知识成果，并借此机会，衷心感谢各级主管部门、互联网广告经营单位、广告主及各学术研究机构所给予的指导与支持，衷心感谢各位领导、专家与工作人员所贡献的心力与智慧！

一、中国互联网广告行业 2022 年度发展趋势

中国互联网在经历 20 多年的高速增长后，进入了结构性调整与资源配置优化阶段。基于 2022 年中国互联网广告数据报告所提供的基本

数据，2022 年中国互联网广告市场呈现出如下关键特点和趋势。

（一）互联网广告市场结构性调整步入深水区，市场规模首次出现回调

截至目前，中国互联网广告市场已经高速发展了 20 余年，并在 2015 年前后市场规模增速达到高峰，随后伴随着我国经济结构性改革的步伐，互联网广告行业也开始迈入结构性调整的发展周期。进入 2022 年，全球经济经历了俄乌冲突、欧洲能源危机、多国金融体系危机与疫情反复的多重考验，面对复杂严峻的国际形势和多重超预期因素冲击，国内多个行业的产业链与供应链也不同程度地受阻。在此大背景下，中国互联网广告行业受经济短期波动的影响，展现出了较为明显的结构性调整态势：2022 年全年实现广告收入 5088 亿元人民币（不含港澳台地区），较 2021 年出现一定程度的回调，同比下降 6.38%，减少 347 亿元。

这是《报告》发布七年来的首次回调，也是中国互联网广告市场发展 20 余年来首次出现负增长。从宏观市场结构的角度看，此次调整有利于互联网广告市场长期稳定的良性发展。得益于中国经济潜力足、韧性大、活力强、回旋空间大、政策工具多等特点，中长期看，经济稳中向好、长期向好的基本面并未改变，中国互联网广告产业抓住此调整窗口持续优化资源配置，有利于未来把握主动，抓住市场机遇。

（二）行业巨头增速放缓，头部企业是稳定市场的压舱石

在行业前十的头部企业中，行业前四（阿里巴巴、字节跳动、腾讯与百度）的互联网广告收入均超过 500 亿元，形成第一梯队。除了字节跳动外，BAT 均出现了较大幅度的下滑，三家合计下降 355 亿元，各家降幅均超过 9%。由于我国互联网市场集中度较高（TOP4 集中度

77.54%，TOP10 集中度 96.46%），头部企业波动对总体市场影响程度较大，三家头部企业收入下降成为市场总体下降的主要原因。

统计显示，行业前十的企业广告收入规模合计下降 247 亿元，降幅为 4.79%，小于市场整体降幅，主要是由于以字节跳动、京东、美团、快手为代表的企业持续增长。这些企业的增长，不仅成为稳定市场的主要动力，而且发挥着重要的市场平衡作用。

（三）长视频广告增长放缓，短视频形式占据主流

从媒体平台类型看，视频平台市场占比 23.03%，是第二大类广告平台；从广告形式看，视频广告市场占比 22.19%，是第三大类广告形式。并且上述两个方面的市场占有率在 2022 年均有提升，这说明视频已成为营销产品和吸引用户的有效工具。

在视频类别中，短视频是唯一一类在媒体平台与广告形式上都呈现增长的品类，也是 2022 年唯一增长的品类。这表明互联网视频广告的结构在向短视频倾斜，短视频广告形式凸显其市场优势。

在经历了 2020 年的爆发式增长后，短视频用户规模再创新高，影响力日益增强。2022 年 3 月，中国短视频用户规模已达 9.54 亿人，使用时长达到 689.71 亿小时，短视频综合平台的用户使用时长环比增长 13.82%，已成为仅次于即时通信的第二大网络应用。这表明短视频已开始成为主流市场的营销手段。

当前短视频专业细分程度逐渐提高，专业化、精品化趋势明显，影响力、穿透力逐渐增强，已成为"超级舆论场"。同时行业自律加强，在"首屏首推"工程的推动下，短视频平台开始用主流价值观优化算法推荐机制，积极投身文娱领域综合治理，服务正能量传播，生态持续向好。

除短视频外，其他媒体平台与广告形式均有不同程度的收入下降。从广告形式看，展示类广告和搜索类广告合计减少了 336.34 亿元，几乎相当于市场总体下降额。

（四）互联网广告直接反映着经济结构调整的态势，交通、零售物流呈现增长，房地产、教育大幅下降

广告市场的发展状况与相关行业的发展趋势紧密相关，受国内经济结构调整与政策因素的影响，房地产与教育培训行业景气度仍然不高，它们的广告投放也继续呈现断崖式下跌态势，两者合计下跌 209.41 亿元，占行业总跌幅的 60.35%。房地产市场的萎靡波及了家具装潢市场，后者成为继教育培训之后第三大降幅行业，市场规模较上年下降 59.04 亿元，降幅 54.86%。

与之相比，以交通、零售物流与服装服饰为代表的行业则抓住产业发展和市场变化的机遇，广告投入大幅增长。例如，受 ESG 风潮席卷、双碳战略红利、国内新能源汽车市场蓬勃发展等多重利好因素影响，交通行业广告较上年新增 66.54 亿元，增幅达 14.30%。同时受全年疫情影响，零售物流行业利好，其行业互联网广告收入新增 42.00 亿元，较上年大幅增长 54.69%。总的来说，交通、零售物流、家用电器、服装服饰与旅游休闲为 2022 年互联网广告五个主要增长行业，共增加了 191.19 亿元收入，这是市场趋稳的主要动力。从数据看，经济结构调整的结果已直接作用于了互联网广告营销市场上。

（五）互联网经营模式的多样性，影响着整体市场的稳定与生存

互联网经营模式的区别，导致了广告业务对企业的运营影响不同，也对整体互联网广告营销市场的影响不同。

在互联网广告市场 TOP10 的参与者中，阿里的客户管理收入占比

已逐年减少到三分之一左右，百度、快手、微博的网络广告及营销收入占比均达到 50% 以上，而拼多多则高达近八成。显然，这些企业的广告及营销收入变化对企业总体收入的影响很大，广告及营销收入状况大体反映了企业的经营状况。

与之相对应的是，腾讯、美团、小米的网络广告及营销收入仅占总收入的 15% 左右，京东的平台及广告收入占比更是仅有 7.6%。这些企业的广告及营销业务并非主营业务。由于这些企业对于广告市场的依赖性较小，因此受到广告市场调整的影响也较小，这有助于它们保持主营业务的活力，而这些市场活力也成为稳定局势、恢复市场信心的关键力量。

因此，我们需清晰地认识到，虽然目前互联网广告市场与互联网产业发展关联度较高，但互联网广告市场规模的下降并不意味着互联网整体市场和数字经济的下滑，同时如上所述，也不意味着所有企业及平台经营绩效的下滑。

二、2022 年互联网广告的主体数据

（一）2022 年中国互联网广告收入总体情况

• 2022 年中国互联网广告市场规模预计约为 5088 亿元人民币，较 2021 年下降 6.38%，市场规模近七年首次出现负增长。

• 2022 年中国互联网营销市场规模预计约为 6150 亿元人民币，较上年下降 0.37%，广告与营销市场规模合计约为 11238 亿元，较上年下降 3.19%。

（亿元）

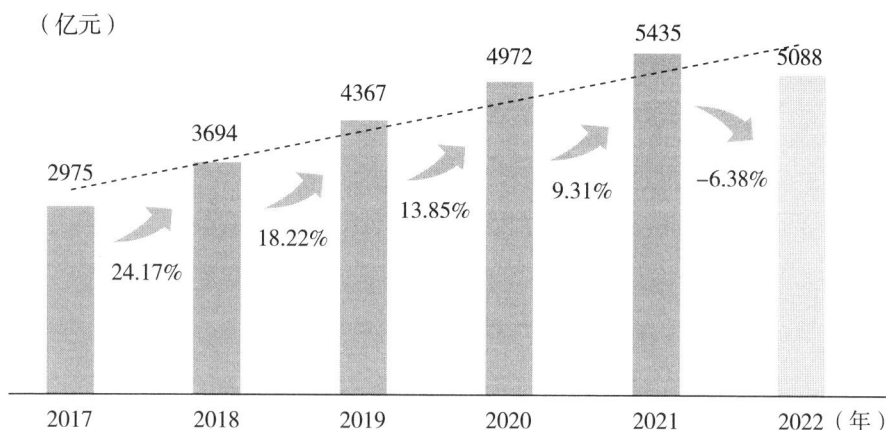

图 0-1　2017—2022 年中国市场互联网广告总体收入情况

数据来源：中关村互动营销实验室

从广告形式收入占比情况看，电商广告的市场规模与市场份额同
2021 年基本持平，展示类广告连续两年出现下滑，并且 2022 年的下滑
趋势进一步扩大至 13%，市场份额也进一步下跌至 26.54%；搜索类广
告出现近年来最大下滑趋势，市场规模较上年下滑 20%，市场占比则
连续四年下滑至 10.13%；视频类广告是 2022 年唯一出现逆势增长的
品类，市场占比由 2021 年的 20.39% 继续上升至 22.19%，具体来看，
视频信息流广告的火爆带动了整体视频类广告的增长，其市场规模从
2021 年的 775.64 亿元增加至 851.17 亿元，增速达 10%。

（二）2022 年中国互联网广告媒体平台类型收入结构变化分析

• 从媒体平台类型收入结构看，电商平台受累于整体市场趋势的下
行，市场规模出现 3% 的下滑，但下滑幅度小于整体市场下行幅度，因
此市场份额第六年实现增长，达到 38.12%，继续成为互联网广告市场
占比最大的收入渠道。

• 在 2022 年唯一实现市场规模增长的是短视频平台，由 811.00 亿元

增长至 858.50 亿元，增幅 5.86%。得益于短视频平台的增长红利，视频类平台广告收入市场份额持续增长至 23.03%（其中短视频平台市场份额 16.87%），进一步巩固了其市场第二大类别广告渠道的地位，其规模已超越搜索类平台（9.60%）与新闻资讯类平台（7.88%）规模之和。

- 搜索类平台连续四年在广告收入与市场份额两方面出现下滑，并且其市场规模在所有类别中较上年下降最多（下降 78.63 亿元，降幅 14%）。在新媒体盛行的互联网新时代下，传统搜索广告市场虽然较上年继续呈现下滑趋势，但从绝对市场份额看，仍然牢牢占据市场前四的位置，搜索作为网民的一种刚需行为，仍然具有较强的广告市场吸引力。且我们需注意的是，搜索平台的式微，并不代表搜索市场的萎缩，新媒体时代许多搜索需求已叠加至垂直渠道。社交类平台市场规模基本与 2021 年无异（520.45 亿元），由于整体规模下降，市场占比略有提升（10.23%）。

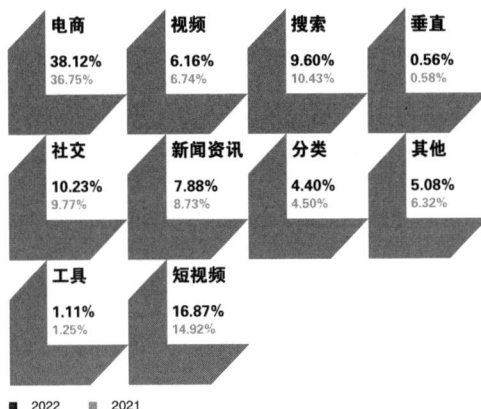

电商	视频	搜索	垂直
38.12%	6.16%	9.60%	0.56%
36.75%	6.74%	10.43%	0.58%

社交	新闻资讯	分类	其他
10.23%	7.88%	4.40%	5.08%
9.77%	8.73%	4.50%	6.32%

工具	短视频
1.11%	16.87%
1.25%	14.92%

■ 2022　■ 2021

图 0-2　2021—2022 年各媒体平台互联网广告收入占比情况

数据来源：中关村互动营销实验室

• 从计价方式看，效果类广告市场份额较上年有 2.09 个百分点的提升，相应地，CPM 广告市场份额则出现 1.94 个百分点的下降。这说明在整体经济形势收紧的大背景下，广告主对于广告类型的选择也更加务实，效果类广告得到了更多的青睐，广告主们更加看重广告效果而非广告覆盖面，品牌广告投资减少，营销费用补贴到了精准营销。

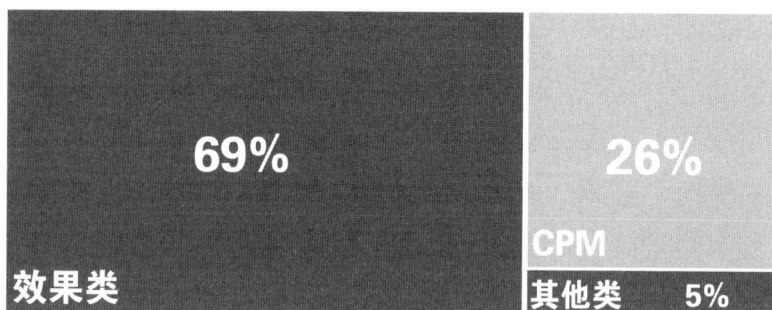

图 0-3　2022 年各计价方式收入占比情况

数据来源：中关村互动营销实验室

（三）2022 年中国互联网广告收入集中化趋势分析

• 受到黑天鹅事件频出，全球经济震荡下行与疫情反复的影响，2022 年全年互联网广告规模从 2021 年的 5435 亿元下调至 5088 亿元，20 余年来首次出现负增长；营销市场总规模与 2021 年基本持平，为 6150 亿元，虽然丧失了增长速度，但维持住了市场规模，广告与营销市场总规模为 11238 亿元，总体较上年下降 3.19%。整体来看，由于民众消费热情减退，同时面对国际市场诸多黑天鹅事件，广告市场迎来深度结构性调整，规模增长率首次由正转负，同比下降 6.38%。

• 受经济基本面下行影响，广告市场集中度较上年进一步提升，行业巨头基本垄断市场，进一步挤压中小公司生存空间：行业前十大公司市场份额占比由 2021 年的 94.85% 提升至 96.46%，为近七年来最高，而行业前四的巨头公司市场份额占比为 77.54%，与 2021 年基本持平，意味着即使经济增速趋缓，巨头公司依然呈现赢者通吃的态势。

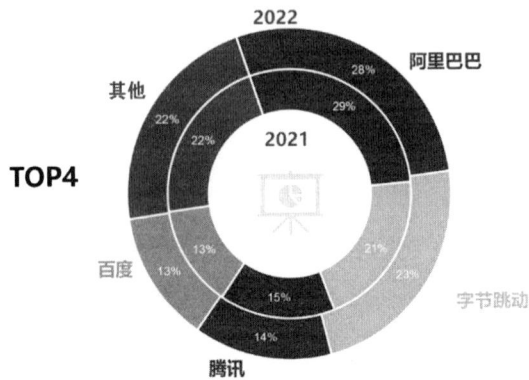

图 0-4　2021—2022 年互联网广告收入头部公司占比变化

数据来源：中关村互动营销实验室

- 在行业 TOP4 企业中（广告收入超过 500 亿元），BAT 均呈现较大幅度的规模下滑，唯有字节跳动凭借短视频风口逆势增长，与阿里巴巴继续成为唯二广告收入破千亿的企业，且其与行业龙头阿里巴巴的收入差距进一步缩短。从 2018 年至 2022 年这 5 年间，行业前四作为市场第一梯队，其行业地位一直未发生变化，只是字节跳动从 2018 年的行业第四跃升至与阿里巴巴比肩的龙头位置，而百度则从昔日第二掉至现今第四。由于受民众整体消费意愿下降与游戏业行业监管影响，阿里与腾讯的广告收入降幅均超过 100 亿元。

- 在行业 TOP5—10 企业中，虽然京东经过一系列整改，在 2022 年交出了不错的成绩单，但其市场规模与美团点评、快手的差距基本被抹平，三家公司 2022 年的广告收入规模均拥有 10% 左右的增长表现，均超过了 200 亿元，而其中快手的规模增长最为迅速，其广告收入规模较 2020 年已完成翻倍；拼多多继续呈现强势增长势头，已超越微博进入百亿俱乐部。

单位：人民币

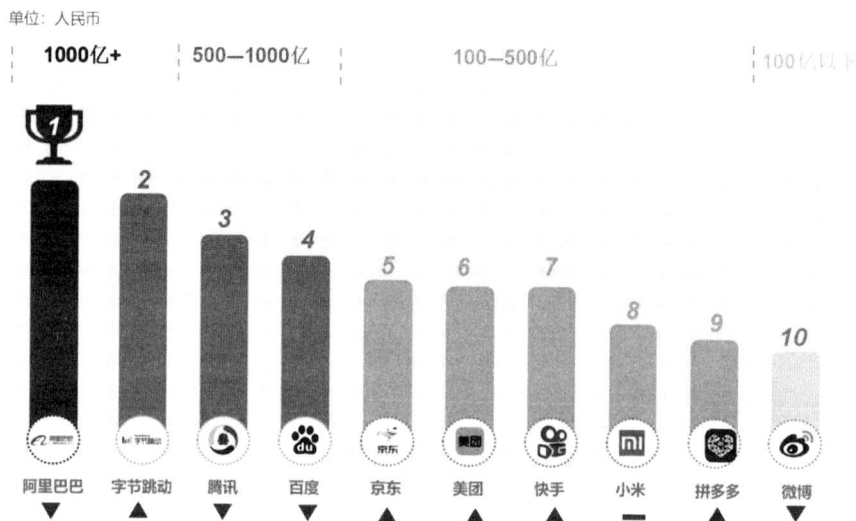

图 0-5　2022 年中国互联网广告收入 TOP10 企业榜单

数据来源：中关村互动营销实验室

（四）2021—2022 年主要行业互联网广告收入品类占比及变化分析

• 从行业与品类看，食品饮料与个护及母婴品类合计市场占比从 2021 年的 62% 继续提升至 2022 年的 64%，且两大品类均保持了与上年相当的市场规模，这说明在整体消费市场热情遇冷、民众消费预期调整的情况下，关乎民生的品类成为最为坚挺的消费品类；个护及母婴品类继续超越食品饮料，保持互联网广告市场第一大品类的位置。

• 受监管与市场影响，房地产品类继续出现断崖式下跌，降幅从 2021 年的 51.44% 攀升至 83%，广告收入近乎腰斩，从前几年的热门品类下滑至垫底的冷门品类。受房地产行业的影响，家具装潢广告市场也出现较大降幅（54.86%），市场规模较上年下降 59.04 亿元。

• 与之相仿的是教育培训行业，受行业调整与相关政策影响，教育培训行业出现巨幅震荡，广告收入继续下滑72%至23.78亿元，其市场规模也萎缩至2020年的十分之一左右。

• 反观另一方面，零售物流行业市场规模强势大增54.69%并已破百亿元；同时受到相关利好的是服装服饰品类，2021年相关消费需求因疫情与国际多边关系等因素的影响被抑制，消费者的消费热情在2022年出现反弹回升，加之国际供应链逐步恢复正轨，服装服饰品类相关品类广告收入均大涨59.35%有余。

• 另外，受ESG风潮席卷、双碳战略红利、国内新能源汽车市场蓬勃发展等多重利好因素影响，交通行业广告较上年新增66.54亿元，增幅达14.30%。总的来说，交通、零售物流、家用电器、服装服饰与旅游休闲为2022年互联网广告五个主要增长行业，共增加了191.19亿元，这是市场趋稳的主要动力。

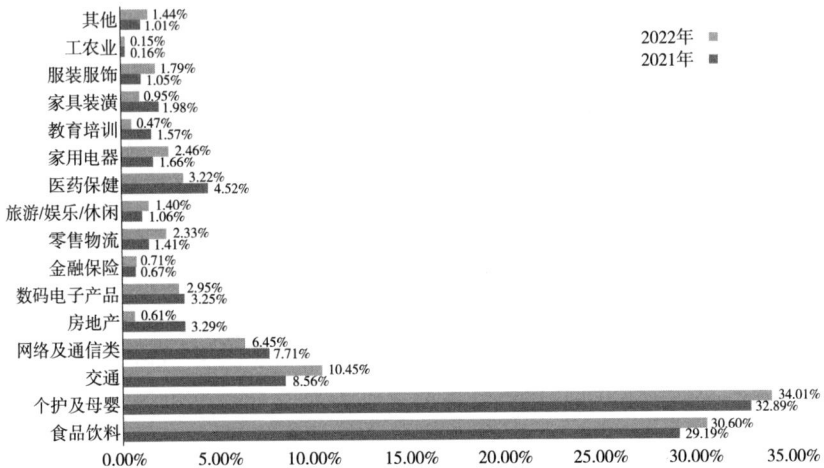

图0-6 2021—2022年主要行业互联网广告收入占比及变化分析

数据来源：中关村互动营销实验室

三、2023 年互联网广告市场展望

（一）监管：主流价值导向内容与用户个性化内容有效平衡

2022 年 3 月 1 日，《互联网信息服务算法推荐管理规定》正式施行，特别强调了对"具有舆论属性或社会动员能力"的算法推荐服务的监管，并要求这类算法的提供者向相关部门备案并开展评估。同年国家网信办启动"清朗·算法综合治理"专项行动，目标是聚焦网民关切，解决算法难题，维护网民合法权益，重点是落地落实落好《管理规定》，推动算法综合治理工作的常态化和规范化。

当前，AI 算法治理的工作重点细化于典型场景中，且特别聚焦于自动驾驶、智慧医疗等领域。未来，将抽象的人工智能伦理原则、法律规范转化为具体实践，落实到技术、产品和应用中去，主流价值导向内容如何与用户个性化内容有机结合从而实现"千人千面"的变与不变，是产业界亟待解决的一个课题。

（二）产业：数字经济构筑健康发展新引擎

当前，工业互联网产业规模迈过万亿元大关，行业赋能、赋值、赋智作用日益凸显，展现出广阔前景和澎湃动力。中国互联网络信息中心（CNNIC）最新发布的《中国互联网络发展状况统计报告》显示，工业互联网创新发展已成为加快我国制造业数字化转型和支撑经济高质量发展的重要力量。当前全国已有超 1000 家工业互联网平台，具有一定区域和行业影响力的工业互联网平台超过 150 个，28 家企业加快建设跨行业跨领域工业互联网平台。重点平台工业设备连接数超过 7900 万台（套）、工业 APP 数量达 59 万余个。工业互联网应用已覆盖 45 个重点行业，催生出六大典型应用模式。"5G+ 工业互联网"在建项

目超 3100 个，在 10 大重点行业形成 20 大典型场景。

数字经济作为新型经济形态，以数字技术为核心，通过数字技术深度赋能实体经济，驱动国内循环大市场释放内需潜力，协调推进国内高质量发展和高水平对外开放，为应对新冠疫情冲击与国际局部逆全球化趋势发挥了重要作用。

发展数字经济是我国把握新一轮科技革命和产业变革新机遇的战略选择，当前我国数字基础设施建设持续夯实，数字经济已成为稳增长、促转型、保民生的重要支柱。在经济下行压力加大的情况下，数字经济作为国民经济的"加速器"作用凸显，成为经济恢复向好的关键力量。

可以预见的是，随着工业互联网与数字经济的深度开发与发展，我国经济将重现活力，互联网广告在发展层次与传播形式等方面将迎来新一轮升级。

（三）市场："乡村振兴"战略的加速实施为互联网广告市场带来新的增长机遇

2022 年上半年，我国农村网民规模达 2.93 亿，农村地区互联网普及率为 58.8%，较 2021 年 12 月提升 1.2 个百分点。在 2021 年我国现有行政村实现"村村通宽带"的基础上，2022 年上半年我国又实现了"县县通 5G"。农村互联网基础设施建设的全面覆盖，有力地推动了农村地区互联网普及率的稳步提升；乡村振兴战略的加速实施，为弥合数字鸿沟，加快乡村发展提供了有利条件，也为互联网广告市场的下沉与拓展奠定了有效基础。

当前农村电商发展的脚步已然提速：2022 年上半年，农村网络零售和农产品网络零售分别增长 2.5% 和 11.2%，农村电商成为打通城乡消费循环，巩固拓展脱贫攻坚成果的重要手段。另外，农业数字化已在全国范围内广泛开展：物联网、大数据、人工智能、云计算等新一代信息技术与种植业、畜牧业、渔业等加深融合，产业的发展必然带来广告业的兴盛，农村互联网的全面建设为互联网广告市场拓展新的发展蓝海。

2023 年 1 月 12 日

第一部分

环境篇

第一章　互联网营销的政策环境

● **本章提要**

过去一年，国内相关部门颁发了一系列促进互联网营销市场健康发展和规制广告行业乱象的相关文件与法律法规。围绕"十四五"时期扩大内需、质量强国建设的发展目标，国家数据安全的战略目标，相关部门从国家顶层设计层面对互联网营销行业寄予厚望。另外，进一步明确互联网营销市场的经营主体责任，确保互联网平台的可持续发展，颁布《互联网广告管理办法》全方位、多层次规范互联网广告的发展，弹窗广告、用户数据安全等问题进一步得到遏制，对于新兴的生成式人工智能服务也提出了相应的指导意见，以防患于未然。

2023 年，元宇宙、ChatGPT 等新技术的诞生与发展为广告营销带来了新机遇，也倒逼监管政策的完善。各国陆续出台了系列政策规制人工智能与大型平台的发展，以保护广告市场竞争、用户隐私及未成年人的权利。人工智能领域的法规较为宏大，而其他领域的立法已较为成熟，因而新法规更加具体。除此以外，TikTok（抖音海外版）在海外的广泛影响力也引起了各国政府的忧虑，并对 TikTok 采取了系列限制措施，这也将对广告营销产生间接影响。

最后，政策法规执行的焦点依然是平台反垄断，执行的热点是人工智能与 AIGC 的行业新生态。监管和治理的逻辑沿着"发展实用主义"
与"协同、共治、共享"的框架进行。

● **本章营销热词**

明确经营主体责任；互联网广告管理；数据出境安全；生成式人
工智能服务

一、国内互联网广告行业新发布的政策和法律法规

"十四五"时期是我国由全面建成小康社会向基本实现社会主义现
代化迈进的关键时期，广告行业高质量发展是实现"十四五"时期经
济社会发展目标的重要保障和推动力。一方面，有利于促进消费升级
和供给侧结构性改革，提升商品和服务的品牌附加值和竞争力，满足
人民日益增长的美好生活需要，为构建完整内需体系和国内大循环作
出贡献。另一方面，有利于传播社会主义先进文化，弘扬社会主义核
心价值观，展示中国形象，讲好中国故事，弘扬中国精神，为提升国
家文化软实力和国际竞争力作出贡献。近年来，我国广告产业在市场
监管总局的指导下，不断推进高质量发展，为经济社会发展作出了积
极贡献。2022 年 4 月，国家市场监督管理总局印发了《"十四五"广
告产业发展规划》，为广告产业提供了科学的指引和遵循，强调了坚持
正确导向、弘扬社会主义核心价值观、传播社会主义先进文化、服务
构建新发展格局、规范广告市场秩序、倡导绿色消费理念等重要任务。
在此规划的整体把控下，我国互联网广告行业结合当前广告行业的发
展现状和存在的问题，逐渐完善相关政策和法律法规。

（一）《互联网广告管理办法》：明确经营主体责任，强化监管措施

近些年，随着互联网的快速发展和创新，互联网营销呈现出多样化、智能化、社交化、内容化等特点，涌现出直播带货、短视频营销、社交电商、网红经济等新业态新模式，为经济社会发展带来了新的动力和机遇，也带来了新的挑战和问题。为了规范互联网营销市场秩序，保护消费者和经营者的合法权益，促进互联网营销健康有序发展，国家出台了一系列的政策和法律法规。

2023 年 2 月 25 日，国家市场监督管理总局发布《互联网广告管理办法》（以下简称《办法》）[①]，作为规范互联网广告活动的行政法规进一步明确互联网广告发展应遵循的各项细则，将于 2023 年 5 月 1 日起施行。《办法》明确了互联网广告的定义，即利用网站、网页、互联网应用程序等互联网媒介，以文字、图片、音频、视频或者其他形式，直接或者间接地推销商品或者服务的商业广告活动；进一步明确了广告主、互联网广告经营者和发布者、互联网信息服务提供者等互联网广告相关经营主体的责任，要求其对互联网广告内容的真实性负责，建立健全和实施互联网广告业务的承接登记、审核、档案管理制度，记录、保存利用其信息服务发布广告的用户真实身份信息和相关电子数据等。

《办法》适应我国互联网广告业发展新特点、新趋势、新要求，对原《互联网广告管理暂行办法》进行修改完善，创新监管规则，进一步细化互联网广告相关经营主体责任，明确行为规范，强化监管措施，对新形势下维护互联网广告市场秩序，保护消费者合法权益，推动互

---

① 国家市场监督管理总局规章 . 互联网广告管理办法 [EB/OL].[2023–02]. https://gkml. samr.gov.cn/nsjg/fgs/202303/W020230320579023662253.pdf.

联网广告业持续健康发展，助力数字经济规范健康持续发展具有重要意义。

一是保护消费者合法权益。积极回应社会关切，对人民群众反映集中的弹出广告、开屏广告、利用智能设备发布广告等行为作出规范，明确了互联网广告的可识别性要求，规定了竞价排名广告、软文广告、含有链接的广告等特殊形式的互联网广告应当显著标明"广告"，与自然搜索结果或者其他内容明显区分，能够使消费者辨明其为广告。这些规定有利于防止消费者受到虚假、违法、不良的广告信息的侵扰和误导，维护消费者的知情权和选择权；规范了弹出广告、开屏广告等影响用户正常使用网络的互联网广告行为，规定了关闭标志、关闭方式等具体要求，防止了强制性、欺骗性、干扰性的互联网广告出现，且应当显著标明关闭标志，确保一键关闭，不得有影响用户正常使用网络的情形，维护了用户的合法权益。

二是促进互联网广告行业健康发展。创新利用互联网直播发布广告的监管规则，规定了直播间内发布商品或者服务推销信息应当显著标明"广告"，并对直播带货平台经营者、主播等参与主体提出了相应的责任要求，促进网络直播营销活动的规范有序进行。这些规定有利于促进互联网广告业遵守法律法规，诚实信用，公平竞争，提高服务质量和创新能力，增强行业自律和社会责任感。

三是维护公平竞争的市场经济秩序。完善须经审查的互联网广告的监管规则，规定了变相发布医疗、药品等须经审查的互联网广告的禁止行为，并对已经审查通过的互联网广告内容进行修改时重新申请审查等提出了具体要求，防止违法违规发布须经审查的互联网广告。这些规定有利于加强对互联网广告活动的监督检查和执法处罚，打击违法违规行为，保障各方的合法权益，营造良好的市场环境。

（二）直播、短视频规范发展：鼓励新业态新模式，规范网络直播营销行为

随着互联网和移动通信技术的发展，直播电商和短视频行业飞速发展，成为互联网营销的重要部分。利用网络平台的优势，直播电商与短视频成功实现内容与商品的高效匹配，提升用户的购物体验和消费决策。同时，借助社交媒体的传播力，扩大品牌影响力和用户黏性，增加市场份额和收入来源。直播行业在 2020 年迎来了爆发式的发展，吸引了众多从业者加入。前瞻产业研究院发布的《2023—2028 年中国直播电商行业发展前景预测与投资战略规划分析报告》显示，2021 年中国直播电商行业的总规模达到 23615.1 亿元，同比增长 58.9%。[①] 中国短视频行业自 4G 网络开始普及后便实现高速发展，并且诞生了抖音、快手等数亿用户量级的平台，在移动互联网时代建立起强大的影响力。随着近年来短视频行业政策引导规范化、活跃用户规模发展趋于稳定、内容生态逐渐成熟，短视频行业经历蓄势期、转型期、爆发期后，已经进入成熟发展前期。[②]

但是，由于行业发展过快，而且进入门槛较低，导致行业内出现了各种各样的问题。为了解决这些长期积累的乱象，保障行业的健康和可持续发展，国家有关部门陆续制定了一系列法律法规来对短视频和网络直播行业进行规范。从 2016 年国家广电总局发布第一个网络直播监管政策开始，相关部门已经针对网络直播领域出台了十几个专项管理文件。除了相关的法律法规和监管政策，国家相关部门对于直播

[①] 前瞻产业研究院 . 2022 年中国直播电商行业发展现状及市场规模分析 [EB/OL]. [2023—02]. https://www.qianzhan.com/analyst/detail/220/220926-bac1c5e2.html.

[②] 艾瑞咨询 . 2023 年中国短视频行业市场运行状况监测报告 [EB/OL]. [2023—03]. https://www.iimedia.cn/c1020/92296.html.

电商和短视频行业的发展也作出了相应的规划，从实现社会主义现代化国家的目标和经济社会的可持续发展方面提出指导意见。

2022 年 8 月 4 日，科技部、中央宣传部、中国科协印发《"十四五"国家科学技术普及发展规划》（以下简称《规划》）[①]，此规划为"十四五"科技创新领域专项规划之一，明确了"十四五"时期国家科学技术普及发展的指导思想、主要目标、重要任务和保障措施。《规划》指出应积极推动网络短视频、直播等新媒体形式的科普内容创作，提高科普内容的吸引力和感染力；加强网络短视频等新媒体形式的科普内容监管，建立健全网络短视频等新媒体形式的科普内容审核机制，规范网络短视频等新媒体形式的科普内容发布行为，打击利用网络短视频等新媒体形式传播虚假、错误、有害信息的行为。同时，《规划》还指出应加强互联网广告监管，规范互联网广告营销行为，保护公众合法权益。此项规划对于短视频、直播领域的科普内容的发展方向与规范进行了进一步的指示，这意味着以往以科学科普为主要创作内容的自媒体及相关公司机构在进行内容创作时需更加注重内容的严肃性与知识的正确性，在进行商业广告运作时需更加严格和规范，打着"科普"名义实际却在传播不良、不法内容的自媒体账号会进一步得到整治。

2022 年 12 月，中共中央、国务院印发了《扩大内需战略规划纲要（2022—2035 年）》（以下简称《纲要》），在《纲要》第三部分《加快培育新型消费》中提到，支持线上线下商品消费融合发展。发展新个体经济。支持社交电商、网络直播等多样化经营模式，鼓励发展基于知识传播、经验分享的创新平台。支持线上多样化社交、短视频平台

---

① 科技部，中央宣传部 . 中国科协关于印发《"十四五"国家科学技术普及发展规划》的通知 [EB/OL]. [2022–08]. https://www.most.gov.cn/xxgk/xinxifenlei/fdzdgknr/fgzc/gfxwj/gfxwj2022/202208/t20220816_181896.html.

规范有序发展，鼓励微应用、微产品、微电影等创新，这对于促进我国文化创意产业和数字经济发展具有重要意义。2023 年 2 月，中共中央、国务院印发了《质量强国建设纲要》，其中提出，要强化质量发展利民惠民，开展质量惠民行动，顺应消费升级趋势，推动企业加快产品创新、服务升级、质量改进，促进定制、体验、智能、时尚等新型消费提质扩容，满足多样化、多层级消费需求。其中，要支持直播电商、短视频等新业态新模式发展，规范网络直播营销行为，保护消费者合法权益。

这些战略规划都从国家层面对直播、短视频行业的发展指明了方向，服务于整个国家经济社会的发展。一方面，直播、短视频等新媒体形式能够丰富文化产品供给，满足人民群众对优质文化内容的需求，提升文化自信和文化软实力。另一方面，直播、短视频等新业态新模式能够创造新的消费场景和消费体验，激发消费活力和创新活力，带动相关产业链协同发展和就业增长。

（三）平台权力制约：履行信息内容管理主体责任，建立健全信息内容安全管理制度

相较于传统经济模式，平台经济是以网络技术为支撑、海量数据和优势算法为基础而形成的程式化、规模化和高效化的线上交易模式。平台固然能够随时随地为数量庞大的消费者提供各种类型的服务，在改善消费者体验的同时促进消费社会的纵深发展，但也诱发了消费者权利保护的待解难题。[①]平台权力的制约与反垄断始终是政策的焦点，同时 2023 年信息安全管理也成为热点。

---

① 王振宇 . 平台经济背景下消费者权利保护的困境与出路——以平台服务协议为中心 [J]. 中国流通经济，2023（04）：116–128.

2022 年 12 月 19 日，《中共中央、国务院关于构建数据基础制度更好发挥数据要素作用的意见》（以下简称《意见》）发布。《意见》在"工作原则"中提道："坚持共享共用，释放价值红利。合理降低市场主体获取数据的门槛，增强数据要素共享性、普惠性，激励创新创业创造，强化反垄断和反不正当竞争，形成依法规范、共同参与、各取所需、共享红利的发展模式。"12 月 20 日，国务院总理李克强主持召开国务院常务会议，再次强调"支持平台经济健康持续发展"。

2022 年 8 月 1 日起正式施行《中华人民共和国反垄断法（2022 修正）》，新法强化了竞争政策的基础地位，明确了垄断协议的范围和认定标准，规范了数字经济领域的滥用行为。

移动互联网平台作为互联网平台的重要组成部分，也受到了国家政策的保护和关注。《移动互联网应用程序信息服务管理规定》（以下简称《规定》）由国家网信办于 2022 年 6 月 14 日发布，自 2022 年 8 月 1 日起施行的一项管理制度，旨在进一步依法监管移动互联网应用程序，促进应用程序信息服务健康有序发展。《规定》共 27 条，包括信息内容主体责任、真实身份信息认证、分类管理、行业自律、社会监督及行政管理等条款。《规定》提出，应用程序提供者和应用程序分发平台应当遵守法律法规，大力弘扬社会主义核心价值观，坚持正确政治方向、舆论导向和价值取向，自觉遵守公序良俗，积极履行社会责任，维护清朗网络空间。要求应用程序提供者和应用程序分发平台应当履行信息内容管理主体责任，建立健全信息内容安全管理、信息内容生态治理、数据安全和个人信息保护、未成年人保护等管理制度，确保网络安全，维护良好网络生态。有利于增强互联网营销行业的社会责任感，引导互联网营销活动传播正能量，反映社会主义核心价值观，服务国家战略和民生需求。

　　平台经济根植于互联网，是在新一代信息技术高速发展的基础上、以数据作为生产要素或有价值的资产进行资源配置的一种新的经济模式，其运行天然就会产生大量数据。与此同时，平台企业之间的竞争越来越多表现为数据资源与算力算法的竞争。因此，各平台企业极为注重数据要素的积累与关联，以提升平台价值、赢得竞争优势。我国移动互联网应用普遍存在隐私政策缺失、权限滥用、私自收集共享、强制定向推送等个人信息安全问题。①一些恶意应用程序会窃取用户的短信、通话记录、位置信息、银行信息等敏感数据，并将其传输给远端服务器。此外，一些应用程序还存在数据跨境传输、明文传输等风险，可能导致用户数据被泄露或被第三方滥用。

　　《规定》要求应用程序提供者开展应用程序数据处理活动，应当履行数据安全保护义务，建立健全全流程数据安全管理制度，采取保障数据安全技术措施和其他安全措施，加强风险监测，不得危害国家安全、公共利益，不得损害他人合法权益。应用程序提供者处理个人信息应当遵循合法、正当、必要和诚信原则，具有明确、合理的目的并公开处理规则，遵守必要个人信息范围的有关规定，规范个人信息处理活动，采取必要措施保障个人信息安全，不得以任何理由强制要求用户同意个人信息处理行为，不得因用户不同意提供非必要个人信息，而拒绝用户使用其基本功能服务。这些规定从法律层面对互联网平台和数据要素进行了规范和监管，有利于维护网络安全和公共利益，保护用户的隐私和个人信息，防止数据被泄露和滥用，增强用户的网络素养和安全意识。

---

　　① 安全内参. APP 个人信息安全现状问题及应对策略 [EB/OL]. [2020–04]. https://www.secrss.com/articles/18984.

另外，《规定》还要求加强应用程序提供者和应用程序分发平台的行业自律和社会监督，要求其制定并公开管理规则，与注册用户和应用程序提供者签订服务协议，明确双方相关权利义务，并设置醒目、便捷的投诉举报入口，及时处理公众投诉举报。此规定要求互联网平台健全受理、处置、反馈等机制，及时处理公众投诉举报，积极听取社会各界的意见和建议，及时纠正自身存在的问题和不足，接受有关主管部门的监督和检查，有利于促进互联网营销行业的规范化、标准化、透明化，提高互联网营销活动的质量和效果，保障消费者权益和市场秩序。

近年来，互联网弹窗信息推送服务为用户浏览查看信息提供极大便利，但随着互联网的飞速发展和移动应用程序的广泛应用，弹窗信息推送服务不断出现新情况新问题，需适应形势予以规范。互联网平台长期利用弹窗广告、算法恶意屏蔽和过度推荐等行为进行互联网营销，影响消费者行为和决策。弹窗广告会打断用户的浏览流程，干扰用户的注意力，降低用户的满意度，影响用户体验。一些弹窗广告还会设置隐蔽或误导性的关闭按钮，诱导用户点击打开新的广告或恶意链接。另外，弹窗广告也有侵犯用户隐私的风险。一些弹窗广告会利用算法对用户进行画像，收集用户的个人信息、浏览记录、位置信息等，用于定向推送或转卖给第三方，这可能会导致用户的隐私被泄露或滥用。不仅如此，弹窗广告还极有可能损害用户利益。一些弹窗广告会利用算法实施恶意屏蔽信息、过度推荐等行为，诱导用户沉迷、过度消费或参与违法活动，实施流量造假、流量劫持等行为，干扰网络运行和监管，从而损害用户的财产权益或身心健康。

2022年，除了《互联网广告管理办法》对弹窗广告问题进行了规范指导，《互联网弹窗信息推送服务管理规定》则是专门针对互联网营销中弹窗广告的问题作出规定。《互联网弹窗信息推送服务管理规定》（以下简称《规定》）是国家互联网信息办公室、工业和信息化部、国家市场监督管理总局联合发布的一项管理互联网弹窗信息推送服务的法规，自 2022 年 9 月 30 日起施行。《规定》共 10 条，包括信息内容主体责任、新闻信息推送、用户权益保障、广告推送等条款，强调互联网弹窗信息推送服务提供者应当遵守优化推送内容生态、强化互联网信息服务资质管理、规范新闻信息推送、科学设定推送内容占比、健全推送内容审核流程、强化用户权益保障、合理算法设置、规范广告推送、杜绝恶意引流等九个方面具体要求。

《规定》紧盯弹窗新闻信息推送、弹窗信息内容导向、弹窗广告等重点环节，着力解决利用弹窗违规推送新闻信息、弹窗广告标识不明显、广告无法一键关闭、恶意炒作娱乐八卦等问题。这意味着互联网营销需要遵守法律法规和公序良俗，不得利用弹窗广告误导、欺诈、骚扰用户，不得干扰或者影响用户关闭弹窗，不得损害用户的合法权益。同时意味着互联网平台需要履行信息内容管理主体责任，建立健全信息内容审核、生态治理、数据安全和个人信息保护、未成年人保护等管理制度，不得利用弹窗信息推送服务传播违法违规的信息，不得利用算法实施恶意屏蔽信息、过度推荐等行为，不得以弹窗信息推送方式呈现恶意引流跳转的第三方链接、二维码等信息。

（四）国家与用户数据安全：加快构建数据基础制度，遏制互联网营销诈骗活动

互联网营销中，为了实现精准投放，往往需要收集用户的个人信息，如姓名、年龄、性别、地理位置、兴趣爱好、消费行为等，这些信息可能会被滥用或泄露，导致用户的隐私权益受到侵犯。随着互联网平台的全球化发展，用户数据可能会跨境流动，面临数据被窃取、篡改、删除等风险。而且用户数据可能会反映出国家的经济运行、社会治理、民生福祉等方面，这些信息如果被恶意利用或泄露，可能会对国家安全和社会秩序造成影响，导致数据安全风险。因此，互联网营销平台和企业应当遵守相关法律法规，如《网络安全法》《数据安全法》《个人信息保护法（草案）》等。

《数据出境安全评估办法》（以下简称《办法》）由国家互联网信息办公室于2022年7月7日公布，自2022年9月1日起施行的一项规范数据出境活动的管理措施。《关于进一步规范移动智能终端应用软件预置行为的通告》（以下简称《通告》）于2022年11月30日发布，自2023年1月1日起执行。《通告》明确，移动智能终端应用软件预置行为应遵循依法合规、用户至上、安全便捷、最小必要的原则，依据谁预置、谁负责的要求，落实企业主体责任，尊重并依法维护用户知情权、选择权，保障用户合法权益。《关于构建数据基础制度更好发挥数据要素作用的意见》（以下简称《数据二十条》）是中共中央、国务院于2022年12月2日印发的一份重要文件，旨在加快构建数据基础制度，充分发挥我国海量数据规模和丰富应用场景优势，激活数据要素潜能，做强做优做大数字经济，增强经济发展新动能，构筑国家竞争新优势。

《办法》适用于数据处理者向境外提供在中华人民共和国境内运营中收集和产生的重要数据和个人信息的安全评估，明确了四种应当申报数据出境安全评估的情形，包括数据处理者向境外提供重要数据、关键信息基础设施运营者和处理100万人以上个人信息的数据处理者向境外提供个人信息、自上年1月1日起累计向境外提供10万人个人信息或者1万人敏感个人信息的数据处理者向境外提供个人信息以及国家网信部门规定的其他需要申报数据出境安全评估的情形。《数据二十条》第十三条规定,鼓励市场主体通过场内交易、场外交易等多种方式开展数据流通交易活动,推动建立多层次、多样化的数据交易市场体系。这意味着,互联网营销相关的数据将有更多的流通渠道和交易方式,有利于提高数据的使用效率和价值,促进互联网营销行业的创新发展和竞争优势。《数据二十条》第十四条规定,推动建立健全数据跨境流动管理制度,加强对跨境流动数据的分类分级管理。这意味着,互联网营销相关的跨境数据流动将有更明确的规范和要求,有利于保障国家数据安全和个人信息安全,同时也有利于促进互联网营销行业的国际合作和开放发展。《数据二十条》第十六条规定,鼓励市场主体通过合作共享、授权使用等方式开展数据共享共用活动。这意味着,互联网营销相关的数据将有更多的共享、共用机会和模式,有利于激发数据要素的创新潜力和社会效益,促进互联网营销行业的协同发展和公平竞争。

《办法》还规定了数据出境安全评估的重点评估事项,包括数据出境的目的、范围、方式等的合法性、正当性、必要性;境外接收方所在国家或者地区的数据安全保护政策法规和网络安全环境对出境数据安全的影响;出境数据的规模、范围、种类、敏感程度,出境中和出境后遭到篡改、破坏、泄露、丢失、转移或者被非法获取、非法利用等风险;数据安全和个人信息权益是否能够得到充分有效保障;数据处理者与境外接收方拟订立的法律文件中是否充分约定了数据安全保护责任义务;遵守中国法律、行政法规、部门规章情况;国家网信部门认为需要评估的其他事项等。这意味着互联网营销需要遵守更严格的数据出境管理规范,提高数据安全保护水平,防范数据泄露、滥用等风险;有利于规范数据出境活动,保障数据处理者和个人信息主体的合法权益,维护国家安全和社会公共利益。

《通告》按照"最小必要"原则，进一步明确每一类基本功能软件包含的具体 APP 类型。其中，操作系统基本组件限于系统设置、文件管理，保证智能终端硬件正常运行的应用限于多媒体摄录，基本通信应用限于接打电话、收发短信、通讯录、浏览器，应用软件下载通道限于应用商店。规定除基本功能软件外的预置应用软件均可卸载，并提供安全便捷的卸载方式供用户选择。有利于保障用户的选择权，避免用户被强制使用不需要或不信任的应用软件，减少数据泄露、滥用等风险。压缩不可卸载应用软件的范围，维护用户的知情权，防止用户被强制接受不必要的数据收集、处理和传输。该办法还要求生产企业完善移动智能终端权限管理机制，提升操作系统安全性，采取技术和管理措施预防在产品流通环节发生置换操作系统和安装应用软件的行为。有益于提高移动智能终端的安全性，防止用户在购买或使用过程中遭遇非法"刷机"、安装恶意应用软件等情况发生。

互联网营销中的电信诈骗犯罪行为具有隐蔽性强、手法多变、危害严重等特点，严重侵害了人民群众的财产安全和合法权益，影响了社会稳定和经济发展。互联网营销涉及大量的数据收集、处理和传输，其中可能包含用户的个人信息、财务信息、消费习惯等敏感数据。一旦这些数据被泄露或滥用，就可能成为电信诈骗犯罪分子的目标或工具。据统计，2020 年以来，全国公安机关共破获电信网络诈骗案件 25.6 万起，抓获犯罪嫌疑人 26.3 万名。[①] 其中，不少案件都与个人信息泄露有关。另外，互联网营销需要在与用户进行交易或服务时，使用各种支付平台、银行卡、第三方账户等金融工具。这些工具如果被电信诈骗犯罪分子利

---

① 人民时评 . 持之以恒惩治电信网络诈骗 [EB/OL]. [2022–05]. http://opinion.people.com.cn/n1/2022/0511/c1003–32418885.html.

用，就可能造成用户的资金损失或被冻结。据报道，一些电信诈骗犯罪分子利用区块链、人工智能、共享屏幕等技术手段，不断更新升级犯罪工具，诱导用户扫码付款、转账汇款或下载恶意软件。

《中华人民共和国反电信网络诈骗法》（以下简称《反诈法》）是我国第一部专门针对电信网络诈骗活动的法律，于 2022 年 9 月 2 日通过，2022 年 12 月 1 日起施行。《反诈法》第十四条规定，任何单位和个人不得非法制造、买卖、提供或者使用具有改变主叫号码、虚拟拨号、互联网电话违规接入公用电信网络等功能的设备、软件，以及其他用于实施电信网络诈骗等违法犯罪的设备、软件。这一规定对于规范互联网营销行为，防止利用改号电话等手段进行虚假宣传、误导消费者具有重要作用。

总之，《反诈法》有关互联网营销相关的内容，对于规范互联网营销市场秩序，保护消费者合法权益，打击治理电信网络诈骗活动具有重要意义和影响。

（五）AIGC 时代：互联网营销迎来新契机与行业新规范

近年来，随着互联网技术的创新和移动互联网的深度普及，人们获取、发布和传播信息变得更加便捷。与此同时，社交网络平台用户数量呈现迅猛增长，范围覆盖全球。人们对于社交平台的依赖日益加深，甚至有不少人以此作为获取信息资讯的首选渠道。然而，互联网和社交平台充斥着大量虚假信息的弊病也在逐步凸显，利用人工智能技术，如深度学习、生成对抗网络等，生成或编辑文本、图像、音频、视频等信息，以误导或欺骗用户。[①] 这些问题在近年来日益严重，不仅

---

① 澎湃新闻. 全球数治｜人工智能赋能网络虚假信息检测：新进展与新路径 [EB/OL].
[2021-07]. https://www.thepaper.cn/newsDetail_forward_13763724.

影响了用户的知情权和选择权，也危害了社会信任、媒体信任和政治信任。为了应对这些问题，需要从技术、法律、伦理等多个维度进行治理，发展有效的检测和辨别技术，制定相关的法律法规，提高公众的认知和素养。

《互联网信息服务深度合成管理规定》（以下简称《规定》）是国家互联网信息办公室、工业和信息化部、公安部于 2023 年 1 月 10 日起施行的一项管理办法，旨在规范互联网信息服务深度合成活动，弘扬社会主义核心价值观，维护国家安全和社会公共利益，保护公民、法人和其他组织的合法权益。

《规定》明确了深度合成数据和技术管理规范。要求深度合成服务提供者和技术支持者加强训练数据管理和技术管理，保障数据安全，不得非法处理个人信息，定期审核、评估、验证算法机制机理；深度合成服务提供者对使用其服务生成或编辑的信息内容，应当添加不影响使用的标识；提供智能对话、合成人声、人脸生成、沉浸式拟真场景等生成或者显著改变信息内容功能的服务的，应当进行显著标识，避免公众混淆或者误认；要求任何组织和个人不得采用技术手段删除、篡改、隐匿相关标识。这有利于界定深度合成服务的范围和对象，为互联网营销提供清晰的技术标准和规范；引导互联网营销传播正能量，防止利用深度合成技术制作、传播违法和不良信息，损害国家安全和社会稳定；提高互联网营销的质量和信誉，保障用户的知情权和选择权，维护用户的财产安全和合法权益；增强互联网营销的透明度和真实性，避免公众混淆或误认，防止虚假广告或欺诈行为。

人工智能生成内容（Artificial Intelligence Generated Content，AIGC）又称生成式人工智能（Generative AI），是指在满足用户个性化需求的

同时，使用 AI 自动化创建信息内容的过程。①Web3.0 背景下，AIGC 更有望成为元宇宙构建的内容引擎和底层工具。随着 AI 生成 3D 模型、AI 生成虚拟人、AI 驱动机器人、AI 生成数字作品、AI 驱动数字孪生等技术的发展成熟和规模化应用，AIGC 在三维时空构建、数字灵魂打造和数字藏品铸造上将会发挥重要作用。这也会在很大程度上降低元宇宙的构建门槛和边际成本，加速元宇宙在 G 端、B 端及 C 端不同层面的深度应用。②

AIGC 时代，互联网营销利用人工智能技术来生成或编辑文本、图像、音频、视频等内容的方式，提高内容生产的效率和质量，降低内容制作的成本和门槛，满足海量用户的个性化内容需求；创造出更多样化、更有创意、更有价值的内容，增强用户的体验和参与感，提升品牌的影响力和美誉度。并且可以实现多模态的内容转换和交互，打造更丰富的营销场景和形式，如虚拟人、元宇宙、合成数据等。但也可能带来一些挑战和风险，如内容真实性、版权保护、伦理道德、法律法规等方面需要重视和规范。

为促进生成式人工智能技术健康发展和规范应用，《生成式人工智能服务管理暂行办法》已经 2023 年 5 月 23 日国家互联网信息办公室 2023 年第 12 次室务会会议审议通过，自 2023 年 8 月 15 日起施行。其中特别强调了生成式人工智能产品训练数据及生成内容的真实性、合法性，要求提供者应当对生成式人工智能产品的预训练数据、优化训练数据来源的合法性负责。用于生成式人工智能产品的预训练、优化

---

① Du,H.Y.,Li,et al.Enabling AI-Generated Content(AIGC) Services in Wireless Edge Networks[J]. ar Xiv preprint ar Xiv:2023.
② 向安玲 . 赋能与负能：AIGC 的技术红利与风险规制 [J]. 中国传媒科技，2023（02）：7-12.

训练数据不得含有侵犯知识产权的内容；数据包含个人信息的，应当征得个人信息主体同意或者符合法律、行政法规规定的其他情形；要保证数据的真实性、准确性、客观性、多样性，尊重知识产权、商业道德，不得利用算法、数据、平台等优势实施不公平竞争；利用生成式人工智能生成的内容应当真实准确，采取措施防止生成虚假信息。

《征求意见稿》还要求，企业提供生成式人工智能产品或服务，应当遵守法律法规的要求，尊重社会公德、公序良俗；尊重知识产权、商业道德，不得利用算法、数据、平台等优势实施不公平竞争。在用户实名及保护个人隐私方面，《征求意见稿》表示，使用该服务的用户，需要提供真实身份信息，提供者在提供服务过程中，对用户的输入信息和使用记录承担保护义务。不得非法留存能够推断出用户身份的输入信息，不得根据用户输入信息和使用情况进行画像，不得向他人提供用户输入信息。尊重他人合法利益，防止伤害他人身心健康，损害肖像权、名誉权和个人隐私，侵犯知识产权的行为发生，禁止非法获取、披露、利用个人信息和隐私、商业秘密。

二、国外互联网广告行业新发布的政策和法律法规

（一）平台制约：平台内容、交易、反舆论操纵的多维度、分级治理

近年来，随着网络平台及其商业模式嵌入现实社会生产生活并产生重要影响，平台经济、平台权力、平台行为等概念开始进入法律视域并形成以"平台治理"为核心的法律议题[①]。平台日益成为人们日常

---

① 孙逸啸. 网络平台自我规制的规制：从权力生成到权力调适——以算法媒体平台为视角 [J]. 电子政务，2021（12）：69-79.

生活的基础设施，其主导设定的规则体系正不断蚕食着其他主体的权力空间。平台通过大数据与算法构建起自己的权力，规避政府公权力的审查并侵蚀用户的私权利。同时，市场中的互联网平台是一种带有自然垄断属性的企业组织形式，其垄断建立在商业模式、网络外部性与规模经济、对数据流量与算法的排他性占有基础之上①。这种垄断趋势干扰了市场竞争格局与生态。面对网络平台权力的入侵及其带来的种种负面影响，相关部门与执法机构出台了一系列法律法规，以更好地规范、调适平台的运转。

1.《数字市场法案》：分级治理，实现公平竞争秩序

《数字市场法案》（DMA）于 2022 年 10 月正式刊发在欧盟官方公报上，于 2023 年 5 月 2 日生效（部分条款在同年 6 月 25 日生效），成为欧盟对线上平台的监管框架的一部分。该法案应对的是线上平台对竞争环境所产生的经济影响，旨在塑造互联网经济领域更加公平自由的竞争秩序。其最大的特点，是针对大型线上平台提出了守门人（Gatekeepers）的概念。认定一家公司为守门人的条件是该公司提供的服务囊括法案列出的十项"核心平台服务"中的至少一项，且满足法案规定的三项定性标准。概括而言，"守门人"企业指那些提供社交网络、搜索引擎等"核心平台服务"的大企业，其市值至少为 750 亿欧元或年营业额 75 亿欧元，还需在欧盟每月至少有 4500 万名终端用户，每年有 1 万名商业用户。被欧委会认定为守门人的线上平台公司，必须遵守法案第五至七条规定的一系列义务以及几项附属要求。违反相关义务，将导致该公司面临年度全球营业额 20% 的罚款等处罚。

---

① 张志安，冉桢.中国互联网平台治理:路径、效果与特征 [J].新闻与写作，2022（05）：57-69.

平台的本质是数字化双边市场的具象化，其形成与运行机制也是基于数字传播之上，并基于数据与算法拥有了私人规则制定者的权力①，拥有了对个人和社会的权力以及对市场的权力，从而对广告营销活动有巨大影响。通过规范、限制守门人，DMA 对维持市场秩序具有重要意义。总体而言，DMA 采用了"两步走"的监管思路，首先将符合条件的企业认定为"守门人"，在此基础上，针对作为"守门人"的企业向欧盟境内用户（包括商业用户及终端用户）提供的核心平台服务施加相关要求。例如，这些大型在线平台必须允许商业用户访问他们在平台上生成的数据，允许他们推广自己的产品，并与平台外的客户进行交易。谷歌、苹果、亚马逊、脸书、微软等科技巨头都将受到影响。

这个法案体现了分类治理的思想，对不同规模、不同功能和不同性质的平台施加了不同种类的法律义务，从而使得法案更具有针对性。

2. 通信网络安全（杂项）法案：规制大型平台，管制有害内容

新加坡国会于 2022 年 11 月 9 日通过的通信网络安全（杂项）法案将于今年生效。该法是主要打击网络有害内容的相关法律，明确了社交媒体从业者须遵守的行为准则。根据新法令，新加坡资媒局有权命令平台禁止用户浏览包括色情、暴力、自残、网络霸凌、鼓吹恶习和犯罪行为等在内的不良内容。

资媒局向业者发出指示时会列明对方须遵守的时限，而这个时限一般会是数个小时内。如果涉及的是恐怖行为等较严重性质的内容，平台就须更快采取行动。不遵守禁令的账户可能面对每日最多 2 万新加坡元、总额不超过 50 万新加坡元的罚款。用户较多、影响力较大的

---

① 方兴东，钟祥铭. "守门人"范式转变与传播学转向——基于技术演进历程与平台治理制度创新的视角 [J]. 国际新闻界，2022（01）：97-117.

社媒平台如 Facebook 等会先受到管制。这些大型社交媒体平台主要在海外运作，不受新加坡管制，但新加坡用户会在平台上接触到种种不良内容。该法所涵盖的准则可更有效地管制海外平台的有害内容。该法案在内容层对平台严加监管，有助于维持清朗的网络空间环境。

3.《大型科技公司的反竞争行为》报告：事前监管，限制反竞争行为

印度议会财务常务委员会（The Standing Committee on Finance）于 2022 年 12 月 19 日通过关于"大型科技公司的反竞争行为"的报告。该委员会报告提出采用事前监管手段，并对数字市场内的反竞争行为进行专门立法。报告提出"系统重要性数字中介"（Systemically Important Digital Intermediaries，SIDIs）的新分类。该分类将包括能够根据其收入、市值、活跃商家和终端用户数量对数字生态系统中的竞争行为产生负面影响的领先数字平台。该委员会已要求数字市场平台停止实施"反转向""自我优待""搜索和排序偏好"等影响市场竞争的做法。反转向条款是指平台阻止平台内商家引导消费者接受平台服务之外的其他服务的条款。委员会建议 SIDIs 不得以购买／使用不属于平台或平台固有的其他产品或服务作为平台访问条件。自我优待是一种平台偏向自营服务或其子公司服务的做法。委员会指出，平台欠缺中立性可能会对下游市场产生负面影响，并建议 SIDIs 不得偏袒自营服务而不是竞争对手的服务。SIDIs 需要向第三方企业提供公平、合理和非歧视的条款，以便用户排序、查询、点击和查看在线搜索引擎上生成的免费和付费内容。此外，SIDIs 不应以非中立、非公平以及歧视的方式对待平台内商家，对平台的产品、服务或业务线给予比其他平台内商家更优惠的待遇，同时 SIDIs 不得以提供在线广告服务为目的处理和依赖平台核心服务运行的第三方服务的终端用户的个人数据。

该报告从自我优待、捆绑和搭售、数据使用、第三方应用程序和

广告政策等多角度确保市场的公平与透明，中立的平台也将大大有利于广告主的公平竞争。

4.《关于政治广告透明度和针对性的法规提案》：提高政治广告透明度，谨防舆论操纵

1月29日，欧洲议会发布2023年立法议程。该议程概述了欧洲议会议员将于2023年讨论的立法行动计划。在欧洲民主行动计划（2020年）的背景下，欧盟委员会宣布计划通过《关于政治广告透明度和针对性的法规提案》来补充《数字服务法》中包含的在线广告规则。该提案由欧盟委员会于2021年11月25日提出，借鉴了欧盟之前的举措，通过非监管或自律措施使政治广告的透明度更高。2023年，议会成员将继续讨论该提案，确保欧盟的民主进程更加公平和开放，并进一步提高赞助政治广告的透明度，杜绝操纵公众舆论的企图。该提案拟要求任何政治广告都清楚地标明类别，并包括谁支付了费用、支付了多少等详细信息，政治目标和放大技术都需要以前所未有的细节被公开解释。欧盟委员会副主席Vera Jourov指出："选举绝不能是不透明和不透明方法的竞争。人们必须知道他们为什么会看到广告，谁为它付费，多少钱，使用了哪些定位标准。"

5.《广告中间商危害严格的互联网竞争责任法案》：提高交易透明度，保护广告竞争

2023年3月30日，美国参议员Mike Lee联合其他参议员一起提出了《广告中间商危害严格的互联网竞争责任法案》（*Advertising Middlemen Endangering Rigorous Internet Competition Accountability Act*）。该法案将通过消除利益冲突和提高买卖双方的透明度来恢复和保护数字广告的竞争，限制滥用市场支配地位的行为，为小企业和消费者节省资金。

数字广告市场的运作就像一个金融市场，经纪人代表买家和卖家。但是，与金融市场不同，数字广告市场没有对透明度的要求，也没有规则来避免利益冲突和内幕交易。参议员们指出，像谷歌和脸书这样的公司能够利用其详细的用户数据库来获得对数字广告的控制权，以此来阻止竞争。这些垄断者榨取高昂的费用并偏袒自己的服务，对消费者、竞争和本地新闻业都造成了负面影响。尤其对于依赖数字广告来发展的小型企业而言，行业整合和利益冲突现状不利于它们发展。缺乏竞争的数字广告领域意味着每一个由广告支撑的网站和依靠互联网广告发展业务的公司都被强制征收垄断租金。这实质上是对成千上万的美国企业征税，因此也是对数百万美国消费者征税。因此，参议员提出了这项法案，以期恢复数字广告领域的竞争、透明和公平。

该法案将加强竞争和透明的自由市场基本原则。法案规定了每年处理超过 50 亿美元交易的企业应遵守的保护客户（广告商）和竞争的义务，这些义务包括：以客户的最佳利益为导向，包括以最佳方式进行广告报价；为客户提供透明度，以便客户能够确定企业的行为符合他们的最大利益；如果企业在双边市场中运作，企业必须建立防火墙，防止滥用和利益冲突；让所有客户能够公平地获取有关交易、交易所流程和职能的业绩与信息。

如果企业每年的数字广告交易超过 200 亿美元，那么该企业将被禁止拥有多个数字广告生态系统，即广告交易所有者不能拥有供给侧平台或需求侧平台；供给方平台所有者不能同时拥有需求方平台，反之亦然；数字广告的买家和卖家不能拥有需求方或供应方平台（除非出售他们的广告库存）。这解决了损害数字广告行业健康的不公平市场支配地位问题。

该法案的规定将适用于买方和卖方经纪公司、数字广告交易所和第三方卖家。法案还将要求联邦贸易委员会（FTC）收集和公布数字广告对经济、小企业和消费者的影响的数据，并要求买方和卖方经纪公司、数字广告交易所和第三方卖家每季度向联邦贸易委员会报告其数字广告收入。如果颁布成为法律，这项法案很可能会要求谷歌和Facebook剥离其广告业务的很大一部分。亚马逊也可能被迫撤资，同时也会影响苹果公司加速进入第三方广告领域。

（二）企业出海监管：TikTok 的政策监管与破局思路

TikTok，即海外版抖音，是字节跳动旗下短视频社交平台。TikTok已成为全球最受欢迎的泛社交 APP。根据 APPtopia 的数据，2022 年TikTok 全球应用下载量 6.72 亿，居于全球首位，月活跃用户超过 10 亿，平均用户使用时长达到 19.6 小时 / 月。TikTok 在国际市场中获得的成功引发了各国政府的担忧，并采取诸多限制性行为，TikTok 面临各国的狙击。

2020 年 8 月，特朗普政府多次针对 TikTok 出台禁令，甚至要求字节跳动公司出售 TikTok 在美国的业务。2022 年 12 月 20 日，美国国会公布了一项政府开支法案，TikTok 可能将被禁止在大多数美国政府设备上使用。这项规模达 1.7 万亿美元的一揽子计划包括要求拜登政府禁止使用 TikTok 及其所有者字节跳动公司开发的其他应用程序。2023年 2 月 27 日，美国白宫向政府机构发出"通牒"，要求他们在 30 天内确保联邦设备和系统上没有安装 TikTok 应用。同年 3 月 1 日，美国众议院外交委员会以 24 票对 16 票通过一项法案，授权美国总统拜登全面禁止短视频社交媒体 TikTok 用于美国所有设备。加拿大政府以"该程序对隐私和安全构成不可接受的风险"为由，宣布自 2023 年 2 月28 日起，禁止在政府部门使用的移动设备上使用 TikTok。此外，这些设备的使用者也不得下载该应用程序。欧盟委员会、欧盟理事会和欧洲议会也先后宣布，出于安全考虑，将禁止工作人员在政府设备上使用 TikTok，欧洲议会还强烈建议议员和雇员从他们的个人设备中删除 TikTok。2023 年 1 月 27 日，荷兰总务部要求政府各部委和机构暂停使用 TikTok。两名荷兰政府官员表示，荷兰政府各部委和机构大多听从了总务部要求避免使用 TikTok，并停止政府在该平台上进行交流和投放广告的建议。TikTok 有可能被全面禁用。

长期以来，美国两党一直担心中国会利用法律和监管力量来获取美国用户数据，或试图推动亲中国的叙事和虚假信息的传播。欧美等国家封禁 TikTok 主要有以下几方面的原因。

（1）数据收集威胁国家安全

在数字时代，用户数据成为重要资产。在用户使用过程中，TikTok 积累了大量用户个人信息、地理位置、联系人等敏感信息，美方认为这些用户数据会返回给中国，从而威胁到国家安全。

（2）舆论阵地削弱政府控制

社交媒体是舆论战的主战场，媒体的算法极大地影响了平台上的舆论风向。TikTok 作为一家中国企业的产品，美国政府对其控制力十分有限，美方担心 TikTok 会影响政府对舆论的掌控。

（3）吸引用户威胁美国企业

2017 年 TikTok 进入美国市场以来，发展迅速，不到五年月活就突破 10 亿。TikTok 的崛起给美国企业带来威胁与挑战，尽管 Facebook、YouTube 等也尝试进入短视频领域，但是都无法撼动 TikTok 的地位。皮尤研究中心的数据显示，三分之二的美国青少年使用 TikTok，TikTok 积极且成功地拦截 Meta 公司平台的年轻用户，这影响了美国公司的市场地位。

作为让步，2022 年 6 月，TikTok 将美国用户数据信息迁移到甲骨文公司 ID 服务器上，从而解决美国监管机构对该应用数据完整性的担忧。在美方举办的听证会上，TikTok 首席执行官周受资表示，将向美国提供前所未有的源代码透明度和安全性保障，并允许第三方验证机构如甲骨文（Oracle）或其他公司来验证 TikTok 的源代码和算法。但这些举措仍无法让美国及其他国家放弃打压。同年 12 月 21 日，TikTok 宣布该公司正在推出一项新功能，允许用户查看他们在 For You Feed 中推荐某个特定视频的原因。TikTok 表示，这项新功能旨在为 For You Feed 中推荐的内容带来更多的用户知情权。用户在使用时可能会被告知，看到某个视频是因为用户的互动，比如其观看、喜欢或分享的内容，发布的评论或搜索行为。

美国参议院情报委员会主席马克·华纳等民主党和共和党参议员于 3 月 7 日提出了旨在应对包括 TikTok 在内的外国技术带来的威胁的法案。该法案的名称是《限制法案》（RESTRICT Act），其中包含限制信息和通信技术中出现安全威胁的内容。主要目标是授权美国商务部审查可能构成国家安全风险的信息和通信技术，识别风险因素，并减轻或禁止它们。这是一项旨在打击来自六个"敌对"国家（中国、俄罗斯、朝鲜、伊朗、古巴和委内瑞拉）的技术的两党法案。

《限制法案》将禁止联邦雇员在政府发放的设备上使用 TikTok 和其他中国拥有的社交媒体平台，理由是担心潜在的数据泄露以及这些平台与中国政府的关联。该法案将要求国土安全部发布一份关于使用这些平台的相关风险的报告，并为联邦机构制定指南以减轻这些风险。该法案得到两党的支持，由两党共同发起，是解决与中国科技公司相关的国家安全问题的努力的一部分。但法案仍处于早期提案阶段，在签署成为法律之前仍需要通过几轮立法。

TikTok 在美国频频受阻，甚至最近在加拿大和欧洲市场也遭到封禁，体现了我国企业出海的困境。4月7日，佛罗里达州多所公立大学被要求在校园网和公共设备中封杀中国社交软件，包括 TikTok、微信和 QQ 等，理由是"保护数据安全"。数据安全是表层问题，其实质是欧美国家打压中国企业，是政治博弈的后果。虽然新的联邦禁令预计不会对 TikTok 的约 1.3 亿美国用户造成重大影响，但这一措施可能会损害该公司的声誉，并流失有价值的广告商。

大国竞争背景下，西方国家对数字企业进行制裁的政治风险对企业出海造成极大影响，以数字安全和隐私保护为由对企业实施"长臂管辖"，如 TikTok 在多个国家被调查和罚款，企业面临西方国家严格的政策监管[①]。针对以上不利因素，企业可从以下几个方面采取措施以应对风险。

（1）多元布局分散风险

国际环境复杂多变，企业出海进行海外业务布局时可以通过多元化分散风险。在印度封禁 TikTok 之前，印度是 TikTok 最大的市场，美国居于第二位。TikTok 被印度封禁以后，仍然可以依托美国、英国、俄罗斯等国市场继续发展。尽管业务受到影响不可避免，但是 TikTok 的整体经营仍能维持。

（2）引入国际人才，创造就业机会

在海外公司引入国际人才，增加企业的国际化色彩，不仅使企业在运营过程中更接地气，适应当地文化，也能够在一定程度上降低国家间政治冲突给企业带来的影响。TikTok 在美国广纳贤才，聘请包括前迪士尼高级执行副总裁在内的全球优秀人才担任高管。多元化背景

---

① 高海涛，刘玲. 数字企业出海的安全风险防范 [J]. 前线，2022（03）：67-69.

的高管团队增加了国际化色彩。自 2022 年来，TikTok 美国地区员工大幅增加，当前总数已接近 2 万人，其中包括大量商业开发、销售人员，为美国人创造了大量就业机会，有助于缓解与当地政府的冲突。

（3）遵守法律，善用法律

遵守当地法律法规是企业出海的红线，企业必须守住法律红线，避免被抓住把柄，成为被东道国政府制裁的突破口。企业应充分研究既有的相关法律和政策规定，做好尽职调查，并积极与政府主管部门密切沟通，确保自身决策的依规合法性[①]。法律不仅是约束，当政治风险不可避免地发生时，法律也是企业保护自身合法权益的武器。2020年特朗普政府要求字节跳动出售 TikTok 在美业务，否则将对其进行封禁。TikTok 公司联合员工及创作者对美国政府提起诉讼，直指特朗普的政令涉及四项违宪、三项越权。最终获得法律的支持，商务部表示不会执行行政命令，暂缓关闭 TikTok。

当下中国综合国力、影响力大幅度提升，而美西方力图遏制中国大国崛起，这种国际趋势不可避免地会对企业出海造成影响。在此背景下，出海的企业或是在国外进行广告营销的企业应多元布局、审慎决策、守法用法，避免不必要的损失。

（三）规范人工智能发展：防范权力异化，严守技术红线

人工智能是可以模拟、延伸和扩展人的智能的技术。科技的成熟让 AI 离开了研究领域，真正进入了日常生活，改变了生活的方方面面。根据麦肯锡咨询公司发布的《人工智能 2022 年状况——五年回顾报告》，人工智能在市场营销、销售、产品和服务开发、战略、公司财

---

① 及晓颖.浅析中国互联网企业"出海"的机遇与风险——以印度尼西亚为例 [J]. 现代商业，2020（05）：54-55.

务方面的收入影响最大。普华永道在 2017 年进行的一项研究预测，到 2030 年，人工智能将为全球经济贡献 15.7 万亿美元。一般而言，人工智能发展被分为三个阶段，即弱人工智能、通用人工智能（强人工智能）和超人工智能。长久以来，AI 一直处于弱人工智能阶段，ChatGPT 则挑战了这一观念。

2022 年 11 月，美国 OpenAI 公司发布了一款基于超大规模人工智能模型的人机对话应用程序——ChatGPT（Chat Generative Pre-trained Transformer）。ChatGPT 为代表的 AI 自生成技术让人工智能实现了从感知理解世界到生成创造世界的巨大跃迁。AIGC 应用可以帮助人们生成文章、小说、音乐、绘画、程序代码甚至论文等各类内容。人们可以通过各种 AIGC 工具参与不同类型的智能化内容创作，这不仅会大大拓展 AI 在日常生活中的应用场景，也将开启一场全民参与的人机协同创作运动。

ChatGPT 彰显了人工智能的权力，人工智能可以把控社会的信息及资源，引导决策，形成了一种非国家力量的"准公权力"。然而，人工智能会受到自己所学习的带有偏见性甚至歧视性的内容的影响，进而生产出带有偏见和歧视的内容。另外，AI 不会验证和考量其生成内容的真实性，因此可能产生虚假信息。除此以外还有算法黑箱、侵犯个人隐私等隐忧。人工智能的跳跃式发展在给人类社会带来广阔前景的同时，也给个人安全和保障带来很大风险，增加了侵犯人类基本权利的可能性。为了防止人工智能权力的异化，建立良序的网络空间，各国相继出台了相关法律法规以规范人工智能的发展。

2023 年 3 月 30 日，意大利数据保护机构 The Garante 展开调查后发布公告，宣布暂时封锁 ChatGPT。当局同时怀疑 OpenAI 在其人工智能应用程序中违反了数据收集规则。4 月 11 日，美国商务部下属的国家电信和信息管理局（NTIA）正在就人工智能系统的潜在问责措施征求公众意见，旨在采取措施来保证"人工智能系统是合法的、有效的、合乎道德的、安全的，并且在其他方面值得信赖"。

1.《人工智能责任指令》：纳入产品责任制，保障人工智能受害者索赔权利

欧盟委员会于 2022 年 9 月 28 日更新了《产品责任指令》（*The Product Liability Directive*）。针对人工智能造成的具体损害，还提出了《人工智能责任指令》（*The AI Liability Directive*）作为附加指令。指令将允许消费者对人工智能技术的"错误行为"造成的损害提出索赔。委员会表示，索赔的依据可以包括"侵犯隐私，或由安全问题造成的损害"以及"在涉及人工智能技术的招聘过程中受到歧视"。这将使人工智能相关损害的受害者更容易获得赔偿。

《人工智能责任指令》引入了两项要素，以简化相关法律流程。其一是"因果关系推定"原则，该原则有助于减轻受害者的举证负担。受害者只要证明产品的人工智能性能对自己造成了伤害，陈述清楚其间的因果关系就可以成功举证。如果人工智能企业不能证明其产品和服务不是造成受害者遭受损害的原因，则推定加害成立。其二，《人工智能责任指令》还在某些特定条件下规定了相关企业信息披露的义务。受害者可以要求法院命令欧盟《人工智能法案》中定义为高风险人工智能系统的供应商披露有关其产品的相关和必要的证据，以便收集信息。通过引入从公司和供应商处获取证据的权利，受害者将拥有更多寻求法律赔偿的工具。

新颁布的责任指令标志着欧盟对人工智能的监管正式将产品责任制度列入了监管框架中，该指令将有助于解决人工智能系统引发的产品责任认定的法律问题。

2.《人工智能法案》：分类治理，确保人工智能安全性

2021 年 4 月，欧盟委员会提出了《人工智能法案》条例草案。2022 年 12 月 6 日，欧盟理事会通过了关于《人工智能法案》的共同立场，旨在确保投放到欧盟市场并在欧盟范围内使用的人工智能系统是安全的。这是世界范围内第一份综合性人工智能法案。法案对人工智能系统的定义、禁止人工智能应用的领域、人工智能系统的高风险分类、与执法机关有关的范围和规定、支持创新的措施等方面进行了阐述。

人工智能法案秉持风险分级的治理理念，采取了四类风险分级方法，分别是不可接受的风险、高风险、有限风险和最低风险，对以上不同风险级别的人工智能系统使用采取不同的限制措施。法案的重点是对具有高风险的人工智能产品和服务实施上游治理防范，规定了严格的前置审查程序和履行合规义务。法案明确了不可接受的风险，并明令予以禁止。被禁止的风险分别包括利用人的潜意识扭曲个人行为给他人带来身体和心理伤害，利用特定群体的脆弱性影响个人行为给他人带来身体和心理伤害，任何形式的社会信用分级以及实时的远程生物识别技术。该法案未明晰高风险行为的含义，仅对可能引发高风险的领域进行了归类，包括关键基础设施、公民教育、产品的安全组件、公民就业、公共服务、涉权型执法、出入境问题、司法和民主进程等。

但是目前欧洲议会议员们尚未就提案的基本原则达成一致。一旦草案获得批准，成员国应根据相关规定和条件制定相应罚则，采取必要措施确保这些规定得到适当和有效的执行。所规定的处罚应是有效的、相称的和教育性的，并应特别考虑到小规模提供者和初创公司的利益和经济生存能力。草案确定统一的法律框架而非具体法律规范，

这为成员国在不损害立法目标的情况下采取不同程度的行动，特别是市场监督系统的内部组织和促进创新措施的采纳，留下了空间[①]。

（四）用户数据安全：用户安全与隐私权利的复归

用户数据不仅是一种个体化的数字踪迹，还是一种生产资源。对商业机构而言，吸引用户在自己的平台进行数据生产，并建立一套常态化的控制机制确保这一过程持续稳定运行，是实现自身商业利益的前提。数据作为企业核心资产，重要性毋庸置疑。从市场表现来看，一方面，大量数据主要集中在互联网企业，而互联网企业具有"头部固化"属性，少数企业能够通过强大的用户资源和权力，越来越方便地收集并分析数据，使用者在公司面前没有主动权，被动接受公司的数据收集方案，导致数据集中在少数公司。另一方面，小企业实力弱，无法与大企业抗衡，造成少数企业垄断数据。大公司数据垄断导致初创公司获取数据的成本和创新成本的增高。如果不对这些持有大量数据的大公司加以规制，势必形成垄断，而这就会阻碍行业创新，阻碍新的公司和市场参与者进入市场。然而，过度保护用户数据也会导致公共部门和企业难以正常运转或提供公共服务，要在维护公共部门和保护用户数据之间达到平衡，就需要法律的规范。

1.《数据法案》：明确各主体权利与义务

2022 年 2 月 23 日，欧盟委员会公布了《数据法案》（Data Act）草案。《数据法案》旨在确保数据环境的公平性，刺激数据市场竞争，为数据驱动创新提供机会，并促进数据主体对其数据的获取和使用。该法案明确规定了公共部门使用数据的权利与义务以及数据持有者和接收者

---

① 光明日报 . 透视欧盟人工智能法草案 [ED/OL]. [2023–03]. https://news.gmw.cn/2023–03/16/content_36432635.htm.

需要履行的权利和义务。《数据法案》完善了企业对政府（B2G）数据共享规则的结构和专用功能；系统构建了企业对企业（B2B）数据共享的权责体系和实现路径，切实推动产业价值链上的企业数据流通与共享；在合同公平、数据交换、云服务互操作、数据跨境、中小微企业豁免等方面进行了切实可行的详细规定，形成了强有力的落地实施保障。

然而，《数据法案》在数据管理以及社会治理方面是一把双刃剑。一方面，《数据法案》是在前期相关政策法规基础上的深化，进一步构建了欧盟数据权利体系，对不同主体、不同数据类型、不同交易场景作出了较细化的规范，并为可能出现的权利冲突设计了相应的监管模式和争端解决机制，将给各主体共享数据带来更多的激励和信心，打破数据孤岛和垄断，有助于释放符合欧盟数据治理规则和价值观的数字经济潜力。

另一方面，《数据法案》也存在着一定的问题。一是《数据法案》多项内容仍不明确，如一些条款具体适用范围及其实质性义务的具体内容。二是《数据法案》预示了欧盟委员会"权力清单"和授权标准，但仍无法解决缺乏共享标准的问题。该法案的目标是使每种数据类型达到最佳共享水平，因此欧盟试图深化对各种数据交易的监管控制，并实施只有付出巨大努力才能监控和执行的规定，以期扭转现有的市场动态，但这样可能会造成不必要的、过于严格的监管。三是在《数据法案》相关技术实现过程中，企业不得不承担更多的数据使用、管理与合规成本，故该法案能否真正遏制寡头垄断，促进数据流通，仍有待考量。

2.《数据保护和数字信息法案》：软化监管框架，提升数据控制者的自由

2022 年 7 月 18 日，《数据保护和数字信息法案》被提交英国议会

讨论，这是英国在脱欧之后首次推动数据保护改革的举措之一。2023年4月，英国在议会提交了新的《数据保护和数字信息法案》。

该法案被视为英国版的《通用数据保护条例》（GDPR），《法案》涵盖了许多数据保护问题，从个人数据的定义到国际数据转移、数据主体访问请求、cookies 和合法利益评估。《法案》试图修改英国数据保护法提出的个人数据的定义，此次修改对于数据控制者和数据处理者而言增加了对信息是否属于个人数据的确定性，但它可能会减少信息作为个人数据受到保护的情形。《法案》允许公司/组织拒绝回应"无理取闹或过分"的数据主体访问请求，或允许公司/组织对此类请求收取费用。这意味数据控制者将不再需要回应旨在造成困扰的、恶意为之的，或因"无理取闹"构成"滥用程序"的数据主体访问请求。《法案》可能全面修改目前关于使用 cookies 和跟踪技术的制度，《法案》建议扩大可以在未经同意的情况下放置在用户设备上的 cookies 的类型。此外，公司/组织将有可能因违反《隐私和电子通信条例》而面临更高的罚款，因为《法案》建议对侵权行为的最高处罚与英国 GDPR 一致，而不是目前的 50 万英镑的最高罚款。此外，英国政府打算将某些合法利益列入处理个人数据"白名单"，如为公共利益、国家安全、公共安全和国防、紧急情况、保护弱势个人和民主参与所需的对个人数据的处理。

英国政府官网的公告显示，软化后的数据监管框架预计在未来 10 年内为英国省下 47 亿英镑的合规成本，并将确保隐私和数据安全。

3.《支持保护健康和在线位置数据隐私法案》：针对用户的健康数据提供更全面的隐私保护

美国参议员 Amy Klobuchar 等人提出《支持保护健康和在线位置数据隐私法案》（*The Upholding Protections for Health and Online Location*

Data Privacy Act），旨在防止将健康数据用于广告目的，以扩大对美国人个人健康数据隐私的保护。

隐私法案禁止将"从任何来源收集的个人可识别健康数据，包括来自用户、医疗中心、可穿戴健身追踪器和网络浏览历史的数据"用于商业广告，这些限制将不适用于公共卫生活动（例如，大学生接种疫苗）；对公司在未经用户同意情况下使用个人健康数据施加额外的披露限制；以及禁止向数据经纪人或由数据经纪人出售精确的位置数据。

Klobuchar 说："长期以来，公司从美国人的在线数据中获利，而消费者却被蒙在鼓里，鉴于一些报道指出社交媒体公司收集生殖健康护理相关数据，这一点尤其令人担忧。通过停止将个人健康信息用于商业广告并禁止出售位置数据，这项立法将制定新的保护措施以保障美国人的隐私，旨在解决寻求堕胎的病人的在线安全的担忧。"

这项法案的最初动机是解决寻求堕胎的病人的线上安全的担忧，但如果这项法案获得通过，它将通过限制广告营销活动对数据的利用而更全面地保护用户的隐私。

（五）未成年人保护：细化保护准测，提高保护标准

网络的普及使得未成年人已成为网络新兴力量中的重要一极。2022 年 12 月，第 51 次《中国互联网络发展状况统计报告》显示，在我国 10.67 亿网民中，10 岁以下网民和 10—19 岁网民占比分别为 4.4% 和 14.3%。"触网"低龄化趋势明显。同时，伴随"互联网 + 大数据 + 人工智能"的三浪叠加，人类生活从物理、现实空间扩展到虚拟、网络空间。企业的营销手段更加丰富，用户接触到的内容更个性化也更良莠不齐。由于未成年人尚未形成独立的世界观、价值观，缺乏辨别复杂信息的能力，这个群体极易受网络内容片面化、单向化影响。此外，未成年人信息被窃取、贩卖及非法滥用成为数据侵权的新形态。随着儿童智能手表、智能玩具、智能教育产品等包含大量个人数据的智能设备融入未成年人生活，数据泄露可能将日益加剧。因此，互联网平台有必要为未成年群体提供特殊保护措施，在广告营销活动中也应特别注意对未成年人进行保护。针对频发的网络欺凌、隐私泄露、有害信息等问题，国际上推出了系列政策以维护未成年人权益。

1.《加州适龄设计规范法案》：对儿童隐私实施"最高标准"

9月16日，美国加州州长加文·纽瑟姆签署了一部儿童网络安全法案——《加州适龄设计规范法案》（*The California Age-Appropriate Design Code Act*），可能促使社交网络、游戏和其他在线服务对未成年人实施最严格的隐私要求。《法案》限制应用程序收集18岁以下人群的数据，并要求在线服务在默认情况下为儿童和青少年开启"最高隐私设置"。这是美国第一部要求在线服务商为18岁以下用户提供广泛保障措施的州级法规。

具体而言，《法案》禁止使用儿童和青少年的个人信息，收集、出售或保留其地理位置，默认设置其档案，以及引导或鼓励儿童和青少年提供个人信息。同时，《法案》限制网站和应用程序的某些功能，比如陌生人互发消息，因为这可能给年轻用户带来风险。

《法案》强制在线服务采取主动安全措施，要求在设计产品和功能之初就考虑年轻用户的最佳利益，例如在用户访问其平台之前验证用户的实际年龄。这项立法将适用于18岁以下人群可能使用的诸多数字产品，包括社交网络、游戏平台、联网玩具、语音助手和智能学习工具等。此外，《法案》的影响还可能超出加州范围，促使许多服务机构在全美进行变革。

2.《在线安全法案》新修正案：公布平台风险评估结果与年龄审查方法

2022 年 12 月，英国发布针对《在线安全法案》的最新修正案，宣布将添加更有效的儿童保护措施，以强化对互联网未成年用户的保护。保护互联网未成年用户是英国《在线安全法案》的重点之一。此前，《法案》就已对平台提出过一系列要求，包括：禁止儿童访问色情制品供应方和允许用户生成内容的网站；要求互联网平台设定年龄限制措施以监控未成年用户的使用；等等。而此次提交的修正案主要对科技公司需要履行的义务进行了细化。本次修改要求公司对平台内容进行风险评估，并将结果公布，以便公众了解使用服务可能对儿童构成的风险。同时，此前规定的年龄限制措施也被细化。如果社交媒体规定了年龄限制，公司需要公开其用户年龄审查的方法，比如年龄验证技术。

《法案》还要求英国通信管理局将受害人专员、家庭虐待专员和儿童专员设立为法定咨询人，英国通信管理局在起草科技公司相关工作准则时，需要和对应专员协商。将儿童专员设定为法定咨询人的举措能让儿童的经历、意见和权利得到充分的理解和代表。

3. 英国广告监管机构：修订关于在线限制年龄广告的指南

英国的广告监管机构于 2022 年 11 月公布了关于如何负责任地在网上投放年龄限制广告的新规则。广告标准局（ASA）修订了其关于线上广告年龄限制的指南，通过引入内容、媒体投放和受众定位三方面的限制，给予儿童和年轻人更多保护。

广告实务委员会（CAP）的最新指南提供了一个检查清单，以帮助广告商及其代理机构避免儿童和青少年接触限制年龄的广告，如酒精、赌博、高脂肪、高盐和高糖产品（HFSS）以及美容干预广告。它还包括一个信息图表，详细说明了用以避免违反英国的广告守则（CAP 守则）的广告商可以采取的步骤。例如，酒精、赌博和美容干预属于受年龄限制的广告，不得针对 18 岁以下的人投放，也不得与 18 岁以下的人占比 25% 以上的受众群体的媒体一起出现。同时，HFSS 食品和饮料以及药品属于不得针对 16 岁以下儿童投放的广告，不得与 16 岁以下受众占比超过 25% 的媒体同时出现。

为了避免违反 CAP 守则，广告商应该确保参与开发和发布广告活动的各方都了解这个新的指导，以及 CAP 守则的目标和内容限制，并遵守这些规定。合规性应从一开始就被纳入广告活动的规划中。修订后的指南鼓励广告商使用数据分析来为广告进行受众定位，并监测他们的定位决定是否正确。广告商将需要与平台携手合作，以便获取所需的数据。如果一个平台不能或不愿意提供这些数据，那么广告商应该三思而后行，考虑该平台是否适合进行基于年龄的广告定位活动。

三、政策和法律法规的执行与监管的分析框架

政策与法规的执行是在互联网、企业平台所提供的社会新生态基础上进行的，因此在政策法规执行监管过程中，首先涉及平台社会的新生态的环境分析，其次涉及对平台的健康分析的检测框架与治理框架，最后是用户对平台的接受度与适度，如何从不适应、不理解走向适应与可利用。

（一）平台社会新生态：AIGC 与即将到来的强人工智能时代

在平台社会的新生态中，国内外聚焦"人—货—场"的逻辑，对网络用户、平台内容、服务，以及平台环境进行细化的监管。与2022年不同的是，对技术环境的监管成为 2023 年的政策环境新亮点，AIGC 唤起了对强人工智能、隐私顾虑和伦理道德的担忧。

人工智能发展目前正在由弱人工智能时代迈向强人工智能时代，强人工智能具有强大的自我学习能力和跨领域的应用能力。以 ChatGPT 和文心一言为代表的对话机器人开启了 AIGC 的时代，对人类社会的知识生产、关系重构与人类认知产生了重要影响。

在营销领域，AIGC 重构了营销链路，实现了数据检测、精准化场景化营销以及跨模态的交互对话形式。智能创意的广告文案生成、广告文本嵌入交互对话中以及针对用户需求提供相应的广告服务成为 AIGC 主要的营销方式。在电商营销当中，AIGC 赋能促进了电商"人—货—场"的全方位升级。在"人"的要素升级方面，人与虚拟人和对话助手的交互，减少了企业的客服投入成本。"货"的要素升级则促进了用户在虚拟场景中的交互，如智能选品、虚拟试穿等服务。目前，天猫平台开发的 AI Creat Ideas 就通过用户的消费洞察，锁定市场的优势产品要素。在"场"的方面，虚拟货场将与实体货场同步，结合元宇宙等技术构建线上的虚拟营销空间，摆脱时空的局限。

不过，AIGC 与营销也为政策和法律监管提出了新的问题。在内容生产方面，AIGC 的超越自然语言文本的超级"系统"，在基础层表现为预训练模型，在中间层表现为垂直化、场景化、个性化模型，而在应用层表现为图像、语音文字等多模态的内容与应用。在这种自动内容生产过程中，深度伪造和深度合成成为内容监管新的难题。深度伪造技术通过自然的生成具有隐蔽性，在这种基础上网络信息环境将迎来虚假信息与信息、真相与后真相和伪真相之间的博弈。同时 AIGC 也带来了版权难题，即 AIGC 预训练与内容生产所依赖的内容的版权归属问题。

在社会营销与产业方面，AIGC 在升级迭代营销链路的同时也冲击了现有的产业。例如，电商行业的客户咨询和直播带货等形式都由 AI 来完成，冲击了原有客户服务从业者，未来可能更多交由算法提示工程师来实现客户需求的精准化匹配。在直播带货方面，虚拟主播的出现重构了秀场直播模式，实现 7 天 24 小时的直播，降低直播成本。

在上述问题的监管方面，AIGC 主要涉及数据所有权、用户数据安全、内容规范性、全生命周期服务保障以及责任承担五个方面。数据所有权主要是模型训练数据的合规性，数据、算法、算力是人工智能的三驾马车，因此在预训练阶段需要保证数据的真实性、准确性、客观性、多样性等，避免因数据造成的歧视与隐私侵犯等问题。在用户数据安全方面，涉及平台和算法对用户隐私数据的保护。例如，ChatGPT 使用指南已明确说明，输入 ChatGPT 聊天框的文本内容会被用于进一步训练模型。在内容规范性方面，涉及内容的版权归属、内容的规范性与打击深度伪造等虚假信息。全生命周期服务保障涉及产品在整个服务期间，服务的提供者应当为其产品、服务持续提供安全维护。最后，责任承担部分涉及利用生成式人工智能提供服务的组织和个人与使用者之间的关系。

（二）平台治理框架：协同、共治、共享

技术进步也需要社会治理相应的步伐跟进，目前对平台资源的制衡依然是监管的主题，不过这种监管更多从"共治共享"的角度进行，

刚柔并济，通过技术手段、政策手段来防范平台权力过大。对此，一些研究者提出人工智能与平台经济的交织融合是一个复杂、动态且协同演化的过程，所涉及的议题和范围早已超越了工业经济时代的规制框架，因而必须从现有的监管体制走向新的平台治理范式。[①]

在平台制约的政策变迁中，研究者提出平台治理的内部逻辑沿着发展实用主义的内在逻辑，尽管国家互联网的政策根本目标具有刚性，但是短期的政策取向具有弹性。[②]在"社会环境—治理逻辑—治理策略—政策工具"的逻辑下，网络平台的治理不断更新，坚守底线原则，留足监管的空间与不确定性，在以人为本的原则下保护用户权益，制约平台权力。例如，在直播短视频、互联网广告的监管当中，政策依然在一定程度上鼓励发展新的业务形态。

在网络平台的规范中核心原则也从过去的制衡对立到协同、共治、共享发展。我国"十四五"规划纲要更进一步强调将"促进平台经济、共享经济健康成长"作为新的发展目标。"协同、共治、共享"主要体现在信息共享、数据共享和实物共享三个方面。在治理当中，协同创新理论的框架提供了启发。研究者提出，协同创新是指围绕某一治理问题，多个主体通过协商、谈判、妥协等行为形成资源共享、互惠、合作的过程。[③]这一治理框架强调了多元主体的异质性行动通过协商在开放性的场域中走向协同的过程，借鉴了自组织理论、行动者网络理论、吉登斯的制度化理论，理解多元协同共治的模式。在这一共治模

---

① 梁正，余振，宋琦 . 人工智能应用背景下的平台治理：核心议题、转型挑战与体系构建 [J]. 经济社会体制比较，2020（03）：67–75.

② 张志安，冉桢 . 发展实用主义：中国互联网政策变迁与平台治理的内在逻辑 [J]. 新闻与写作，2023（01）：89–97.

③ 李志刚，李瑞 . 共享型互联网平台的治理框架与完善路径——基于协同创新理论视角 [J]. 学习与实践，2021（04）：76–83.

式下，技术也提供了相应的支持，例如 Web3.0 与区块链技术，以去中心化的模式进行平台和社会的权力重组。

共治共享的核心的治理理念是包容性与人本原则，包容性强调了对互联网平台中的复杂性与不确定性的兼容，通过主体之间的协调和主体外的规制来实现自组织的行为。平台的复杂性主要来自平台的新兴技术的复杂治理场域，治理内容面临的不可预测性、不可识别性等问题。

对复杂性的包容可以开辟公共的对话合作空间，使其既作为共享的空间，又作为社会安全阀。共治共享的人本原则是将以人为本的治理理念贯穿到整个治理过程中，激发人在虚拟空间的参与感。在人与平台的交互过程中，信任感是支撑着平台持续使用的重要解释变量。因此，要增强用户对平台的信任需要善于利用制度信任、技术信任等多种信任手段，重构平台信任。例如，公开透明、可追溯的去中心化技术区块链，以及 DAO 的去中心化自治组织形式，通过技术反哺平台信任。

在"共治共享"原则下，一个核心的治理模式是数据共享模式。由于平台制约管理的核心是用户数据，平台所掌握的用户数据成为其独特资产。为了约束平台权力，建立数据共享机制。在平台数据垄断的治理中，解决数据垄断问题，需建立数据共享规则，明确平台数据的权利体系，规范数据收集的同意条款和收集范围，建立数据开发与信息保护相平衡的机制，从而加强对数据垄断的监管。[1]2022 年 7 月 10 日，市场监管总局对 28 起未依法申报违法实施经营者集中案件作出行

---

① 李勇坚. 互联网平台数据垄断：理论分歧、治理实践及政策建议 [J]. 人民论坛·学术前沿，2021（21）：56-66.

政处罚决定，多数涉及 VIE 架构的数字平台企业。2022 年 12 月，根据《中华人民共和国反垄断法》第五十七条和第五十九条，责令知网停止违法行为，围绕解除独家合作、减轻用户负担、加强内部合规管理等方面进行全面整改，促进行业规范健康创新发展。

第二章　互联网营销的经济环境

● **本章提要**

随着社会生产生活秩序走向稳定恢复，国内整体经济环境亦迈入结构性调整的再平衡期，中国互联网营销市场也在此背景下步入结构性调整深水期。

本章主要从宏观经济环境、相关经济体环境、经济新特征三方面分析互联网营销的外部经济环境。从宏观经济环境来看，过去一年总体经济水平"承压"，宏观经济发展走过强调"总量"和"数量"的阶段，结构转型成为主要特点；互联网营销相关的产业经济水平有所提升，基础设施布局铺开；居民经济水平提升不明显，居民消费倾向降至近年最低，保守特点明显。从相关经济体来看，信息流业态中，AI技术为营销触点与内容生产方式都带来转型力量；资金流业态中，第三方支付市场及非第三方支付市场格局改变，云闪付等新入局者登场；物流业态中，供应链优化思路下衍生多种物流方式。从经济环境新特征来看，疫情防控平稳转段，促进线下营销恢复；经济内循环深入推进，内需变化对营销市场的影响作用显著；贸易保护主义抬头，外需走弱显示海外市场疲软。

● **本章营销热词**

承压；再平衡；弹性消费；符号文化经济；信息流；资金流；物流

一、互联网营销与宏观经济

宏观经济环境作为互联网营销市场发展的基本盘，"框定"了互联网营销市场的根本发展空间。本节从国内宏观经济环境的"宏观—中观—微观"三个层次展开，按照总体经济水平、产业经济水平和居民经济水平三个维度，结合具体数据与形势特点来分析2023年互联网营销市场所面对的宏观经济环境。

（一）总体经济水平分析

衡量总体经济水平主要包括国内生产总值和社会消费品零售总额两个基础指标，本部分依据这两个指标为互联网营销市场描摹宏观维度的外部经济环境。

1. GDP与互联网营销："承压"前进，再寻平衡

国内生产总值（GDP）是衡量总体经济水平"生产端"的基本指标。从2022年下半年至2023年上半年的我国GDP的表现来看，突出展现了"承压"与"再平衡"两个关键特点。

"承压"，即过去一年我国GDP的增势相较前几年已相对平缓，宏观经济走过强调"总量"和"数量"的阶段。国家统计局数据显示，2022年全年我国GDP为1210207亿元，经济总量突破120万亿元，按不变价格计算，比上年增长3%；分季度看，第一季度同比增长4.8%，第二季度同比增长0.4%，第三季度同比增长3.9%，第四季度同比增长

2.9%①。2023 年第一季度，我国 GDP 为 284997 亿元，同比增长 4.5%②。虽然 2023 年初 GDP 发展有向好态势，但增速放缓仍是当前经济发展的主基调。国际环境风高浪急，国内改革发展稳定任务艰巨繁重，中国总体经济发展的复杂性、严峻性与不确定性上升，经济发展所需考虑的超预期因素增多，如何通过调整、优化经济结构，彰显与释放经济体应对冲击的韧性成为新的关键问题。

"再平衡"，则意味着我国 GDP 增长的拉动方式转变，宏观经济结构格局发生转变。从支出法核算角度看，经济增长是投资、消费、净出口这三种需求之和，因此经济学上常把最终消费支出、资本形成总额、货物和服务净出口这三者形象地比喻为拉动经济增长的"三驾马车"。国家统计局数据显示，2017—2022 年，最终消费支出对 GDP 的贡献率从 55.9% 跌至 32.8%，甚至一度跌至 –6.8%；资本形成总额对 GDP 的贡献率从 39.5% 变为 50.1%；货物和服务净出口对 GDP 贡献率则从 4.7% 变为 17.1%。从拉动率上来看，最终消费支出对 GDP 增长的拉动率从最高的 4.9% 跌至 1.0%③。可见，近年"三驾马车"中，消费这驾"马车"不但没有往前跑，后退还异常明显，而投资、出口两驾"马车"亦有乏力之势，2022 年 GDP 增长的主要动力被迫从消费转为投资拉动。这充分说明当前消费市场的疲软特征，居民不敢消费、不便消费的问题十分突出，如何扩大内需成为重要问题。为此，2023 年 4 月国家发改委介绍，当前正在抓紧研究起草关于恢复和扩大消费的政策

① 国家统计局 . 2022 年度数据 [DB/OL]. (2023–02–15)[2023–05–01].https://data.stats.gov.
  cn/easyquery.htm?cn=C01.
② 国家统计局 . 2023 年季度数据 [DB/OL]. (2023–04–19)[2023–05–01].https://data.stats.
  gov.cn/easyquery.htm?cn=B01.
③ 国家统计局 . 2017—2022 年度数据 [DB/OL]. (2023–02–15)[2023–05–01].https://data.
  stats.gov.cn/easyquery.htm?cn=C01.

文件，主要围绕稳定大宗消费、提升服务消费、拓展农村消费等重点领域，根据不同收入群体、不同消费品类的需求制定有针对性的政策举措。

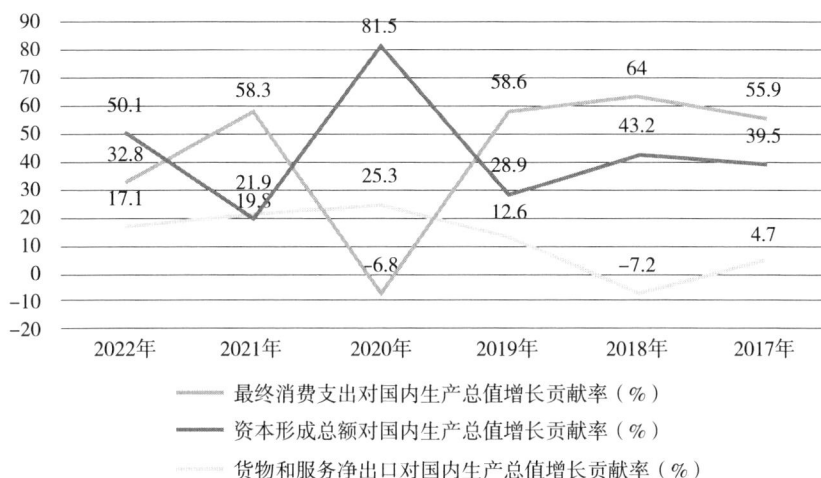

图 2-1 2017—2022 年"三驾马车"对 GDP 增长的贡献率变化

数据来源：国家统计局

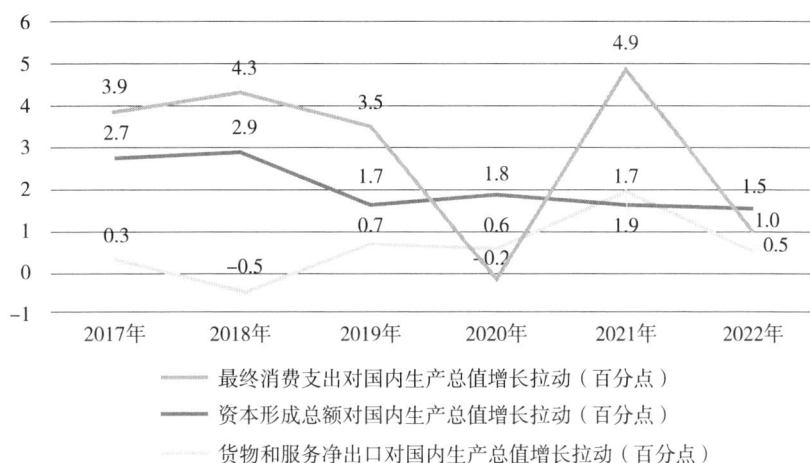

图 2-2 2017—2022 年"三驾马车"对 GDP 增长拉动变化

数据来源：国家统计局

这些特点也表现在互联网营销市场中。在经济发展放缓、境况复杂程度升级的背景下，互联网营销市场规模扩张也出现周期性动荡、回暖与探底交替出现等问题，整体市场已步入深度盘整期。当前互联网营销市场面临着增长乏力、形势动荡、发展前景不确定不明朗的问题，对于头部生态来说，既有的营销格局已经无法带来新的发展机遇，如何寻找新技术与新连接方式来推动营销市场的结构性调整和质量性优化，已成为首要问题；而对于尾部生态来说，承压经济环境不可避免地给他们带来更为严苛与激烈的竞争局面，其面临的营销挑战会进一步放大，如何在头部生态的扩张挤压下形成自己的差异化定位、为用户提供差异化和个性化服务，补足市场生态中欠缺的生态位价值，应该是新入场者着重考虑的问题。

而从互联网营销市场开发度来看，对比往年数据可见互联网营销市场仍未在结构性调整过程中寻得发展"新动能"，市场结构可能陷入僵化与封闭境地。长期来看，缺乏"新动能"推动的互联网营销市场可能出现无效内卷和无序竞争的问题，致使入场者均陷入"囚徒困境"——例如，不同营销平台间的壁垒加高，平台相互屏蔽几乎成为常态，用户成为平台实现自身经济利益的"自留地"，损害用户价值；或是形成强强垄断，通过技术垄断或流量垄断的方式来造成"一家独大"局面，排除和限制其他竞争，损害市场生态；还可能导致"流量劫持"，不当利用弹窗、跳转等方式劫持流量以进行非正当竞争，损害平台发展。

2. 社零总额与互联网营销：传统消费再收缩，弹性消费波动大

社会消费品零售总额（社零总额）可以描摹消费市场规模，是衡量总体经济水平"消费端"的主要指标。从过去一年我国社零总额的规模表现来看，表现出"收缩"和"震荡"两个特点：收缩，即传统

消费市场持续收缩，恢复仍需等待；震荡，即弹性消费市场波动大，稳定性差。

传统消费市场方面，过去一年收缩趋势明显，市场活力恢复仍需等待。国家统计局数据显示，2022年，社会消费品零售总额为439733亿元，相比上年下降0.2%，其中商品零售增长0.5%，餐饮收入下降6.3%。分季度来看，2022年第三季度，随着一系列促消费政策落地显效，市场主体加快复商复市，市场销售增速转正，社零总额同比增长3.5%；而第四季度，社零总额同比下降2.7%[①]。2023年第一季度，社零总额为114922亿元，同比增长5.8%，其中全国网上零售额为32863亿元，同比增长8.6%[②]。2023年以来消费市场增速有所提高，而对于传统消费市场是否能够恢复到既有规模和生态这一问题，仍需要结合居民消费信心等多方面因素来持续观望。国家统计局数据显示，当前消费市场中基本生活类商品的消费市场规模显著优于其他非必需类商品的消费市场，可见传统消费市场呈现出以基本生活类商品为主要支撑的趋势，除基本消费之外的消费市场收缩明显。

弹性消费市场方面则震荡特点明显。所谓"弹性消费"是相对刚性消费需求而言，刚性消费需求对应的是马斯洛需求层次理论中第一个层次——生存的消费需求；而弹性消费需求是在基本需求满足之后进一步优化、改善或者提升生活的需求，诸如旅游、外出就餐、购物、电影、展览、演出等都属于弹性消费需求。虽然2023年第一季度餐饮、旅游等接触型消费迅速回暖，其中住宿餐饮、文体娱乐、居民服务

---

① 国家统计局．2022年度数据[DB/OL]．(2023-02-15)[2023-05-01].https://data.stats.gov.cn/easyquery.htm?cn=C01.

② 国家统计局．2023年季度数据[DB/OL]．(2023-04-19)[2023-05-01].https://data.stats.gov.cn/easyquery.htm?cn=B01.

等接触类服务业销售收入同比分别增长 22.8%、13.7% 和 9.4%，已超 2019 年水平[①]，但这些消费市场与刚性消费市场不同，存在较大周期性和弹性，受节假日等休闲时间所限。可以说，当前弹性消费市场的快速回暖仍处于市场"快速反弹"阶段，随着人们消费冲动退却仍有"衰退"可能性。报复性消费要想成功转化成增长动力，还需要集齐金融条件、劳动力市场等其他外部条件。目前，弹性消费市场还未迈入健康市场的正式恢复与发展阶段，未来发展均存在不确定不稳定因素。

这些特点也意味着互联网营销市场对准的"需求口"应该发生转变。首先，互联网营销市场应该注重维护刚性消费市场；其次，更应该注重引导弹性消费市场健康发展，培育与壮大刚性与弹性消费的"线上 + 线下"营销业态与链路。

（二）产业经济水平分析

互联网营销市场的基础支撑产业涉及十分广泛，包括通信产业、文化产业、网络零售产业、广告业、人工智能产业等，其中通信产业、文化产业及网络零售产业是核心支撑，本部分着重分析这三大产业的经济水平，为互联网营销市场描摹中观维度的产业经济环境。厘清产业经济水平，可为互联网营销市场的结构转型过程提供思路，找准转型方向。

1. 通信产业与互联网营销：基础设施铺开，应用市场下沉

通信产业为互联网营销提供基础的渠道支撑。过去一年我国通信产业经济水平整体向好，主要表现出"横向和纵向"两个发展特点：横向上，通信基础设施布局铺开；纵向上，通信应用市场纵深下沉。

---

① 国家统计局 . 2023 年季度数据 [DB/OL]. (2023–04–19)[2023–05–01].https://data.stats. gov.cn/easyquery.htm?cn=B01.

其一，通信基础设施布局铺开。5G 建设方面，2022 年期间投资额达 1803 亿元，占全部投资的 43%，除 5G 之外的通信固定资产投资更是高达 4193 亿元，比上年增长 3.3%；与此同时，5G 通信基站也在加速建设，截至 2022 年全国 5G 基站为 231.2 万个，全年新建 5G 基站 88.7 万个，占移动基站总数的 21.3%[①]；"5G+ 工业互联网"建设也在加速，2022 年间建设项目超 4000 个，31 个省份均出台 5G 和工业互联网相关政策，5G 定位、5G NPN、5G TSN、5G LAN、5G V2X 等针对垂直行业应用的 5G 技术标准已逐渐成熟[②]。光缆建设方面，2022 年全国着重建设长途光缆，长度达 109.5 万千米，全国光缆线路总长度达 5958 万千米；这加速了互联网宽带接入端口数，2022 年末已达 10.71 亿个端口，比上年末净增 5320 万个[③]。这些基础设施建设说明通信产业在全国范围内的布局已经扩张式铺开，未来数字经济发展的空间也将在此基础上打开。

其二，通信应用市场纵深下沉。从国家工业与信息部公布数据来看，2022 年电信业务收入累计完成 1.58 万亿元，比上年增长 8%，同比增长 21.3%[④]，可见通信市场的增速仍然可喜。从通信产业类别来看，大数据业务增势突出，数据中心、云计算、大数据、物联网等新兴业务快速发展，可见"算力"产业在数字产业中的基础支撑地位越发稳固。数据显示，2022 年"算力"产业共完成业务收入 3072 亿元，比上

① 国家统计局 . 2022 年国家部门数据 [DB/OL]. (2023–02–02)[2023–05–01].https://data. stats.gov.cn/staticreq.htm.
② 国家统计局 . 2022 年国家部门数据 [DB/OL]. (2023–02–02)[2023–05–01].https://data. stats.gov.cn/staticreq.htm.
③ 中国政府网 . 2022 年通信业统计公报 [EB/OL]. (2023–02–02)[2023–05–01].http://www. gov.cn/xinwen/2023–02/02/content_5739680.htm.
④ 中国政府网 . 2022 年通信业统计公报 [EB/OL]. (2023–02–02)[2023–05–01].http://www. gov.cn/xinwen/2023–02/02/content_5739680.htm.

年增长 32.4%，在电信业务收入中占比由上年的 16.1% 提升至 19.4%，拉动电信业务收入增长 5.1 个百分点；其中，数据中心、云计算、大数据、物联网业务比上年分别增长 11.5%、118.2%、58% 和 24.7%[①]。从通信应用终端来看，物联网终端应用逐渐深入居民生活——截至 2022 年底，三家基础电信企业发展蜂窝物联网用户 18.45 亿户，全年净增 4.47 亿户，较移动电话用户数高 1.61 亿户，占移动网终端连接数（包括移动电话用户和蜂窝物联网终端用户）的比重更是高达 52.3%[②]；同时，物联网终端数量也在急速提升，随着 5G mMTC 的产业链和 Passive IoT 技术的逐渐成熟，物联网网关在智慧矿山、高清监控、无人巡检、自动驾驶、智能电网、智慧城市和智慧工厂等垂直行业领域的应用会进一步深入，具有 5G mMTC 和 passive IoT 能力的物联网网关将成为新的增长点和卖点，元宇宙、车联网、智慧城市、智慧工厂、智能家居、室内健康等新业务和新应用也在推进，促进全社会生产生活方式的全面升级[③]。通信应用市场从生产行业内部向居民日常生活的转移与下沉，也为打造数字经济新优势、增强经济发展新动能提供有力支撑。

通信产业的表现将带来互联网营销线上触点的极大扩容。当前，大数据、5G、云计算等信息工程建设在消费端（toC）与产业端（toB）均已有所成效，5G 专网建设的提速也将赋能互联网营销市场，极大丰富互联网营销活动连接产业与消费者的线上触点，也使营销实践采取的信息模态类型不再受低带宽限制，诸如 VR 等虚拟现实触点和通感触

---

① 中国政府网 . 2022 年通信业统计公报 [EB/OL]. (2023–02–02)[2023–05–01].http://www. gov.cn/xinwen/2023–02/02/content_5739680.htm.

② 中国政府网 . 2022 年通信业统计公报 [EB/OL]. (2023–02–02)[2023–05–01].http://www. gov.cn/xinwen/2023–02/02/content_5739680.htm.

③ 国家统计局 . 2022 年国家部门数据 [DB/OL]. (2023–02–02)[2023–05–01].https://data. stats.gov.cn/staticreq.htm.

点将在不远的将来真正融入互联网营销实践中，使营销活动能够在更快、更广、更丰富的通信场景下展开，让服务更高效、营销更精准。

2．文化产业与互联网营销：创意符号产业带来升级消费场景

文化产业为互联网营销市场提供内容支撑。从文化产业规模来看，2022年文化企业实现营业收入121805亿元，比上年增长0.9%；2023年第一季度，文化企业实现营业收入28816亿元，比上年同期增长4.0%。这些数据标志着我国文化产业已有稳定规模，国民文化消费需求已经成型。尤其是，创意文化经济和符号文化经济已成气候，带来升级型消费场景。

创意文化经济，即涵盖了所有依赖创意活动的文化经济市场。更具体地说，创意文化经济是依靠高技术含量、高创新含量的高附加值生产方式，具有资源消耗少、辐射带动力强的特点，代表着一种更易于累积无形资本的价值型生产方式，更是发达国家文化产业发展的主要引擎动力。2022年期间我国文化创意设计服务营业收入为19486亿元①，2023年第一季度营业收入为4499亿元，可见作为一种知识密集型产业的创意经济领域在我国已初成气候。例如，当前"创意经济+动漫""创意经济+国潮"等文创产品领域已经成为文化产品消费市场的一大支撑产品，这些产品通过文化创新提升观念价值，给消费者带来更具个性化、多样化的消费体验，满足了人们日益增长的物质文化需要和精神文化需要，从而有效扩大了内需。但放眼国际创意文化经济市场，我国创意文化市场仍然较为稚嫩。长期以来，我国在全球价值

---

① 国家统计局 . 2022 年国家部门数据 [DB/OL]. (2023–02–02)[2023–05–01].https://data.stats.gov.cn/staticreq.htm.

链上一直处于相对低附加值的位置[①]，虽然 2022 年以来我国创意文化产业发展势头迅猛，但是至今我国创意文化经济产值在国家总体 GDP 中所占比重仍然只有 3% 左右，而比较来看，发达国家中创意文化经济产值在 GDP 中的占比均可达到 12% 左右。这说明虽然当前创意文化经济已经迎来了发展信号，但是未来发展空间仍巨大。

符号文化经济，则涵盖了一切基于符号化、消费符号意义的文化经济市场。所谓"符号"，强调的是文化的意义只存在于文化参与者的思想之中，人们只有通过一定的物质中介才能建立文化关系，并交换和消费文化的意义。当人类选择符号作为中介后，文化从此成为隐藏在"能指"背后的"所指"，消费文化则变为了消费符号[②]。2022 年以来，随着数字文化产业的发展，文化经济逐步表现出典型的符号经济特征，作为文化资本的文化符号（如品牌、仪式）通过特定的情感与认知意义传达，嵌入消费者的日常消费领域中。数字文化经济由此变为了一个生产商品符号、品牌符号与消费商品符号、品牌符号的过程，符号成为数字文化产业迭代更新的催化剂。举例来说，近年受欢迎的"盲盒经济""网红经济""奢侈品经济"都是基于符号文化经济衍生的市场形态，2022 年以来受到热捧的虚拟货币（NFT）经济、游戏经济等虚拟经济形态也是一种符号文化经济。可见，当前国内文化产业的符号化趋势明显，但同时应该注意兴旺、活跃的符号文化经济在一定程度内可以有力地推动实体经济发展，有利于社会经济增长，但是超出限度的符号经济则可能带来泡沫经济，其突然崩溃可能会给文化产业带来打击，损害产业健康发展，因此在选择数字文化符号化的路

---

① 李巧明，李文军，叶思晖 . 创意经济、知识产权保护和市场效应：来自中国创意产品贸易的证据 [J]. 产业经济评论，2021（01）：65–77.
② 李思屈 . 符号经济与文化产业的内在逻辑 [J]. 浙江传媒学院学报，2017（01）：61–66.

径中也应该加强市场监管。

这两种文化产业发展进路都将互联网营销市场导向"个性化"与"差异化"方向。简单来说,当前互联网营销市场的定位不再是基于普罗大众的普遍精神文化需求来制定营销策略,而应该聚焦于个性化用户、圈层化用户的特殊情感体验,采取针对性、差异性的营销策略来争夺用户心智。正如《定位》中所说,个性化的互联网营销就是要寻找用户心智的空白格并抢占它[①]。例如,国外一些品牌已经开始尝试建设规范化、一致性的品牌视觉识别体系(Visual Identity)来实现视觉定位,提升营销效率。实践与研究发现,品牌视觉识别体系包括标志(logo)、字体排版(typography)、标准颜色(color palette)、象征图案(imagery)和创意图标(creative design graphics)等视觉元素,可以通过具体视觉符号来准确传达品牌理念、品牌价值、品牌人设、文化特质、服务内容、企业规范等抽象语意,从而传达品牌形象,达成产品推广。这些差异性的品牌视觉体系展示在提高品牌识别性、品牌资产和品牌熟悉度等方面具有不可替代的作用。但目前国内品牌关于视觉体系建设的规范性程度还较差,重视程度亦不足,因此营销活动尝试也相对匮乏。

3. 网络零售产业与互联网营销:农村视频零售为重要阵地

网络零售产业是互联网营销效果显现的具体场景,其产业经济水平与互联网营销营收情况有关。国家统计局数据显示,2022 年全国网上零售额 137853 亿元,同比增长 4.0%。其中实物商品网上零售占比增加,在 2022 年零售额为 11.96 万亿元,同比增长 6.2%,占比提

---

① 艾·里斯,杰克·特劳特.定位:争夺用户心智的战争 [M]. 顾均辉,苑爱冬,译.北京:机械工业出版社,2015:37.

高至 27.2%①。可见网络零售产业规模稳步扩大，网络零售市场保持增长态势。从具体的零售方式来看，农村零售和视频零售成为主要发展动力。

农村电商方面，农业农村部信息中心发布的《中国数字乡村发展报告（2022 年）》显示，2022 年在"互联网 +"农产品出村进城工程、"数商兴农"工程的深入实施背景下，全国农村网络零售额达 2.17 万亿元，比上年增长 3.6%。不仅如此，农村电商基础设施建设也发展飞速，截至 2022 年 7 月，县级物流配送中心已达 2600 个，电子商务进农村的县份已有 1489 个，"快递进村"的比例更是超过 80%②。可见当前农村电商的基建设施、物流配送、人才技术等方面都相对完善，农村电商正在从县级向村级延伸，农村合作社、种植大户、农产品加工企业与网商经纪人、物流配送队伍等行业融合发展，正在带动农村电商服务业、乡村旅游等产业发展。

视频电商方面，《2023 中国网络视听发展研究报告》数据显示，2022 年期间，我国短视频领域市场规模为 2928.3 亿元，占比为 40.3%，其次是网络直播领域，市场规模为 1249.6 亿元，占比为 17.2%，这两者成为拉动网络视听行业市场规模的重要力量。同时，短视频与直播带货的转化率显著提升，成为日常生活快消品营销重要渠道。数据显示，有 42.7% 的用户在最近半年内因观看网络视频或网络直播而购买过商品，与 2020 年相比提升 27 个百分点③。在视频电商加速发展的背

① 国家统计局 . 2022 年国家部门数据 [DB/OL]. (2023–02–02) [2023–05–01]. https://data.
stats.gov.cn/staticreq.htm.

② 国家统计局 . 2022 年国家部门数据 [DB/OL]. (2023–02–02) [2023–05–01]. https://data.
stats.gov.cn/staticreq.htm.

③ 中国网络视听节目服务协会 . 2023 中国网络视听发展研究报告 [EB/OL].(2023–04–03)
[2023–05–01]. https://www.sohu.com/a/661668174_121615303.

景下，抖音、快手等视听社交平台也在加速货架商城内容的布局，这些措施同样刺激了视频电商的进一步增长。抖音生活发布的《2022抖音生活服务探店数据报告》显示，2022年抖音生活服务订单量同比增长965%，创作者数量达到1235万，72%的入驻商家发布过探店达人撮合需求，探店达人为商家增收295亿元，同比增长7倍，获得收入的探店达人数量同比增长7倍；抖音生活服务商家通过平台发布了507万个探店达人撮合商单，同比增长623.12%[①]。这些数据均显示着视频电商在生活消费领域的渗透力十分强劲，以短视频、直播为代表的视频电商已经成为一种不可忽视的网络零售新业态。

网络零售新业态的完善也在促逼互联网营销将"货找人"的推送服务与"人找货"的搜索服务结合起来、一体发展。由于零售渠道更加多元，消费者选择渠道的自主性也更强，互联网营销市场应该将"推媒介"逻辑与"拉媒介"逻辑融合起来，不仅通过兴趣种草激发消费者的潜在消费需求，还要满足消费者在线上生活过程中随时萌发的计划性消费需求，在既有的社交电商基础上完善与引入货架电商的模式，构建更加全面、立体的闭环营销生态，积极提升消费者初次消费后的二次复购率。

（三）居民经济水平分析

衡量居民经济水平主要包括居民收入水平和消费水平两项指标，本部分着重依据这两个指标描摹互联网营销市场微观维度的外部经济环境。

---

① 抖音生活. 2022抖音生活服务探店数据报告 [EB/OL]. (2023–01–05) [2023–05–01]. https://www.100ec.cn/detail–6622600.html.

1. 居民收入水平与互联网营销：总体提升不明显，城镇收入变化小

居民收入水平决定了互联网营销市场理论上、名义上的营收状况。从统计数据来看，面对复杂严峻的国际环境和通货膨胀多发等多重挑战，过去一年我国居民收入水平实际上升幅度较小，城镇居民收入水平变化不大，但在"惠农"政策影响下农村居民收入水平有所提升，因此居民收入差距相对缩小。

其一，居民总体收入水平仅有小幅提升。国家统计局数据显示，2022 年全国居民人均可支配收入为 36883 元，比上年名义增长 5.0%，扣除价格因素，实际增长 2.9%[①]。2023 年第一季度，全国居民人均可支配收入为 10870 元，比上年同期名义增长 5.1%，扣除价格因素，实际增长 3.8%[②]。相较往年人均可支配收入的实际增速，过去一年居民收入的上升幅度不明显。从收入来源来看，过去一年居民人均工资性收入和经营性收入的增速都不明显，2022 年全国居民人均工资性收入 20590 元，增长 4.9%[③]，2023 年第一季度全国居民人均工资性收入 6163 元，增长 5.0%[④]。可见居民经济来源处于相对紧缩的状态，居民收入增长放缓，因此居民更在乎收入的实际可用价值。

① 国家统计局. 2022 年度数据 [DB/OL].(2023–02–15) [2023–05–01]. https://data.stats.gov.cn/easyquery.htm?cn=C01.

② 国家统计局. 2023 年季度数据 [DB/OL].(2023–04–19) [2023–05–01]. https://data.stats.gov.cn/easyquery.htm?cn=B01.

③ 国家统计局. 2022 年度数据 [DB/OL].(2023–02–15) [2023–05–01]. https://data.stats.gov.cn/easyquery.htm?cn=C01.

④ 国家统计局. 2023 年季度数据 [DB/OL].(2023–04–19) [2023–05–01]. https://data.stats.gov.cn/easyquery.htm?cn=B01.

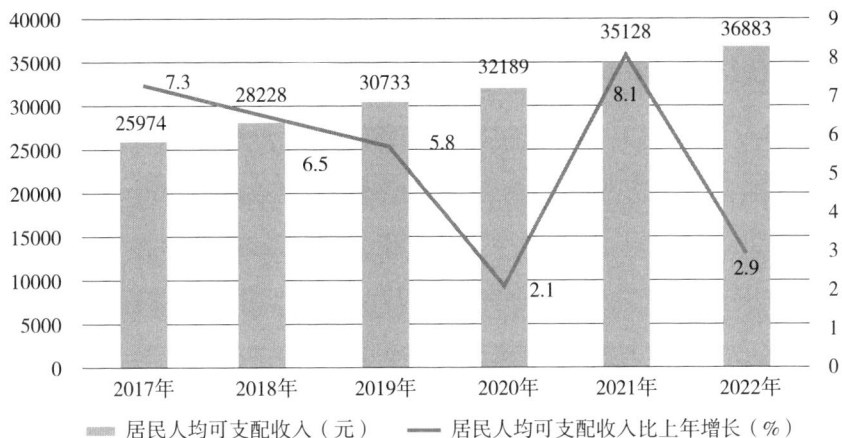

图 2-3　2017—2022 年居民人均可支配收入变化

数据来源：国家统计局

其二，城镇居民收入水平变化不大。从城乡居民可支配收入来看，2022 年城镇居民人均可支配收入为 49283 元，名义增长 3.9%，实际增长 1.9%[①]；2023 年第一季度城镇居民人均可支配收入 14388 元，实际增长 2.7%[②]。与往年相比，城镇居民人均可支配收入的增长较小，收入水平与 2021 年维持在相似水平。虽然居民收入差距有所缩小，但这种缩小主要是建立在农村居民可支配收入提升的基础上，城镇居民的生活水平空间提升并不大。

[①]　国家统计局 . 2022 年度数据 [DB/OL].(2023-02-15) [2023-05-01]. https://data.stats.gov. cn/easyquery.htm?cn=C01.

[②]　国家统计局 . 2023 年季度数据 [DB/OL].(2023-04-19) [2023-05-01]. https://data.stats. gov.cn/easyquery.htm?cn=B01.

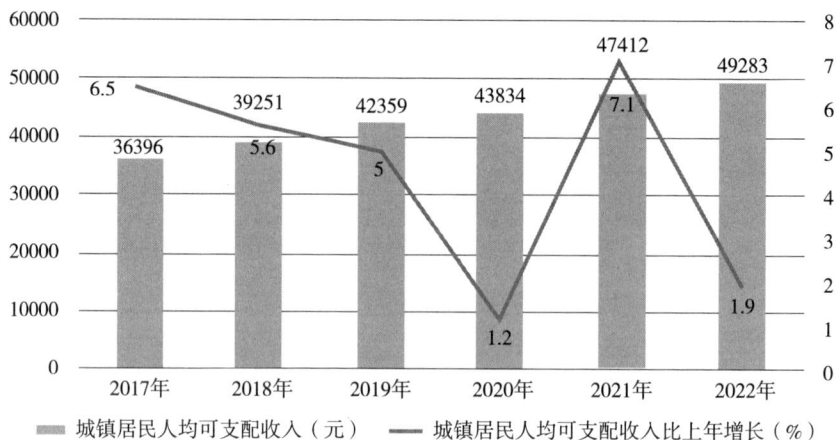

图 2-4　2017—2022 年城镇居民人均可支配收入变化

数据来源：国家统计局

2. 居民消费水平与互联网营销：整体消费收缩，城镇消费疲软，消费需求"去伪存真"

居民消费水平决定了互联网营销市场的实际营收状况。过去一年居民消费水平的整体水平有收缩趋势，城镇消费市场疲软。

其一，消费收缩趋势明显。从统计数据来看，2022 年全国居民人均消费支出 24538 元，比上年名义增长 1.8%，扣除价格因素影响，实际下降 0.2%，与往年相比，可见居民消费收缩状态明显[①]。2023 年第一季度全国居民人均消费支出 6738 元，比上年同期名义增长 5.4%，扣除价格因素影响，实际增长 4.0%[②]。经历了一年的消费紧缩后，2023 年开局居民消费水平出现回弹信号，居民消费水平有望提升——这种回弹

[①] 国家统计局 . 2022 年度数据 [DB/OL].(2023-02-15) [2023-05-01]. https://data.stats.gov. cn/easyquery.htm?cn=C01.

[②] 国家统计局 . 2023 年季度数据 [DB/OL].(2023-04-19) [2023-05-01]. https://data.stats. gov.cn/easyquery.htm?cn=B01.

是"报复性消费"牵动的短暂回弹,还是基于居民消费意愿提升导致的长期回弹,仍需观望。

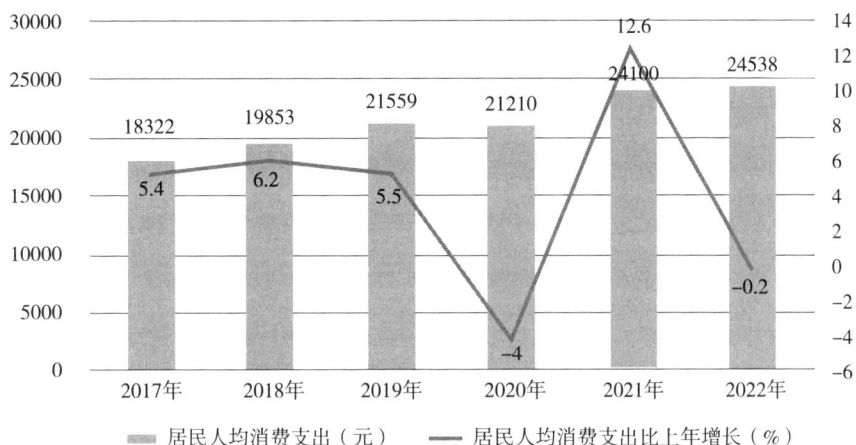

图 2-5　2017—2022 年居民人均消费支出变化

数据来源:国家统计局

其二,城镇消费动力持续疲软。2022 年间城镇居民人均消费支出 30391 元,名义增长 0.3%,扣除价格因素,实际下降 1.7%[①];2023 年第一季度城镇居民人均消费支出 8303 元,增长 4.8%,扣除价格因素,实际增长 3.5%,这说明居民消费收缩主要是由城镇居民消费紧缩牵动的。[②] 这可能是因为随着经济的发展,一方面城市人口的收入水平不断提高,但同时也带来了生活成本的增加,居民的收入和支出之间的差距逐渐扩大,导致消费疲软;另一方面,随着中国社会老龄化的加剧,

---

① 国家统计局 . 2022 年度数据 [DB/OL].(2023-02-15) [2023-05-01]. https://data.stats.gov. cn/easyquery.htm?cn=C01.

② 国家统计局 . 2023 年季度数据 [DB/OL].(2023-04-19) [2023-05-01]. https://data.stats. gov.cn/easyquery.htm?cn=B01.

城市人口结构也在发生变化。老年人口数量增加，而这部分人口的消费需求相对较低，导致整体消费水平下降；此外，城市人口的消费观念正在发生变化。越来越多的人开始注重健康、环保等问题，而这些消费需求导致了一些传统消费行业的萎缩。因此，为应对城镇消费日趋疲软的信号，营销更需要采取相应措施，如扩大老年人的消费需求、引导消费观念改变、创新消费模式、培育升级型消费市场等，从而更好地提振城市消费动力。

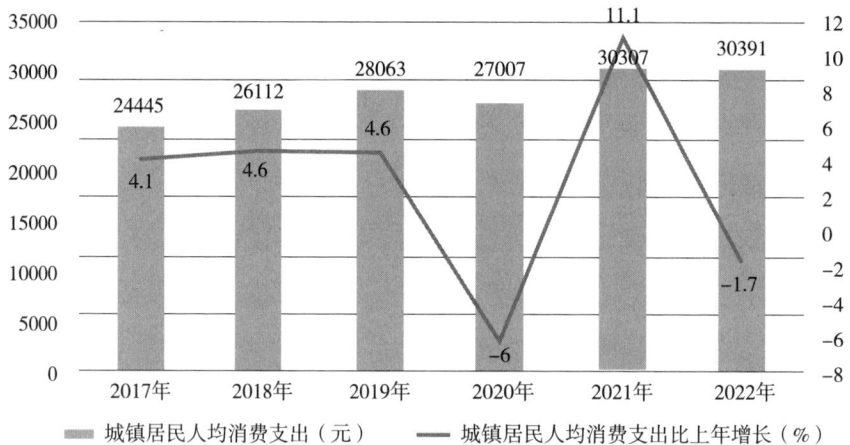

图 2-6　2017—2022 年城镇居民人均消费支出变化

数据来源：国家统计局

其三，居民消费"去伪存真"。据国家统计局数据，2022 年全年，社会消费品零售总额 439733 亿元，比上年下降 0.2%。其中，除汽车以外的消费品零售额 393961 亿元，下降 0.4%[①]。此外，根据央行发布的

[①]　国家统计局 . 2022 年 12 月社会消费品零售总额下降 1.8%[DB/OL]. (2023-01-17) [2023-05-01]. http://www.stats.gov.cn/sj/zxfb/202302/t20230203_1901713.html.

"2022年第三季度城镇储户问卷调查报告"[①],倾向于"更多储蓄"的居民占比58.1%。中国人民银行副行长刘国强表示,2022年住户存款新增17.84万亿元,比上一年多增了7.94万亿元[②]。一方面,疫情影响了居民收入和消费信心。另一方面,居民的投资风险偏好降低,投资增长放平,也相应推动了居民更多选择在银行存款。这表明在需求收缩、预期转弱、供给受冲击的大背景下,居民消费复苏斜率放缓,消费升级进程阶段性放缓。与此同时,2022年,全国居民人均食品烟酒消费支出7481元,增长4.2%,人均衣着消费支出1365元,下降3.8%,人均教育文化娱乐消费支出2469元,下降5.0%,表明基本生活必需品在居民消费中的比重提升[③];以"低价、拼团、社交"为突破口的拼多多2022年全年营收1305.575亿元,同比增长39%,净利润315.381亿元,同比增长306%[④]。正如凯度消费者指数大中华区总经理虞坚指出的那样:"追求性价比逐渐成为主流消费趋势。"[⑤]这并不能完全说明中国居民的消费呈现"降级",但确实体现了中国消费者越来越理性,也意味着他们越发不易被营销噱头左右,品牌商若想赢得消费者的心智,必

---

① 中国人民银行调查统计司.2022年第三季度城镇储户问卷调查报告[DB/OL].(2022–10–09)[2023–05–01]. http://www.pbc.gov.cn/goutongjiaoliu/113456/113469/4675843/2022100916173857426.pdf.

② 澎湃新闻.居民储蓄创新高,央行答澎湃:前期积累的预防性储蓄有望逐步释放为消费需求[EB/OL].(2023–03–03)[2023–05–01]. https://www.thepaper.cn/newsDetail_forward_22153793.

③ 国家统计局.中华人民共和国2022年国民经济和社会发展统计公报[DB/OL].(2023–02–28)[2023–05–01]. http://www.stats.gov.cn/sj/zxfb/202302/t20230228_1919011.html.

④ 金融界.拼多多2022年全年营收1305.575亿元,净利润315.381亿元,同比大增306%[EB/OL].(2023–03–20)[2023–05–01]. https://baijiahao.baidu.com/s?id=1760883651903932757&wfr=spider&for=pc.

⑤ 新经济沸点.2022年,消费到底是"降级"还是"升级"了?[EB/OL].(2022–12–12)[2023–05–01]. https://c.m.163.com/news/a/HOCI2PM705118U4P.html.

须另辟蹊径。

3.居民消费倾向与互联网营销：消费倾向持续走弱，保守性明显

居民消费倾向是经济学上用来衡量居民实际消费意愿的概念，通过居民人均消费支出占居民可支配收入的比重计算得出。过去一年我国居民消费倾向呈现持续下降特点，居民依然保持着高储蓄、低消费的消费习惯。

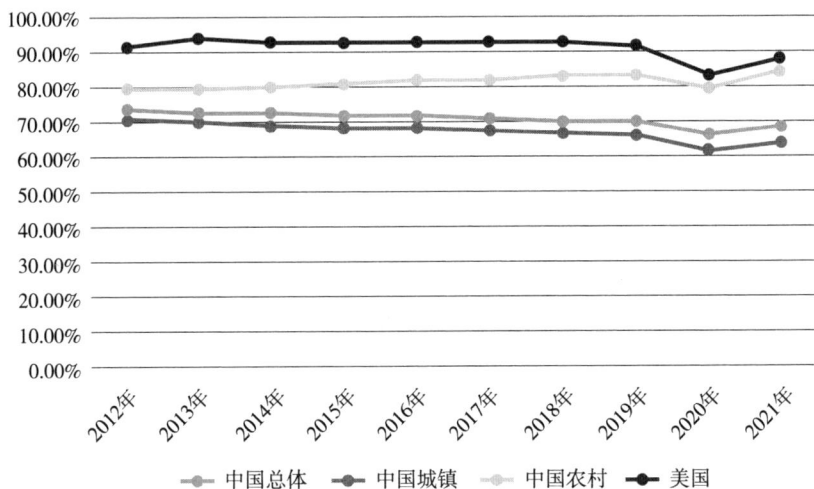

图 2-7　中国和美国的平均消费倾向（2012—2021）[1]

数据来源：国家统计局、美国经济分析统计局

2012—2021 年十年间的数据显示，我国城乡居民的消费倾向总体呈现出下降的趋势——从 2012 年的 73.01% 降至 2021 年的 68.61%[2]，2022 年更是下降到了 66.53%，2023 年第一季度为 61.99%。虽然相较 2020 年来说，居民消费倾向已有所回升，但是内需紧缩的趋势仍然十

---

① 朱迪.我国消费倾向的新特点与提振策略 [J]. 人民论坛，2023（02）：70-75.
② 朱迪.我国消费倾向的新特点与提振策略 [J]. 人民论坛，2023（02）：70-75.

分明显。与国际情况对比来看，同时期美国的居民平均消费倾向均在90%左右，可见中国居民的实际消费能力仍然低下，居民依然保持着高储蓄、低消费的消费习惯。有研究认为，国内居民"保守"的消费倾向是国内经济不平衡发展的转型滞后导致的，也即一方面这种新增收入集中在边际消费倾向较低的高收入群体，另一方面商品供给不能适应居民消费需求的变化，无法满足一些中等收入群体的刚性需求和发展享受层次需求[①]。

因此，对于互联网营销市场来说，如何提振居民消费倾向与消费信心，是未来需要认真解决的问题。近三年，虽然人们的消费欲望有所降低，但是这也意味着居民消费结构正悄然进行迭代转型，注重品质更注重效率的精简消费、效率消费将是未来居民消费环境的关键词。必须看到，消费需求回弹、消费信心回升应当是社会正常发展的必然趋势，因此如何把握转段过程中带来的居民"补偿性"消费契机，又将这种消费意愿引导至"常规性"消费，培育居民新的消费需求与动机，将这种"报复性"的短暂回弹转变成长期的消费潜力，是互联网营销市场需要格外关注的。

二、互联网营销与相关经济支持体

互联网营销活动相关经济支持体的市场环境，为其发展提供了支持，其中物流经济体是基础，信息经济体是桥梁，支付经济体是目的。本节关注在互联网营销活动中涉及的三方面主要经济体：信息流、资

---

① 李培林.中国跨越"双重中等收入陷阱"的路径选择 [J]. 劳动经济研究, 2017（01）: 3–20.

金流、物流。

（一）信息流业态分析

1. 用户触点市场：智能化搜索引擎市场开始布局

搜索引擎优化（Search Engine Optimization，SEO）是过去一年用户触点层面的热点议题，过去一年以 ChatGPT 为代表的聊天机器人入局嵌入搜索引擎中，带来触点方面的转变。

对于搜索引擎优化的营销人员，最需要把握的就是搜索引擎的算法机制，这将帮助其更好地了解内容应当如何设置，以获得更高的网站排名和曝光度。尽管目前也并没有互联网公司对外公布了自身的算法规则，但幸运的是，在营销人员的努力及 Google Analytics 等营销分析平台的帮助下，我们仍然掌握了一些搜索引擎优化的规则，通过对流量特征、来源渠道和行为事件的分析，我们仍可以获得自身品牌内容营销的侧重点和优化方法。

AI 的入局却将改变这一点。首先，既有的网站排名规则将发生变化。搜索引擎优化的两个要点是内容和链接。对于内容来讲，过去的搜索引擎往往是基于关键词的推荐，即在用户输入其所想要得到答案的问题时，搜索引擎会根据其所提供的关键词，将其和网站的关键词、用户特征及其他用户的选择相结合，并最终为用户提供一个搜索引擎认为的能够更快地帮助其解决问题的排名方式。但这些关键词的链接往往是机械的，这是因为搜索引擎并不会将关键词和语境之间加以链接，而仅仅是基于关键词的匹配。AI 的入局改变了这一点，正如 ChatGPT 对用户输入内容的"理解"那样，人工智能将语句本身与用户所处的环境相结合，最终基于概率推算，给出用户所需要的答案。同时，AI 也将为原创内容提供更多的保护，原创内容也将被赋予更高的权重，这也促使内容营销人员着力生产高质量的原创内容，以获得 AI 算法更多的推荐。对于链接来讲，在传统的搜索引擎优化活动中，内容中的链接也将被作为内容关联度的考察方式，而随着 AI 的加入，外链的评估机制也将发生改变，内容中的外链数量和质量将需要被严格把控，过多的商业化外链将降低网页的排名权重，因为这会增加 AI 将其判定为"不可信"的概率。反之，引用可信的、官方的网站，也将提高网站的排名。AI 的入局将大大改变网页优化方式，营销人员需要在实践中重新理解 AI 的算法规则，进而对自身的内容进行内部优化，使其符合 AI 的逻辑，来增加自身内容的曝光量。

其次，AI 也将真正实现"个性化回答"。AI 将不仅仅作用于搜索引擎算法优化上，AI 小助手也将成为用户搜索的另一个渠道。在过去，当用户想要搜索到复杂问题的答案时，往往需要借助多个搜索引擎，点开多个链接。但以 ChatGPT 为代表的聊天机器人提供了较强的互联网信息整合能力，这将大大减少用户的搜索及点击频率。过去需要点击无数个网页并需要用户自行整合才能得到答案的问题，现如今 AI 助手将直接为用户提供一个完整、翔实的答案。AI 助手也将根据每个用户不同的特点和偏好为不同的个体提供不同的回答，这使得过去搜索引擎优化中的用户群体被进一步细化。在这一背景下，营销人员需要注意以下两点：其一，内容流量的计算方式可能发生改变。内容的浏览量、点击量可能不再是唯一评判标准，"被 AI 采纳率"或将成为内容优质与否的评判指标。但这一标准应当如何测量？这一指标又应当如何利用以服务于企业营销策略？这或许需要新的营销测量工具或新的营销效果监测方式来为营销人员提供帮助。但不变的是，营销人员需要了解 AI 规则，以更好地生产内容，并增加在用户面前的曝光率。其二，当 AI 助手成为用户获取信息的重要渠道时，它将对传统搜索引擎的竞价排名机制产生重要影响。而在 AI 技术下成长起来的一代，他们对 AI 的信任程度是否会较传统搜索引擎更高，在这样的背景下，AI 的回答又是否会被相关利益群体所操纵？营销人员应当密切地关注新技术与新形势，积极顺应营销趋势的转变，以实现流量的新增长。

2．内容生产市场：AIGC 市场受到广泛关注

根据瑞银集团的报告，ChatGPT 推出仅两个月，在 2023 年 1 月末，其月活用户就已经突破了 1 亿，成为史上增长速度最快的消费级应用程序。[①] 随着 ChatGPT 的火爆，大量的互联网公司也都纷纷向其靠拢，谷歌、百度、META 等数字平台陆续发布类 ChatGPT 工具，既往分散的人工智能发展方向开始聚拢。

人工智能作为一种新的生产方式，具有强大的内容生产能力。其拥有着跨领域生产的能力。现代社会分工使得人们往往在某一领域有所专长，但难以跨行业发展，拥有多个领域的知识。人工智能作为集大成者，不仅可以生产单一模态的内容，如文字、图像、音频、视频等，更可以跨模态生产内容。这使 AI 必然会在内容生产领域大放异彩。例如在现实生活中，很少有画家可以作曲，也很少有作家可以兼做歌唱家，但 AI 却能跨模态生产内容，可以将文字、音频、视频等进行高效的模态转化。换言之，AI 兼有艺术家、歌唱家、作家等多个行业的能力，并能将不同领域的知识融会贯通，融合使用。[②]

AI 在内容生产领域也受到越来越多企业的关注。大量企业开始在人工智能技术的各个层面布局，发展 AI 相关的业务。截至 2022 年 10

[①] Team UBS-Editorial. Let's chat about ChatGPT [EB/OL].(2023-02-23)[2023-05-05]. https://www.ubs.com/global/en/wealth-management/our-approach/marketnews/article.1585717.html.

[②] 谢新水 . 人工智能内容生产：功能张力、发展趋势及监管策略——以 ChatGPT 为分析起点 [J]. 电子政务，2023（04）：25-35.

月 9 日，中国人工智能行业总计有 6486 起投融资事件发生，总计融资金额为 9994 亿元。2022 年人工智能行业共有投融资事件 532 起，融资金额达到 1008 亿元。[①]

对于营销人员来说，AI 将极大地改变内容营销模式，助力邮件营销、社交媒体营销等涉及内容生产的诸多方面。对于广告主来说，内容营销不再需要完全依靠外部广告公司，尤其是对于资金预算并不充足的企业，其可以建立企业内部的营销部门，并借助 AI 进行内容生产。AI 也拓展了企业内容营销的方式，虚拟数字人或将成为企业营销的新手段，这也或将对社交媒体 KOL 营销造成一定的冲击。对于广告代理商来说，AI 既可以成为内容生产的帮手，也对广告代理商有一定的替代性。但目前 AI 所具有的替代性，也仅仅在重复性脑力劳动层面，对于真正创意的内容，仍需要营销人员加以把握。

（二）资金流业态分析

1. 第三方支付市场：B 端建立支付中台，C 端云闪付入局

第三方支付市场可以分为个人支付和企业支付。目前，第三方支付市场上竞争者已经出现了明显的角色分化，分为 C 端支付钱包提供方和 B 端支付解决方案提供商。过去一年，第三方支付市场表现出两个特色：B 端强调建立支付中台，为企业支付提供更好方案；C 端竞争愈烈，云闪付入局成为新支付口。

B 端方面，第三方支付机构在企业端往往承担了企业内部支付体系建构的功能，以满足企业不同场景下的支付需要。由于企业对外提

---

① 前瞻经济学人 . 预见 2023：《2023 年中国人工智能行业全景图谱》（附市场规模、竞争格局和发展前景等）[EB/OL]. (2022–12–04)[2023–05–05]. https://www.qianzhan. com/analyst/detail/220/221202–9fc9f697.html.

供的产品往往不是单一的，这些不同的业务条线往往采用不同且相互独立的技术开发团队进行维护，而客户从引入到完成服务交付之间往往经历了企业内不同的业务条线，这也就导致了客户管理的困难和用户服务账单计算困难的问题，因为企业往往需要花费大量成本对客户涉及的业务线和每个业务的账期进行梳理汇总，进而形成客户的账单，这无疑增加了企业的运营成本。

支付中台则为企业提供了客户管理优化的方式，通过为每一位客户建立唯一的商户号并对企业内部业务条线拆分到最小颗粒度，再组合客户所采纳的服务，计算客户每一项服务的调用次数，最终由系统自动将多个服务费用加总得到该商户的统一结算金额，节约运营成本。支付中台也为企业和客户提供了个性化插件服务，方便企业在增设新业务时，仅需对新业务进行模块化开发，再将这个业务的插件接入整个支付中台。

支付中台的建立也给互联网营销人员带来高效便捷。随着互联网行业进入下半场，C 端产品的充分竞争使得市场中很难再出现现象级的应用，针对企业的服务被越发重视，成为新的营销关注点。而对于互联网营销人员来说，针对企业端的营销活动应当摒弃"用户为王"的思想，转而向"提高企业运行效率"的方向发展，帮助企业建立标准化的工作流程，提高企业抵御风险的能力。而这些针对企业的技术应用，也使作为广告主的企业降低了客户管理成本。

C 端方面，支付产品入局壁垒高，生态属性强。用户往往希望 C 端支付企业可以为其提供一站式解决方案，因此，搭建自身的支付生态就显得尤为重要，这也让想要入局的竞争者望而却步。因此，第三方支付市场在 C 端基本形成了寡头格局，先入局者通常具备较强的话语权、可形成标准化解决方案，不同行业通常会涌现出各自行业领域的优势支付服务商。

云闪付 APP 的出现则改变了这一局势。其在 2021 年 12 月的活跃用户人数达到 1.04 亿人，同比增加 31.77%；月均日活用户人数为 2596.91 万人，活跃渗透率为 8.82%，一举跃居第三。[①] 云闪付 APP 是由各商业银行、产业各方与中国银联共建共享的移动支付战略产品。[②] 其聚合了国内银行业资源与银联广阔网络，为用户打造了一个开放全面的服务平台，简化了支付流程，使用户可以对其不同银行的资产统一管理，并提供信用评估、无卡支付、手机闪付、乘车码等多种服务，覆盖了生活中大多数的支付场景。同时，云闪付提供了多种多样的优惠活动与丰富多彩的权益，为用户带来实惠。截至 2022 年 4 月 8 日，银联云闪付 APP 注册用户数已达 4.6 亿。[③] 云闪付的出现或将给 C 端支付市场格局带来新的变化。

新兴的移动支付方式将为消费者带来新的支付场景和支付体验。营销人员可以与移动支付 APP 达成合作，简化消费者支付流程，增加消费者获得的优惠力度，进而增加产品的曝光度。移动营销人员也可以借鉴云闪付 APP 的成功，连通生态环境、增加优惠活动，进而优化获客方式。

① 21 财经 . 金融 App 内容生态报告：支付宝、华为钱包、云闪付进入 TOP 10，厂商系支付结算 App 服务生态扩容，用户停留时长过短痛点待解 [EB/OL]. (2022-05-10) [2023-05-05]. https://m.21jingji.com/article/20220510/herald/664d710a71345980f023f98a 7e5a103d.html.

② 中国银联 . 云闪付 APP[EB/OL]. (2023-04-26)[2023-05-05]. https://cn.unionpay.com/ upowhtml/cn/templates/quickPass/quickPass.html.

③ IT 之家 . 银联云闪付 APP 注册用户数已达 4.6 亿 [EB/OL]. (2022-04-28) [2023-05-05]. https://www.ithome.com/0/614/633.htm.

2. 非第三方支付市场：互联网平台利用"自营钱包"缩短消费决策链路

早在 2018 年，平台媒体便开始向金融行业布局，这一布局在 2020 年至 2022 年间已渐显成效。2021 年 1 月 19 日，抖音支付于抖音 APP 内正式上线，其作为第三方支付机构——支付宝和微信的补充，成为抖音用户在抖音消费的第三种支付渠道。与此同时，很多互联网行业的头部公司也都纷纷入局支付领域，向支付宝和微信发起挑战。拼多多、携程、快手等公司纷纷通过收购获得支付牌照，B 站也在 2021 年完成了支付域名的备案。"支付"作为互联网生态的闭环，是电商生态的关键一环，金融变现的重要切口，也是互联网数据的重要来源。互联网公司可以通过自身的支付渠道，对用户行为进行识别，以达到更精准的营销。自建支付渠道，也可以防止数据泄露，更有效地保护商业机密。

尽管各大互联网公司均开始布局和发展自身的支付业务，但这一业务也并非人人都可以涉足。根据中国人民银行于 2010 年 6 月 14 日发布，自 2010 年 9 月 1 日起施行的《非金融机构支付服务管理办法》规定：非金融机构提供支付服务，应当依据本办法规定取得《支付业务许可证》，成为支付机构。这里说的《支付业务许可证》，即上文中互联网公司通过收购而获得的支付牌照。由于自 2015 年起，央行便已暂停发放支付业务许可证，互联网公司想要入局金融领域，建立自己的支付业务，接入有资质的机构必不可少。

平台完善内部的支付体系将给互联网营销模式带来一定的影响，企业的营销活动将向平台导向倾斜。互联网平台是企业公关、广告及电商等营销活动的主要发生地，接入支付平台将意味着平台在营销活动中拥有更强势的话语权。以社交媒体营销为例，企业通常会根据自身特点，采用内容导向、平台导向、内容与平台混合导向这三种不同的营销策略。而社交媒体平台布局支付业务后，其不仅仅为平台的消费者带来了更便捷的支付体验和更优惠的支付政策，也为平台带来了仅属于平台内部的消费者行为数据，如订单信息、交易总额、支付信息等。通过消费者的购买决策数据，平台将对其消费者有更强的识别能力和定位能力，也能拥有对其平台用户更精准的刻画。如此，平台将同时掌握庞大数量的消费者和基于用户数据的流量分配规则，企业在这类平台上的营销活动也将向平台导向倾斜，设定符合平台用户和平台调性的营销策略，来获得更好的广告效果和转化率。

平台搭建自有支付渠道对电商业务也有着最直接的影响。抖音上线抖音支付无疑表露了其对抖音电商的重视程度。自有的支付渠道也将为抖音节省一笔巨额的渠道费，从而为抖音电商带来更高额的利润。因此，2023 年，电商将成为企业营销活动的重要场景，直播带货也将成为越来越多广告主的选择。

互联网平台在支付渠道方面的入场或将对整个移动支付行业格局造成冲击，也将给企业 2023 年的营销活动开展带来影响。企业应顺应趋势，把握时代潮流，采用合理的营销策略，以达到更好的营销效果。

（三）物流业态分析

1. 自营物流市场：自营物流体系从物流供应系统向用户行为管理系统转变

企业的物流主要可以分为两类，一类是自营物流，一类是外包物流。自营物流模式是指借助企业自身的物质条件自行组织物流活动，企业需要利用已有的物流资源，采用先进的物流管理系统和物流技术，不断优化物流运作流程，为生产经营过程提供高效、优质服务的基本方式。①

自营物流使企业对供应链的各个环节都有较强的控制能力。货物运行、服务质量、顾客控制等诸多方面，企业都能有较强的把控。自营物流在控制成本方面也有着较大的优势，它使企业可以自主制定库存策略、规划物流作业效率，进而降本增效。拥有自营物流的企业对于市场的反应也更加迅速灵活，有利于企业的业务开展。最后，自营物流也可以帮助企业有效保护商业机密，用户、产品、成本等数据将不为第三方所知道。

在自营物流方面，京东无疑做出了良好表率。其依靠电商业务及自营物流体系，建立了强大的供应链壁垒。京东集团在 2020 年 11 月 25 日，将公司定位更新为"以供应链为基础的技术与服务企业"，并将公司内各项业务拆分，强化了自身供应链服务能力。② 现如今，京东物流已经成为京东第二大收入来源，仅次于京东零售。在业务范围上，京东物流不仅仅服务于其电商平台，让消费者购买的商品可以安全、及时地到达消费者手中，更帮助京东建立了与客户的良好关系。京东通过为其 KA（Key Account）客户提供定制化服务，并通过解耦战略为其 SMB（Small and Medium-sized Business）客户提供标准化物流服务，来帮助客户提高供应链效率，增强客户黏性。

尽管自营物流有着较多的优势，但并非任何企业都可以建立起自营物流体系。从历史的角度看，自营物流是早期企业最为常见的物流经营方式，但是在互联网与企业营销广泛结合、物流产业专业化程度逐渐加

---

① 张广胜，刘伟.基于网络层次的物流合作模式决策分析 [J]. 技术经济与管理研究，2016（03）：3-7.
② 封面新闻.京东公布新的定位：成为以供应链为基础的技术与服务企业 [EB/OL].(2020-11-25) [2023-05-05]. https://www.thecover.cn/news/FwPDGIzNK%2BI=.

深的今天，自营物流已不再是企业的最优选择。自营物流的建立对于企业的资金、设备、管理等要求较高，对于没有强大的财力及管理能力支撑，或业务类型相对较少的企业来说，建立自营物流并非划算之举。是否选择建立自营的物流体系，需要考虑效率和成本两方面。从效率的角度讲，企业应当综合考察建立物流体系的利益、机遇、成本及风险，当企业以成本和风险为主要决策依据时，自营物流可以帮助企业实现低费用的安全运营。但同时，企业也应从成本的角度思考，将自身的承担能力纳入考虑范围，即企业的资金能否支持企业建立自营物流体系。从成本和效率两方面，最终作出企业的物流管理决策。

对于营销人员来说，企业的物流策略将影响着营销策略的制定。营销人员在制定营销计划时，应将企业的产品库存、企业物流的运输能力及其他物流诸多环节带来的金钱和时间成本考虑在内。以免错过重要营销节点或为消费者带来不良的消费体验。

2. 第三方物流市场：物流公司从服务提供商向供应链合作伙伴转变

除了建立自营物流，企业也可以选择第三方物流、物流联盟、第四方物流等多种物流管理方案。如果决策者更关注长期利润和未来机遇，物流外包模式往往更为适用。此时企业能够提高对客户的物流服务能力，避免自营物流柔性差、固定资本高的不利因素，利用物流外包集中提升自身核心业务，会获得长远的利益及更多的发展机遇。①

采用非自营物流的物流策略时，企业往往会与专业的物流公司达成合作，在企业的仓储、运输、包装、装卸等诸多环节上为企业运营提供支持。早期的物流外包模式下，企业往往会与多家公司达成合

---

① 张广胜，刘伟. 基于网络层次的物流合作模式决策分析 [J]. 技术经济与管理研究，2016（03）：3-7.

作，这些公司将分门别类地为企业提供某一项或某几项的专业化服务。现如今，物流外包业务已经逐渐向整合模式发展，物流公司将不仅仅是企业物流业务的服务提供商，更将为企业的物流系统提供战略决策，并全方位介入企业的销售计划、库存管理和生产计划，并为企业提供管理咨询。第三方物流公司从提供契约式物流服务向供应链管理发展。

企业不仅可以与第三方物流公司达成合作，也可以与其他企业达成合作，建立共同的供应链体系。例如，季节性互补的商品间可以达成合作，共同利用仓储和运输，以最大化物流系统的利用效率，降低运营成本。同样，位于上下游的企业之间可以达成合作，通过统一管理，降低运输的金钱成本和时间成本，同时，通过对生产计划的共同管理，来提高企业库存周转率并增加企业盈利能力。

对于营销人员来说，采用非自营物流往往意味着更高的风险和物流成本，因此，在制定市场策略时，营销人员应尽可能降低物流成本对产品价格的影响，并为产品找到竞争优势。同时，也应时刻关注物流可能带来的风险，在重要营销节点前检查好库存等物流环节，以确保商品及时且安全地到达消费者手中，避免物流风险对品牌形象产生不良影响。但与此同时，外包物流也带来了更多的合作机会，企业应当积极与外部企业寻求合作，不仅可以降低物流成本，也可以达成企业间的互利互惠，建立良好的合作伙伴关系，助力企业发展。

3. 智慧物流市场：应用场景增多，即时配送成为新趋势

近年来，中国智慧物流市场规模呈高速增长状态。中商产业研究院数据显示，2022年中国智慧物流市场规模近7000亿元，同比增长7.9%。随着物流业与互联网融合的进一步深化，我国智慧物流市场规

模不断增长。① 具体来说，大数据、物联网、云计算、机器人、AR/VR（增强现实/虚拟现实）、区块链等新技术的发展为智慧物流注入了新的活力，催生了大量丰富的应用场景，无人机、无人车、自动化分拨中心等智慧物流新模式新业态不断涌现。新技术为智慧物流行业带来的机遇主要有三方面：感应、互联与智能。感应即整个物流厂家的数字化，互联使供应链内所有元素相连接，智能则代表着供应链内的决策将更加自主与智能。②

数字化可以有效提高物流体系运转的效率及能力。大型高位货架仓库的盘点一直是仓储行业的痛点。传统的大型仓库以人工盘点为主，费时费力，且常因效率低下而跟不上流转速度，导致库存数据滞后、管理混乱，造成了大量的人力物力浪费。顺丰供应链与初创企业合作共同研发的智能盘点解决方案，通过应用 AMR 及升降装置、完善的仓库管理体系，可在 11.5 小时以内完成近 3 万平方米的仓库、高达 15米的货架物料的自主盘点，有效解决了大型高位货架仓库盘点的难题，通过业务数字化，提升物流园区的运营效率和安全水平。③

互联互通减少了商品到达消费者手中的时间。随着用户对于物流效率提高的需求越来越大，企业开始寻求更快速更优质的配送方式。尤其是消费者对于境外商品消费增多，更促使了物流行业向"产地直采 + 快运直达 + 商品溯源"的标准转变。传统电商物流模式是以区域分发中心（Regional Distribution Center，RDC）"城市仓 + 落地配送"与

---

① 中商产业研究院 .2023 年中国智慧物流报告 [EB/OL]. (2023–02–28) [2023–05–05]. https://www.logclub.com/articleInfo/NTk4MzI=.

② 京东物流 . 中国智慧物流 2025 应用展望 [EB/OL]. (2017–05) [2023–05–05]. https://www.sohu.com/a/148741424_813379.

③ 京东物流 . 中国智慧物流 2025 应用展望 [EB/OL]. (2017–05) [2023–05–05]. https://www.sohu.com/a/148741424_813379.

"全域仓 + 标准快递"为主，在平台经济驱动下，"仓—店一体化"模式诞生，通过对线下实体店和线上订单的联通，物流行业形成了点对点、门到门的终端配送及快速收发体系，把过去以天为送抵时效升级至以小时甚至分钟为单位。[①]决策智能与新技术的联系最为紧密。智慧物流平台将物联网、AI、云计算等多项技术为物流行业所用，在数据采集、布局优化、高质量分工等生产和销售的多个领域实现了智能化和自动化的应用。例如，京东通过在全国建立自营物流和仓储网络，为商家提供了一体化的物流解决方案，让库存、订单、配送可以一体化处理，提高物流运营效率。目前，智慧与共享已逐渐成为未来物流发展的重要方向。华为也在货运仓储方面为企业提供了良好的解决方案。其依靠网络货运平台、数字化仓储、智能配送、智慧物流园区等多项业务，为企业搭建了一体化的智慧物流平台，促进企业成本和效率优化。

针对物流行业的新变化，营销人员应当及时洞察到技术的发展趋势，利用技术服务于企业运营及战略决策。技术的应用将不仅仅展现在物流方面，对于营销决策也大有帮助，例如营销人员可以用 A/B test，对设定的营销方案进行评估，以得到更优的营销方案，助力企业营销方案选择及用户增长。同时，AI 技术也可以广泛应用于企业客户评估、广告投放等多个领域，帮助企业衡量广告效果，提升企业获客能力。

---

① 李然，孙涛，曹冬艳 . 平台经济视角下新物流新业态运营模式研究 [J/OL]. 当代经济管理，2023（03）：1-14.

三、互联网营销与经济环境新特征

（一）经济内循环深入推进

过去一年已是国家经济内循环发展战略推进的深入时期。2020 年，中共中央提出"加快构建以国内大循环为主体、国内国际双循环相互促进的新发展格局"。2022 年，党的二十大报告提出不仅要加快构建以国内大循环为主体、国内国际双循环相互促进的新发展格局，增强国内大循环内生动力和可靠性，提升国际循环质量和水平，还强调要增强消费对经济发展的基础性作用。2022 年底，中央经济工作会议也同样提出把恢复和扩大消费摆在优先位置，着力扩大国内需求。可见在国家顶层设计层面，以消费升级促进经济高质量发展已经成为宏观政策的重要导向。这种经济趋势加速了互联网营销向"本土营销"路径换轨的进程。

1. 营销洞见：内循环动力显现，内需预期回稳

"内循环"即国内的供给和需求形成循环，在某种意义上达成"自产自销"的经济效果。中国既是生产大国，也是消费大国，14 亿多人口和 4 亿多的中等收入群体带来了其他国家无法比拟的市场规模，但在消费层面，虽然我国拥有全世界最大的内需市场，中等收入水平的人群规模也比较大，但消费潜力仍未充分挖掘，消费端一旦崛起，将有效拉动生产端，国内大循环内生动力和可靠性将有效增强，经济高质量发展也会更加牢靠，这也成为党的二十大报告强调要"增强国内大循环内生动力和可靠性"的重要原因和现实背景。

随着"双循环"新发展格局的有效实施，中国经济内循环的动力正稳步显现。《复旦－ZEW 经济景气指数第 115 期报告》指出，得益于

国内前期扩大内需、促进内循环发展的投资项目增加[①]，2022 年 12 月以来中国经济景气预期逆势上扬，并于 2 月实现"转正"，其表现优于同期欧美等发达经济体。经济景气度的逐步恢复为内需的有序回稳创造了有利条件，也为品牌营销战略的制定和调整提供了新的思路。

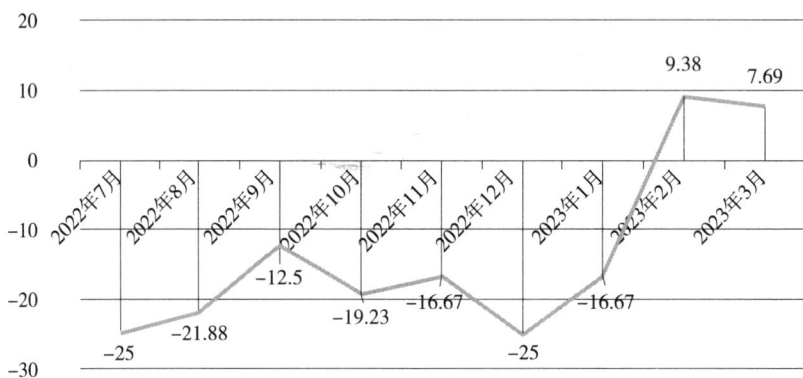

图 2-8　复旦 -ZEW 中国经济景气指数（2022 年 7 月—2023 年 3 月）[②]

数据来源：复旦发展研究院

　　改革开放四十余年以来，中国外向型的经济发展战略取得了显著成绩。但在当前全球经济面临衰退压力，需求表现疲软，海外局势波谲云诡的大环境下，"逆全球化"暗潮汹涌，地缘政治风险上升，欧美部分国家试图打造"小院高墙"对中国选择性"脱钩"，在此背景下，着眼于国内市场，加强对国内需求的挖掘，通过激活自身动力，修炼内功，以提升经济对于外部环境变化的抗风险能力，便成为应对外部

① 复旦发展研究院 . 复旦－ ZEW 经济景气指数第 115 期全文发布：内循环结构变化显现，美欧银行危机拖累市场 [EB/OL]. (2023–04–04) [2023–05–05]. https://mp.weixin. qq.com/s/6d3yaHJoGNTzjN63jxm_ZA.

② 复旦发展研究院 . 复旦－ ZEW 经济景气指数第 115 期全文发布：内循环结构变化显现，美欧银行危机拖累市场 [EB/OL]. (2023–04–04) [2023–05–05]. https://mp.weixin. qq.com/s/6d3yaHJoGNTzjN63jxm_ZA.

不确定性的"不二法门"。

2．营销转变：国际品牌本土化拓土，民族品牌国潮化焕新

国际品牌方面，在经济内循环重振消费提高内需的背景下，中国市场所展示出的消费潜力让不少海外企业分外青睐，国际品牌持续向中国市场抛来橄榄枝。据不完全统计，2023年第一季度共有55家品牌全国首店开业，同比增长12.5%①，反映出国际品牌对中国消费市场回暖的信心和积极态度。

在国际品牌扩大市场，进行跨国或跨地区经营的过程中，本土化营销是让品牌更快、更高效融入当地市场的关键策略之一。本土化营销是指品牌在市场推广中根据特定国家、地区或语言市场需要，将品牌形象、产品设计、店面装潢、宣传方式等方面进行地域化调整，以此打造具有本土特色和独特魅力的品牌形象和产品。在中国经济内循环战略的引领和国内需求的持续走强下，本土国际品牌加速本土化营销的步伐已成为一种必然趋势。

以美国快餐品牌Shake Shack为例，2022年该品牌加速扩张中国市场，全年在中国新开14家门店，其数量远超2018—2021年间的总和。在本土化营销方面，该品牌在门店围挡中对门店所属城市文化的解读与结合长期广受称赞。例如，Shake Shack重庆首店的外观设计就采用了本地人熟悉、外地人也看得懂的重庆道路和出租车为主题，结合了Shake Shack的标志性绿色来涂鸦门店外观墙，有效拉近品牌与本地消费者的距离感，借助本土化营销实现品牌的快速破圈。

国内品牌方面，随着经济内循环战略的深入实施，内需逐渐回稳，

---

① 壹览商业．一季度新增54家全国首店，服饰行业腰斩[EB/OL]．(2023-05-08) [2023-05-09]. https://www.yilantop.com/article/20871.

为国内品牌释放出广阔的市场空间和新一轮发展机遇。然而，内需的走强带来的不仅仅是需求侧量的扩充，同时也衍生出需求侧质的提升。随着国内经济的持续发展和消费升级的推进，消费者对品质、创新和个性化的产品和服务的需求不断增长。在这一新的背景下，国内品牌正积极推进营销的与时俱进与更新升级，以适应消费者需求和市场变化。

在内需回稳的背景下，国货开始不断引领潮流时尚，从老牌国货更新升级到新兴消费品全面崛起，本土消费者也纷纷从对国外品牌的推崇转移到对国货品牌的青睐上，国潮营销也随之成为近年来互联网营销中一个亮眼的板块。国潮化是指将国家文化、历史、传统与现代时尚相结合，打造具有中国特色和独特魅力的品牌形象和产品。通过运用中国传统文化元素、民族风格设计和创新技术，国内品牌打造了一系列富有个性和时尚感的产品，引起了消费者的兴趣和共鸣。在"国潮风"的驱动下，越来越多的国货品牌开始尝试借助各种中华传统文化元素来赋能营销，提升品牌内涵，促进品牌焕新。但目前的诸多国潮化营销实践中，传统文化元素符号仅仅是被品牌进行简单的拼接与挪用，以作为其自我营销的噱头和工具，而并未真正深耕国潮背后的文化价值。在令人眼花缭乱的浅层次国潮化营销面前，消费者渐感疲态，愿意为此买单的人群也愈渐稀少。

从消费者侧来看，简单的国潮符号无法为产品的理性价值代言，对于未来一代更是失去了向心力。过去三年，消费者对消费持更加谨慎的态度，高价值和必要性越发成为他们首要考虑的因素，反之因颜值和趣味性而形成的购买冲动则在逐渐减弱。从营销性价比侧来看，国潮如果不能成为品牌生根立命的根基，那就只能带去昙花一现的热度，不可持续。因此，在消费者需求质量提升的背景下，国内品牌国潮化营销的更新成为必然趋势。在新一轮国潮化营销中，国内品牌应重点提升产品质量、注重品牌形象塑造和加强与消费者的互动，不断满足消费者对多样化、个性化产品的追求，推动国内品牌的发展，实现更大的市场份额和国际影响力。

（二）贸易保护主义抬头

2022 年海外经济衰退阴云难散，给全球经济带来了巨大的不确定性和挑战。贸易保护主义的兴起导致了贸易壁垒的增加，限制了海外市场的开放程度。全球供应链的断裂和持续的疫情影响进一步阻碍了跨国贸易活动。欧美在加息、长期通胀、银行风险的负反馈下，面临较大的经济下行乃至衰退压力。俄乌冲突旷日持久，不断加剧能源危机的同时，也深刻改变着全球地缘格局。这一系列的因素相互叠加，使得海外经济陷入了持续的低迷状态，不仅为全球经济带来了前所未有的挑战，也对中国企业"出海"营销活动的开展造成深刻的影响。

1. 营销洞见：外需持续走弱，国际市场疲软

当前，全球经济仍然处于下行状态中，不论是宏观上的动力不足，还是微观上的人们对经济不稳定的忧虑，都使得海外消费者的消费意愿大打折扣，造成购买力的直接下降。面对经济的不景气，海外消费者更加谨慎地对待消费决策。在这样的环境下，中国品牌在海外市场面临着严峻的挑战。海外消费者的需求减弱意味着市场规模缩小，销售额下降，这对中国品牌的海外业务造成了重大影响。

此外，中国品牌的海外营销效果也出现了疲软现象。衰退的经济环境使得竞争更加激烈，海外市场上出现了更多的选择。与此同时，海外消费者对品牌声誉和产品质量的要求也更高。然而，一些中国品牌在品牌形象塑造和市场定位方面仍存在欠缺，没能有效满足海外消费者的期待。因此，这些品牌在海外市场上难以获得足够的认可和市

场份额，导致海外营销效果不尽如人意。

面对海外经济衰退和消费者需求走弱的挑战，中国品牌需要认真思考如何适应市场变化，提升产品质量和品牌形象。积极调整营销策略，加强市场调研，了解海外消费者的需求和偏好，推出符合市场需求的产品。同时，加强品牌传播，提升品牌知名度和美誉度，通过有效的市场定位和差异化竞争策略，赢得海外消费者的信任和支持。通过持续努力和创新，中国品牌有望在海外市场中逐渐扭转疲软的营销效果，实现可持续的海外业务发展。

2. 营销转变：加强营销出海自主性，品牌尝试"造船出海"

在海外经济衰退的背景下，受到直接影响的海外品牌可能会削减广告营销开支，尽管逆境中减少对广告营销的投入能够在短期内缓解品牌的经营压力，但从长期来看这一做法将会对企业的未来发展造成不利影响——如果较少品牌愿意推出广告，广告成本就会下降，也就代表更少的竞争者争夺消费者的注意力，品牌便可趁机建立企业经营稳定的形象，同时在消费者面前更加抢眼。相反，削减广告支出的品牌将无法让消费者在第一时间想到自己，未来会造成长期损失。勘讯咨询（Analytic Partners）发布的 ROI Genome 营销报告《经济下行期的营销策略》也同样指出，在上一次经济衰退期间增加媒体广告支出的品牌，有 60% 品牌的投资回报率有所提高，其销售额的增长速度远快于竞争对手。同时，那些削减营销预算的品牌可能因竞争品牌反向增加预算而损失近 15% 的业务[1]。由此可见，在全球经济下行的影响下，尽管中国出海企业面临着外需走弱、成本上升、风险加大等多重挑战，

---

① Analytic Partners. 勘讯咨询《经济下行期的营销策略》报告：品牌到底该如何规划营销预算？[EB/OL].(2022–10–09) [2023–05–07].https://www.prnasia.com/story/379588–1.shtml.

但"时势造英雄"的大背景也在客观上为我国出海企业创造出抢占海外市场,展开品牌认知争夺,树立良好企业形象的营销新机遇。

此外,经济下行与海外衰退重塑了海外消费者的媒介使用偏好与消费习惯,海外消费者对线上平台的黏性不断增强,给我国品牌出海营销活动的开展提供了更多着力点。一方面,社交媒体营销成为出海品牌对抗全球经济下行的重要手段。Kepios 分析显示,自新冠大流行开始以来,人们对社交媒体的依赖性更强,全球社交媒体用户总数增长了近30%①,2022 年的经济衰退正值社交媒体的年度广告支出在2022年达到360 亿美元的历史新高,可见经济衰退期的营销活动已将社交和数字媒体视作品牌战略的基石。另一方面,线上购物反而在经济下行中获得了更多的机会,电商平台已逐渐成为品牌应对海外衰退背景下出海最应重视的渠道之一。咨询机构 Prosper Insights & Analytics 数据显示,受通货膨胀和价格上涨的影响,29.6% 的消费者表示他们在网上进行了更多的比较购物,22.1% 的消费者则表示他们在网上进行了更多的购物。对出海品牌而言,这一机遇意味着企业可以专注于在线上渠道展开互联网营销来收获消费者,而无须过早地布局海外的线下渠道。

在既往出海营销实践中,中国品牌常常依赖于与海外渠道商或合作伙伴的合作,通过借助他们的渠道和资源进入海外市场。然而,随着中国经济的快速崛起和品牌实力的增强,中国品牌正逐渐转变为以更加自主和创新的方式进行海外营销,通过自建渠道和整合资源,加强对支付、物流等环节的掌控,为出海营销活动的开展提供坚实的保障。换言之,即从"借船出海"向"造船出海"升级。具体来说,体

---

① DIGITAL.2023:GLOBAL OVERVIEW REPORT[EB/OL].(2023-01-26)[2023-05-07]. https://datareportal.com/reports/digital-2023-global-overview-report.

现在搭建自主支付结算体系和自主物流体系两方面。

自主搭建支付结算体系方面，随着国家"走出去"战略及"一带一路"倡议的深入推行，越来越多的企业正参与到全球化浪潮之中，在企业"出海"的过程中，资金作为企业的"血液"和"第一资源"，支撑着企业海外机构业务的触达、延伸及拓展。在出海营销层面，企业营销业务费用的计算与支出也同样离不开支付结算系统的有力支撑。出海企业的全球收付业务场景主要包括物流、跨境 MCN、全球雇佣等多个领域。然而，出海企业在境外资金管理的推进和实施的过程中往往面临着当地法律法规差异、语言差异、文化差异、税制差异、汇率波动、财务核算制度差异等多方面的挑战，导致出海企业在支付结算等环节遇到诸多难点痛点。其一，收付需求复杂，资金归集、分发难。企业有境内外资金收付兑等多重需求，海外资金沉积，无法批量付款、分发、结汇。其二，现有资金通路成本高。企业无法打通境内外资金链，使用海外银行、钱包等支付工具手续费较高，增加成本开销。其三，境外资金支付安全风险高。为方便境外当地业务的开展，很多境外企业的支付由当地人员管理和操作，集团总部只能通过制度进行约束，无法做到事前和事中管控，资金支付面临很高的风险。其四，资金调拨难、速度慢。企业的资金进出境流程过于烦琐，需反复上传资金来源证明，时效无法保证。其五，外币汇率风险高，境外资金汇损金额大。当前国际地缘政治形势动荡多变，经济增长放缓，热点地区军事冲突加剧，汇率波动频繁，如果跨国企业对境外的外币资金缺乏统一的敞口管控和风险对冲，面对外币币种的汇率波动，容易造成汇兑损失，影响企业利润。

针对上述难点痛点，京东对自身支付结算服务进行创新打造，为有海外资金收付需求的企业提供安全、高效的跨境支付解决方案，有效解决了出海企业海外资金收付复杂、资金支付安全系数低、汇损风险大等难题，助力企业出海业务的顺利开展，为中国品牌开拓全球市场，展开海外营销提供了坚强后盾。

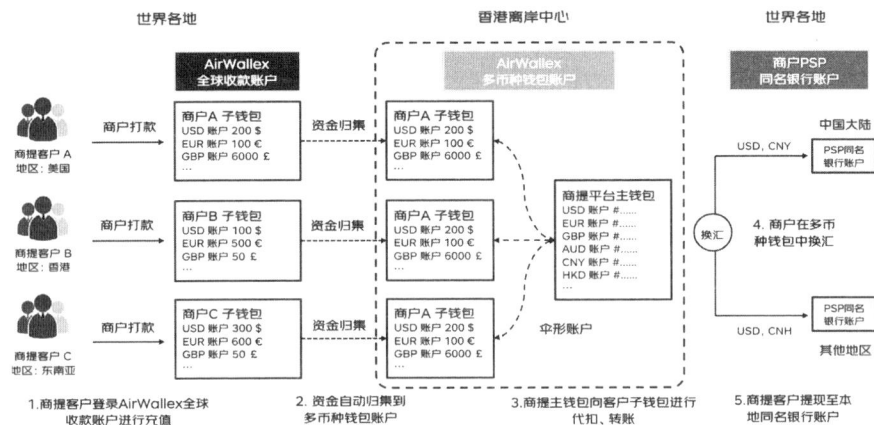

图 2-9 京东出海支付结算系统示意图[①]

数据来源：京东

自主搭建跨境物流体系方面，在俄乌冲突能源危机等黑天鹅事件的影响下，部分国际港口城市罢工持续，港口拥堵；跨境链路上物流卡点、堵点不断；部分空运也出现停航情况，舱位紧张与运价低迷同在，使得与营销活动配套的物流系统正面临艰巨考验，进而又导致出海企业面临海外库存滞压、物流异常、分销不确定性增加、多渠道多市场多仓管理难度高等诸多难题。因此，"借船出海"的物流体系尽管在帮助国货打通海外市场方面发挥了重要作用，但"借船"的烦琐流程也在无形中增添了企业出海的成本。在当前的诸多出海实践中，不

[①] 京东. 2023 京东出海营销手册 [EB/OL].(2023-03-01) [2023-05-08].https://www.fxbaogao.com/detail/3597116.

少国货的出海都会涉及每段物流承运商不同的问题，如国内段物流、国际干线段物流、海外当地的末端物流都由不同企业负责①，如此"借船"又势必会导致中间环节中各类费用、时间成本的增加。

在此背景下，京东物流选择在跨境物流服务上"造船出海"，加大进行全球供应链物流基础设施建设的尝试，在跨境物流方面通过"自营海外仓＋全球合作伙伴尾程网络"的方式构建起一套稳定的出海新基建，为国货出海提供涵盖跨境运输、海外仓储和末端配送的一站式端到端的一体化供应链服务，从而提升国际运输和存储的效率。根据《2023京东出海营销》报告，京东近年来持续加速以海外仓为核心的物流供应链基础设施建设，目前已有超过70个中国保税仓和超过20个海外自营仓建成并投入使用，累计覆盖15个国家和地区②。京东在物流端的创新"造船"在助力京东企业自身做大做强的同时，也帮助国货品牌在供应链各个环节实现降本增效。作为营销活动展开的基础设施，京东跨境物流稳定系统的建立对企业出海起到了保驾护航的积极作用，加速了国货的出海步伐。

---

① 席悦.京东物流：跨境供应链为国货出海护航[J].中国物流与采购，2022（22）：19-20.
② 京东.2023京东出海营销手册[EB/OL].(2023-03-01)[2023-05-08].https://www.fxbaogao.com/detail/3597116.

第三章　互联网营销的社会环境

● 本章提要

中国的社会环境出现了诸多新的特征，大环境的变化对互联网营销行业在决策制定、路线选择和营销战略层面均提出了新的要求。首先，从社会人口结构上来看，老龄化趋势更加明显，人口分布逐渐向中西部城市回流，县域布局和本地消费成为新的关键点；居民收入与消费逐渐回暖，服务性消费增长较快，基本生活类商品销售和网上零售增长较快；劳动力层面的"人口红利"将变为"人口负债"，且青年群体就业形势依旧严峻。其次，从社会阶段性特征来看，生态环境背景下的双碳绿色营销、媒介环境影响下的智能营销和外部环境影响下的国际营销成为新的热点。从消费群体与消费文化上来看，Z世代对消费潮流具有引导作用，女性消费者依然是互联网消费的主体，新中年群体在消费市场上日显活跃；消费文化上涌现出了寺庙经济、考古文创经济等新的消费热点。

● 本章营销热词

人口结构；本地消费；双碳绿色营销；智能营销；消费文化

一、社会人口结构

社会人口结构部分重点关注当前人口学特征与就业形势特征，为互联网营销行业的上层决策提供可靠的、具有社会学意义的知识参照，通过相关数据锚定当前互联网消费的基本盘与发展边界。其中，人口学特征的内容包括人口的区域性流动、人口结构、教育特征和居民收入与消费等四个与互联网营销较为相关的方向；就业形势包括2023年我国劳动力基本状况与现阶段就业特征两个部分。

（一）人口学特征

1. 人口流动变化特征

（1）城乡流动：城镇化发展已进入中后期

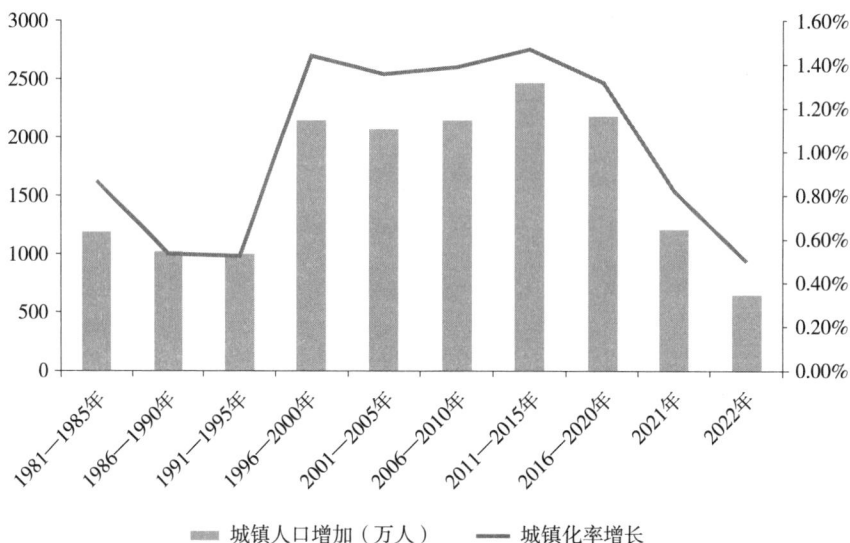

城镇人口增加（万人）　　城镇化率增长

图 3-1　中国城镇化率年增长速度及城镇人口增量

数据来源：国家统计局、克而瑞研究中心

国家统计局的公开数据显示，受城镇区域扩张、城镇人口自然增长和乡村人口流入城镇等因素影响，2023 年我国城镇人口将继续增加。2022 年末，我国城镇常住人口达到 92071 万人，比 2021 年增加 646 万人；乡村常住人口为 49104 万人，比同期减少 731 万人。常住人口城镇化率为 65.22%，比 2021 年提高 0.5 个百分点。城镇化空间布局持续优化，新型城镇化质量稳步提高。[①]

对比 1981 年以来每 5 年的中国城镇化率平均增长速度来看，在经历了 1996—2020 年长达 25 年的城镇化率高速增长之后，2021 年以来中国城镇化率实际上已经离开了平均每年 1.2 个百分点以上高速增长阶段，转而进入了缓慢增长周期。在未来，中国的城镇化发展将会进入低速增长时期，但是无论是从中国农村人口结构来看还是从农业技术来看，仍与国际发达国家存在一定差距，中国距离城乡人口转移的边界仍有较大空间可供发展。

根据克而瑞研究中心对于中国城镇化长期发展边界的推算，在保证粮食安全和生活富裕指标的前提下，中国城镇化率期望发展水平为 80% 左右，较 2022 年末仍有 14 个百分点的提升空间，长期来看城市化发展仍将带来约 2 亿人口的净增长。鉴于我国城镇化已进入中后期发展阶段，大中城市城镇化发展速度开始减缓，迈向更高水平、更高质量的新型城镇化正是大势所趋，以县域为重要载体的城镇化发展正是当前发展阶段下的必经之路。[②]

---

① 国家统计局.人口总量略有下降 城镇化水平继续提高 [EB/OL].http://www.stats.gov.cn/xxgk/jd/sjjd2020/202301/t20230118_1892285.html.

② 克而瑞研究中心.深度研究 | 人口总量负增长，但城镇化将带来住房新需求 [EB/OL].http://www.fangchan.com/news/1/2023-02-13/7030777766908072719.html.

中共中央办公厅、国务院办公厅印发《关于推进以县城为重要载体的城镇化建设的意见》指出，县城是我国城镇体系的重要组成部分，是城乡融合发展的关键支撑，对促进新型城镇化建设、构建新型工农城乡关系具有重要意义。[①]结合2023年中国人口城镇化的趋势来看，以县为单元的消费布局和营销布局在未来一段时间将值得互联网营销行业对其进行重点关注。尤其是商贸流通网络和消费基础设施的建设，对互联网营销未来在县域的布局有着深远的影响。例如，以县为单位的工业品和农产品分拨中转地的建设可以大幅缩短整体的消费链条，减少中间成本，对以社区为半径的生鲜电商、外卖服务、农副产品外销产生增益效果。

（2）区域性流动：中西部省会城市人口回流

当前我国人口区域性流动的一个基本现象是：中西部强省会城市的人口聚集能力在提升，而传统沿海城市吸引力正在减弱，人口迁徙路线正在发生变化。在目前已公布2022年人口数据的29个省（自治区、直辖市）中，17个省份实现常住人口正增长，且绝大多数为中西部省份，如湖北、安徽、山西、江西、甘肃、内蒙古、贵州、陕西、云南等。[②]人口从东南沿海发达地区回流至中部和西部地区是未来一段时间内我国人口区域性流动的基本特征。

其中，湖北、安徽去年人口增量均为14万，江西为10.58万；江西、山西、贵州则实现人口增量"转负为正"，从2021年分别减少1.46万、10.02万、6万变为2022年分别增长10.58万、0.88万、4万；河

---

① 中共中央办公厅，国务院办公厅.关于推进以县城为重要载体的城镇化建设的意见 [EB/OL].http://www.gov.cn/zhengce/2022–05/06/content_5688895.htm.

② 中国房地产协会."逃离"北上广到中西部去：中国人口迁徙变局[EB/OL].http://www.fangchan.com/news/218/2023–04–10/7051014222893093686.html.

南的人口减少量则由 58 万降至 11 万。以上数据显示，中西部地区人口加速回流的趋势已经显现。而从省会城市人口来看，合肥、西安、南昌分别以 16.9 万、12.29 万、10.06 万人口增量位列三、四、五位；排在其后的武汉、郑州去年人口增量分别为 9.01 万、8.6 万。这几座城市也均属于中西部省会城市。随着近年来沿海产业向中西部转移，这些中西部中心城市正在崛起，就业机会随之增多，人口吸引力逐渐增强。① 对于以上人口数据的变化，中国人口学会副会长原新也表示："从人口流动角度看，由于一些经济发达的省会城市会不断吸引省内人口和全国的跨省流动人口，因此全国省会城市人口正增长预计是一个大的规律性趋势。"

与之相对应的是，北京、上海、广东的人口负增长趋势。数据显示，2022 年全国已有 11 个省（自治区、直辖市）常住人口为净流出状态，包括新疆、北京、山东、天津、河南、上海、湖南、黑龙江、广东、河北和辽宁。其中，作为经济与人口第一大省的广东省，2022 年常住人口出现 40 年来的首次负增长（减少 27.2 万）。此外，北京、上海、天津同样面临人口大量流失问题。北京于 2017 年正式进入负增长时代，至 2022 年已连降 6 年，累计减少 11.1 万人口。上海人口增量也是在 2015 年左右出现拐点，该年度上海人口增量为 -9.5 万，首次出现负增长，2016 年人口增量由负转正，当年新增人口 9.8 万，但 2017 年新增人口再次转入负增长，为 -1.1 万。2022 年，上海人口减少 13.54 万，成为降幅最大的一年。天津在 2017 年、2018 年累计减少 60 万人口，2021 年、2022 年又再度减少 23.6 万人口，成为人口降幅最大的直

---

① 中国房地产协会."逃离"北上广到中西部去：中国人口迁徙变局 [EB/OL].http://www.fangchan.com/news/218/2023-04-10/7051014222893093686.html.

辖市。不同之处在于，北京和上海人口负增长有政策控制的因素，与其长期的高存量人口、高房价和社会资源紧张也有密切关系。

总体观之，流动人口"返乡潮"虽然可能是阶段性现象，但结合多年的人口区域性流动的数据来看，全国特大城市人口增幅放缓是一个基本的趋势。人口向中西部省会城市的回流将成为互联网营销在中西部地区纵深发展的新机遇，人口回流不仅仅意味着消费市场的扩大和消费潜力的激活，也意味着消费习惯和消费层级的融合，因此本地市场将呼唤更细分的垂直品类和更多元的品类需求。互联网营销企业需要在营销策略制定的过程中充分考虑当地市场、文化差异，根据不同的消费市场情况进行定位和策略规划，寻找适合当地消费者口味的营销方式和内容，以更好地满足当地市场需求。

根据《2022本地消费市场洞察报告》的观点，以"都市距离圈"为框架的本地消费模式逐渐形成，即以社区为半径的生鲜电商和外卖服务构成的核心圈，以本地生活、电影演出、餐饮＆商超及城市娱乐新潮流构成的中间圈，以及以公园、郊游构成的外延圈。[①] 面对互联网消费在二、三线城市的下沉趋势，在本地消费方面，各垂域行业也应当加速布局本地生活领域，通过其平台自身的功能优势，从不同角度更好地满足用户本地消费需求，扩大业务服务范围，与本地生活服务平台做好协同。

2．人口结构特征

（1）基本特征

根据2022年全国人口变动情况抽样调查制度和调查数据推算，

---

① QuestMobile.2022本地消费市场洞察报告 [EB/OL].https://baijiahao.baidu.com/s?id=1743187767251119866&wfr=spider&for=pc.

2022 年我国人口总量略有下降：2022 年末，全国人口为 141175 万人，比 2021 年减少 85 万人；全年出生人口 956 万人，比 2021 年减少 106 万人；死亡人口 1041 万人，比 2021 年增加 27 万人。人口出生率为 6.77‰，比 2021 年下降 0.75 个千分点；人口死亡率为 7.37‰，上升 0.19 个千分点；人口自然增长率为 –0.60‰，下降 0.94 个千分点。[①]

　　2022 年，我国人口总量略有下降主要是由于出生人口减少。一是因为育龄妇女持续减少。2022 年，我国 15—49 岁育龄妇女人数比 2021 年减少 400 多万人，其中 21—35 岁生育旺盛期育龄妇女减少近 500 万人。二是因为生育水平继续下降。受生育观念变化、婚育推迟等多方面因素影响，2022 年育龄妇女生育水平继续下降。

表 3-1　2002 年末人口数及其构成

指标	年末数（万人）	比重（%）
全国人口	141175	100
其中：城镇	92071	65.2
乡村	49104	34.8
其中：男性	72206	51.1
女性	68969	48.9
其中：0—15 岁（含不满 16 周岁）	25615	18.1
16—59 岁（含不满 60 周岁）	87556	62.0
60 周岁及以上	28004	19.8
其中：65 周岁及以上	20978	14.9

数据来源：国家统计局

[①]　国家统计局. 人口总量略有下降 城镇化水平继续提高 [EB/OL]. http://www.stats.gov.cn/xxgk/jd/sjjd2020/202301/t20230118_1892285.html.

（2）人口性别特征

从性别构成看，男性人口 72206 万人，女性人口 68969 万人，总人口性别比为 104.69（以女性为 100）。[1]其中男性人口较上年减少 105 万，女性人口较上年增加 20 万。女性人口总数虽然整体变化不大，但育龄妇女的减少（近 500 万）是人口总量和生育率下降的重要原因之一。性别消费情况与未来趋势在本章消费文化部分进行详细讨论。

（3）人口年龄特征

从年龄构成看，16—59 岁的劳动年龄人口 87556 万人，占全国人口比重为 62.0%；60 周岁及以上人口 28004 万人，占全国人口的 19.8%，其中 65 周岁及以上人口 20978 万人，占全国人口的 14.9%。[2]

《人口学词典》中对人口老龄化的定义是：人口老龄化是指人口中老年人比重日益上升的现象，尤其是指在已经达到老年状态的人口中，老年人口比重继续提高的过程。国际上通常用老年人口比重作为衡量人口老龄化的标准，老年人口比重越高人口老龄化程度也越高。一般把 60 岁及以上人口占总人口比重达到 10%，或 65 岁及以上人口占总人口比重达到 7% 作为一个国家或地区进入老龄化社会（或老年型人口）的标准。以此标准来看，我国于 2000 年就已经进入老龄化社会，之后的 20 年老年人口比重增速明显加快，人口老龄化程度持续加深。我国人口老龄化的发展具有人口规模大、发展速度快、发展不平衡、未富先老等特点。

随着经济和社会的进步，人民生活条件不断改善，医疗卫生水平

---

[1]　国家统计局.中华人民共和国 2022 年国民经济和社会发展统计公报 [EB/OL].http://www.stats.gov.cn/xxgk/sjfb/zxfb2020/202302/t20230228_1919001.html.

[2]　国家统计局.中华人民共和国 2022 年国民经济和社会发展统计公报 [EB/OL].http://www.stats.gov.cn/xxgk/sjfb/zxfb2020/202302/t20230228_1919001.html.

不断提高，人口预期寿命不断延长，再加上生育意愿变化等因素导致的生育率下降，使人口年龄构成中老年人口的比重持续上升，人口老龄化成为当前与今后很长一段时期我国社会的一个重要特征。人口老龄化将对经济和社会运行产生深刻影响，如何有效应对是国家制定各种经济与社会政策时必须认真考虑的重要因素。

习近平总书记在主持召开二十届中央财经委员会第一次会议时强调，要实施积极应对人口老龄化国家战略，推进基本养老服务体系建设，大力发展银发经济，加快发展多层次、多支柱养老保险体系，努力实现老有所养、老有所为、老有所乐。① 虽然党和政府从顶层设计角度高度重视老龄产业，但相对来说，无论是国家标准还是行业标准，与市场需求相比还存在缺口。

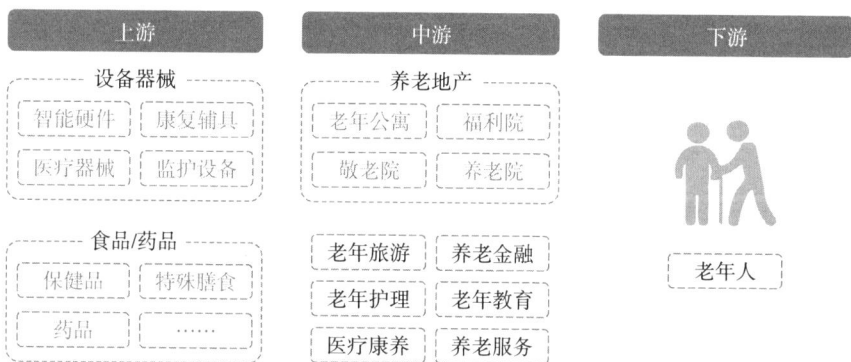

图 3-2　中国养老产业图谱

资料来源：36 氪研究院《2023 年中国养老产业研究报告》

一方面，面向老年人提供多层次、多样化产品和服务的银发经济

---

① 新华社 . 习近平主持召开二十届中央财经委员会第一次会议 [EB/OL]. https://mp.weixin. qq.com/s?__biz=MjM5Njg5MjAwMg==&mid=2651540021&idx=1&sn=2efbeb01327386cfce 409b34ed06fa44&scene=0.

被广为看好；另一方面，适老用品及服务的市场热度却未如预期，老龄化发展现状中的痛点、矛盾点对于互联网营销行业而言既是一种机遇，也是一种挑战。目前的主要问题在于，老年人消费能力不足和企业生产成本过高两种现象并存，一些老年用品的市场价格与老年人消费水平有差距。中国人民大学国家发展与战略研究院高级研究员、老龄产业研究中心主任黄石松认为，目前市场上一般性日常生活服务类项目比较多，而长期照护、康复护理、心理慰藉等服务供给相对不足，老年文化创意、旅居、网络消费等方面可供选择的产品和服务也不多，很难满足当代老年人多样化、多层次的养老服务需求。可以预见的是，随着老龄化趋势的发展，老年人消费需求在未来将会成为更加细分的产业链。

结合发展现状来看，根据 36 氪研究院发布的《2023 年中国养老产业研究报告》，养老产业链大体可分为上游、中游和下游三个层次。上游：主要包括医疗设备器械、食品与药品等支撑养老产业的基础材料。设备器械由智能硬件、康复辅具、医疗器械和监护设备等组成。其中，智能硬件以新兴技术解决专业照护问题，可缓解居家养老监测难和社区养老、机构养老成本高的痛点，是未来重点发展方向之一，以可穿戴健康管理类设备、家庭服务机器人为代表。食品与药品包括保健品、药品、特殊膳食等，保健品和特殊膳食可调节人体机能，正成为越来越多人预防疾病、保持身体健康的重要选择。中游：主要由养老服务、养老地产、养老金融、老年护理、老年旅游等细分产业构成，覆盖老年人衣食住行及医疗等方面需求。下游：主要包括有明确消费兴趣的老人。此外，除传统养老细分产业外，老年人对美好生活的期盼和丰富老年生活的驱动力，让老年再就业、老年大学等银发经济新增长点被发掘。

随着经济社会发展，老年人消费能力会越来越强，消费意愿、消费偏好也会发生变化，现阶段的一些矛盾和痛点会随着市场需求的挖掘、商品的供给和服务标准化水平的提高而逐步得以解决。但需要指出的是，老年消费仍会长期保持其特殊性，比如老年人消费决策的复杂性，其消费心理往往要考虑配偶、子女是否支持，还要顾及同辈、社会观感如何，这些因素都导致他们消费比较慎重。结合这些因素来看，至少有两点值得互联网营销行业重点关注：其一，如何从营销生态角度来打造友善适老的消费环境，如老年人消费维权机制，让老年人放心消费、免除后顾之忧；其二，根据老年人消费的一些特殊心理现象，如何对不同年龄阶段的老年人制定相应的营销策略，如那些尚有一定活力、刚刚步入老年阶段的群体，他们的消费心理可能属于既不服老，也不从新的中间态，其特殊的心理状态值得更加细分的营销策略。

3. 人口教育特征

社会的教育水平于互联网营销布局的参考价值主要在于新增劳动力人力资本和消费者素养两方面，教育水平不仅作用于消费行为、消费习惯、消费边界和营销定位等市场策略层面，也作用于广告语言和媒介等传播策略层面。从更宏观的层面来看，完善的教育体系和个人学习体系，更有助于拓展生产者的创造力边界、提升整体消费活力，实现从人口红利到人才红利的转变。

（1）2022年全国教育事业基本情况

党的二十大将教育作为全面建设社会主义现代化国家的基础性、战略性支撑进行系统谋划，极具战略意义和深远影响。教育部发展规划司发布的《2022年全国教育事业发展基本情况》显示，2022年全国共有各级各类学校51.85万所，学历教育在校生2.93亿人，专任教师

1880.36 万人。新增劳动力平均受教育年限达 14 年。分层级看，各级各类教育均取得显著进展。①

2022 年全国共有普通小学 14.91 万所，全国小学招生 1701.39 万人，在校生 1.07 亿人；初中学校 5.25 万所，招生 1731.38 万人，在校生 5120.60 万人；高中学校 1.50 万所，招生 947.54 万人，在校生 2713.87 万人，毛入学率达到 91.6%，比上年提高 0.2 个百分点。

高等教育在学总规模 4655 万人，比上年增加 225 万人。全年高等教育毛入学率 59.6%，比上年提高 1.8 个百分点。学生数量方面，全国普通、职业本专科共招生 1014.54 万人，比上年增长 6.11%。全国共招收研究生 124.25 万人，比上年增长 5.61%。

与教育规模不断增长形成对比的是互联网广告收入在教育培训行业的持续走低，根据《2022 中国互联网广告数据报告》的数据，受行业调整与相关政策影响，我国教育培训行业出现巨幅震荡，广告收入继续下滑 72%，至 23.78 亿元，其市场规模萎缩至 2020 年的十分之一左右。虽然当前教育培训行业面临巨幅震荡，但需要看到的是，我国的教育规模仍在稳定上升，庞大的消费群体和许多新增的消费需求仍蕴藏着强大势能。

（2）我国教育事业发展趋势：以发展高质量的高等教育为核心

党的二十大报告提出："教育、科技、人才是全面建设社会主义现代化国家的基础性、战略性支撑。"教育现代化是中国式现代化的重要部分、基础工程和核心保障。高等教育现代化作为教育事业的重要组成部分，是支撑、推动和引领国家现代化发展的重要力量，是立足当

---

① 教育部发展规划司 . 2022 年全国教育事业发展基本情况 [EB/OL]. http://www.moe.gov.cn/fbh/live/2023/55167/sfcl/202303/t20230323_1052203.html.

下、赢得未来的国之重器。①

发展高质量的高等教育是我国现阶段教育事业的重点，根据教育部高等教育司发布的《2022年推进构建高质量高等教育体系有关情况》获悉，高等教育的推进主要分为以下基本路线：一是推进建设全球规模最大的高等教育体系；二是强化基础学科人才培养全链条全方位制度设计和政策创新；三是深化卓越人才、紧缺人才培养机制融合创新；四是以数字化构建高等教育高质量发展新形态，建成国家高等教育智慧教育平台；五是创新创业教育推动形成新的人才培养观和新的质量观。

庞大的高等教育体系及其纵深布局在未来将带来更广阔的市场和更细分的教育需求。尤其是基础学科教育，是国家现代化发展的基础工程，在未来将会迎来相当长的红利期。在政策和资金的支持下，基础学科教育的消费、需求链条将会进一步拉长，其衍生的消费潜能有待进一步挖掘。

高等教育的进一步普及将会进一步提升未来消费者的文化素养和决策能力，对营销内容生产端的要求也会更高，营销内容的专业性和深度附加值可能成为未来内容生产行业的关键指标。简单的"知识带货""知识营销"模式可能不再能满足未来消费者群体的需求，如何透过专业知识去洞悉心智层的情感需求，将成为撬动高素养消费群体的"心域流量"密码。

（3）新增劳动力人力资本与消费素质

劳动年龄人口平均受教育年限的提高，对一个国家整体国民素质

---

① 葛道凯. 以高质量高等教育支撑中国式现代化建设 [J]. 中国高等教育，2022（22）：11–13.

的提高、对国家的发展具有基础性作用。近年来，新增劳动力受教育水平的显著提升，使得我国劳动年龄人口平均受教育年限与一些发达国家之间的差距不断缩小，但由于劳动年龄人口存量大，整体上与发达国家仍有一定差距。

《中国人力资本报告2022》显示，从教育程度的指标来看，2001—2020年间，全国劳动力人口的平均受教育年限从8.4年上升到了10.7年，其中城镇从9.8年上升到了11.6年，乡村从7.5年上升到了9.2年。在2001—2020年间，全国劳动力人口中高中及以上受教育程度人口占比从19.4%上升到了43.1%，其中城镇从36.1%上升到了56.5%，乡村从8.2%上升到了22.0%。全国劳动力人口中大专及以上受教育程度人口占比从4.9%上升到了21.8%，其中城镇从11.0%上升到了32.0%，乡村从0.8%上升到了5.7%。[1]

根据教育对于人力资本产生的迁徙效应和质量提升效应，伴随劳动力教育水平同步增长的是劳动力人力资本存量的提升[2]。数据显示，2001—2020年间，中国实际人力资本总量增长4.0倍。[3]互联网作为典型的技术密集型、人才密集型和创意密集型行业，对高质量人才具有很强的吸附作用，这同时也赋予了互联网行业在数实融合大背景下独特的历史机遇和使命。高质量人力资本结构能够对技术转型产生重要的促进和支撑作用，保证科技创新的发展，进而通过创新驱动引领产业结构转型升级。充分利用人力资本优势和技术优势，发挥"头雁效

---

① 人力资本与劳动经济研究中心.2022年中国人力资本指数报告发布 [EB/OL].http://news.cufe.edu.cn/info/1002/53670.htm.

② 财经大白说.经济学探讨：人力资本红利对于产业结构升级的促进作用都有哪些？[EB/OL].https://baijiahao.baidu.com/s?id=1740127396651075486&wfr=spider&for=pc.

③ 人力资本与劳动经济研究中心.2022年中国人力资本指数报告发布 [EB/OL].http://news.cufe.edu.cn/info/1002/53670.htm.

应"推进知识、技术的外溢，以促进外延产业的结构转型和协调发展，是互联网行业的时代使命。

此外，高质量的教育水平在消费端也会促进消费素质的提升。消费素质指消费主体具备并体现于消费过程中的能力、修养及相关特质，其作为消费主体的一种修养和属性，直观反映了消费者对消费对象的认识和态度，并在消费环节通过需求侧对生产环节产生作用与影响。可以预见的是，更高水平的消费素质将会呼唤更加精准的营销策略，这要求互联网营销行业的内容生产具备更专业的兴趣挖掘能力和科研能力，能以足够的知识储备、知识资源为消费者和产品构建新的连接。与此同时，在未来"终身学习"的格局下，与"自我提升"相关的需求将会渗透至社会生活的各个领域和年龄层，如何引领消费者在探索自我的过程中培育新的消费习惯，或将成为营销策略制定的新命题。

4.居民收入与消费情况

（1）居民收入情况：全国居民收入增速回升

2022年全年全国居民人均可支配收入36883元，比上年名义增长5.0%，扣除价格因素实际增长2.9%，与经济增长基本同步。按常住地分，城镇居民人均可支配收入49283元，比上年名义增长3.9%，扣除价格因素实际增长1.9%；农村居民人均可支配收入20133元，比上年名义增长6.3%，扣除价格因素实际增长4.2%。全国居民人均可支配收入中位数31370元，比上年名义增长4.7%。[①]

2023年第一季度，全国居民人均可支配收入10870元，同比名义增长5.1%，比上年全年加快0.1个百分点；扣除价格因素实际增长

---

① 国家统计局.2022年国民经济顶住压力再上新台阶[EB/OL].http://www.stats.gov.cn/sj/zxfb/202302/t20230203_1901709.html.

3.8%。按常住地分，城镇居民人均可支配收入 14388 元，同比名义增长 4.0%，实际增长 2.7%；农村居民人均可支配收入 6131 元，同比名义增长 6.1%，实际增长 4.8%。从收入来源看，全国居民人均工资性收入、经营净收入、财产净收入、转移净收入分别名义增长 5.0%、5.8%、4.1%、5.1%。全国居民人均可支配收入中位数 8895 元，同比名义增长 4.6%。[①]

表 3-2　2023 年第一季度全国居民收支主要数据

指标	绝对量（元）	同比增长（%）（括号内为实际增速）
（一）全国居民人均可支配收入按常住地分：	10870	5.1（3.8）
城镇居民	14388	4.0（2.7）
农村居民	6131	6.1（4.8）
按收入来源分：		
工资性收入	6163	5.0
经营净收入	1834	5.8
财产净收入	958	4.1
转移净收入	1915	5.1
（二）全民居民人均可支配收入中位数按常住地分：	8895	4.6
城镇居民	12175	3.9
农村居民	4864	5.6
（三）全国居民人均消费支出按常住地分：	6738	5.4（4.0）
城镇居民	8303	4.8（3.5）
农村居民	4629	5.5（4.2）

---

① 国家统计局.2023 年一季度居民收入和消费支出情况 [EB/OL].http://www.stats.gov.cn/sj/zxfb/202304/t20230418_1938712.html.

续表

指标	绝对量（元）	同比增长（%） （括号内为实际增速）
按消费类别分：		
食品烟酒	2128	2.1
衣着	438	-3.3
居住	1560	8.7
生活用品及服务	370	3.9
交通通信	824	4.1
教育文化娱乐	637	9.2
医疗保健	605	14.7
其他用品及服务	176	8.2

数据来源：国家统计局

总的来看，2022 年国内外形势复杂严峻，企业生产经营困难，而 2023 年第一季度各项稳增长稳就业稳物价政策举措靠前发力，积极因素累积增多，国民经济企稳回升。2023 年第一季度全国居民人均可支配收入平稳增长，增速快于上年全年。

（2）居民消费支出情况：消费支出加快恢复，服务性消费增长较快

2022 年全年全国居民人均消费支出 24538 元，比上年增长 1.8%，扣除价格因素，实际下降 0.2%。其中，人均服务性消费支出 10590 元，比上年下降 0.5%，占居民人均消费支出的比重为 43.2%。按常住地分，城镇居民人均消费支出 30391 元，增长 0.3%，扣除价格因素，实际下降 1.7%；农村居民人均消费支出 16632 元，增长 4.5%，扣除价格因素，实际增长 2.5%。全国居民恩格尔系数为 30.5%，其中城镇为 29.5%，农村为 33.0%。[1]

---

[1] 国家统计局.中华人民共和国 2022 年国民经济和社会发展统计公报 [EB/OL].http://www.stats.gov.cn/xxgk/sjfb/zxfb2020/202302/t20230228_1919001.html.

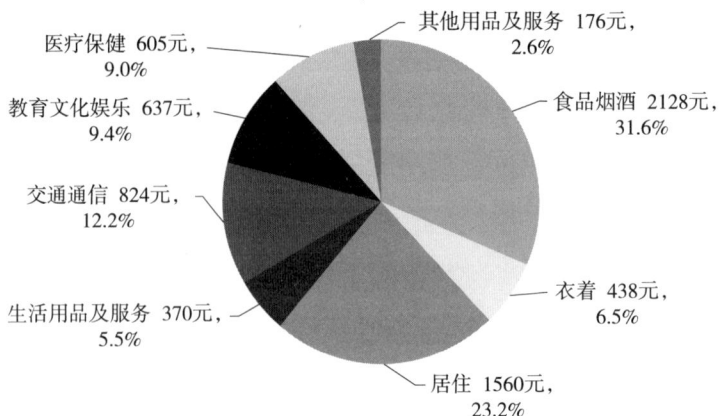

图 3-3　2023 年第一季度居民人均消费支出及其构成

数据来源：国家统计局

随着各地促消费政策措施显效发力，居民消费潜力逐渐释放，消费支出加快恢复。2023 年第一季度全国居民人均消费支出 6738 元，比上年同期名义增长 5.4%，扣除价格因素，实际增长 4.0%，名义和实际增速分别快于上年全年 3.6 和 4.2 个百分点。分城乡看，城镇居民人均消费支出 8303 元，比上年同期名义增长 4.8%，扣除价格因素，实际增长 3.5%；农村居民人均消费支出 4629 元，比上年同期名义增长 5.5%，扣除价格因素，实际增长 4.2%。城镇居民消费支出恢复较快，消费实际增速由上年全年的下降 1.7% 转为今年第一季度的增长 3.5%。[①]

从消费支出结构看，医疗保健支出比上年同期增长 14.7%，主要是医疗器具及药品支出增长 31.2%；教育文化娱乐支出比上年同期增长 9.2%，主要是由于上年基数较低，今年以来线下文化娱乐消费有序恢复，文化娱乐支出增长 21.0%；居住支出比上年同期增长 8.7%，主

[①]　国家统计局 . 一季度居民收入平稳增长 消费支出加快恢复 [EB/OL].http://www.stats.
gov.cn/sj/sjjd/202304/t20230419_1938810.html.

要是节后人员流动逐步恢复，带动房租支出增长；其他用品及服务支出比上年同期增长 8.2%，主要是旅馆住宿费支出增长较快。食品烟酒、生活用品及服务、交通通信支出增长相对较慢，比上年同期分别增长 2.1%、3.9% 和 4.1%。在交通通信支出中，居民购买交通工具支出比上年同期下降 12.4%，其他交通通信支出比上年同期增长 10.0%。

总体来看，服务性消费支出增长较快。第一季度，全国居民人均服务性消费支出 2807 元，比上年同期增长 6.2%，增速高于居民人均消费支出 0.8 个百分点。服务性消费支出占居民消费支出比重为 41.7%，比上年同期回升 0.3 个百分点。随着居民消费信心逐步恢复，服务性消费支出有望继续改善。

（3）市场销售：基本生活类商品销售和网上零售增长较快

2022 年全年社会消费品零售总额 439733 亿元，比上年下降 0.2%。按经营单位所在地分，城镇消费品零售额 380448 亿元，下降 0.3%；乡村消费品零售额 59285 亿元，与上年持平。按消费类型分，商品零售 395792 亿元，增长 0.5%；餐饮收入 43941 亿元，下降 6.3%。

2023 年第一季度市场销售呈现加快恢复向好态势，其中升级类消费较快增长，餐饮等接触型服务消费持续回暖，网上零售占比提升，实体店铺经营加快恢复。[①] 自 2023 年第一季度开始，市场销售由降转升，随着消费场景有序恢复，一系列促消费政策落地显效，消费市场恢复态势明显。第一季度，社会消费品零售总额 114922 亿元，同比增长 5.8%（除汽车以外的消费品零售额 104094 亿元，增长 6.8%），2022 年第四季度为下降 2.7%，增速为近七个季度新高。3 月份市场销售增速

---

① 国家统计局 . 一季度市场销售呈现加快恢复向好态势 [EB/OL].http://www.stats.gov.cn/sj/sjjd/202304/t20230419_1938808.html.

明显加快，社会消费品零售总额同比增长 10.6%，增速比 1—2 月加快 7.1 个百分点。当月社会消费品零售总额实现同比两位数增长，为 2021 年 7 月份以来首次。

除了市场销售额的整体回暖之外，从国家统计局发布的数据来看，消费市场还呈现出以下趋势：

①房产和汽车等资产类大宗商品消费仍有回暖空间。根据《2023 年 1—3 月份全国房地产市场基本情况》提供的数据，第一季度全国房地产开发投资 25974 亿元，同比下降 5.8%。其中，住宅投资 19767 亿元，下降 4.1%；房地产开发企业房屋施工面积 764577 万平方米，同比下降 5.2%；全国房地产开发景气指数较 2022 年末略有回暖，但整体仍属于低景气水平。①《2022 中国互联网广告数据报告》的数据显示，房地产品类的广告收入降幅从 2021 年的 51.44% 攀升至 83%，近乎腰斩，从前几年的热门品类下滑至垫底的冷门品类。受房地产行业的影响，家具装潢广告市场也出现较大降幅（54.86%），市场规模较上年下降 59.04 亿元。

与此同时，交通通信支出增长也相对较慢。虽然我国新能源汽车产量依旧保持两位数增长，燃油小汽车价格也有 4.5% 的降幅，但数据显示，2023 年第一季度居民购买交通工具支出比上年同期下降 12.4%，高产量、低价格到实际销售的转化仍存在一定的发展空间。基于以上现象，中国人民银行副行长宣昌能也在国务院新闻办公室举行的 2022

---

① 全国房地产开发景气指数遵循经济周期波动的理论，以景气循环理论与景气循环分析方法为依据，运用时间序列、多元统计、计量经济分析方法，以房地产开发投资为基准指标，通常情况下，国房景气指数 100 点是最合适的景气水平，95 至 105 点之间为适度景气水平，95 以下为较低景气水平，105 以上为偏高景气水平。

年金融统计数据发布会上表示：要鼓励住房、汽车等大宗消费，加强对服务消费的综合金融支持。

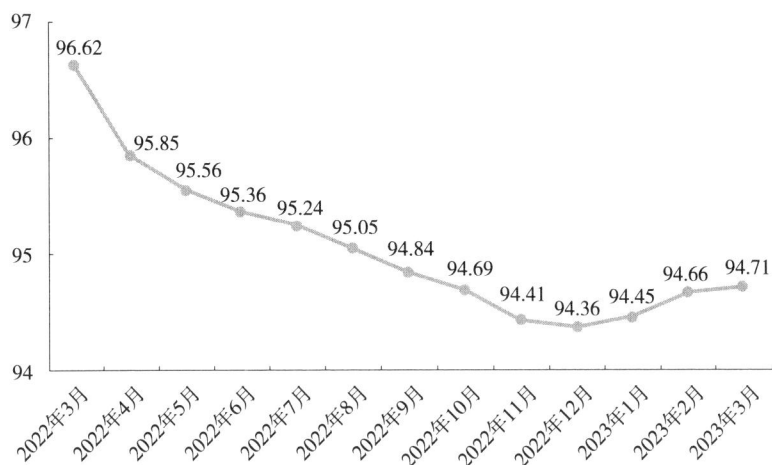

图 3-4　全国房地产开发景气指数

数据来源：国家统计局

②餐饮等接触型消费较快增长，出行类相关服务消费持续恢复。随着餐饮堂食、电影院等线下消费场景有序恢复，居民服务消费需求逐步释放，带动相关消费回暖向好。数据显示，第一季度全国餐饮收入同比增长 13.9%，增速比 1—2 月加快 4.7 个百分点，高于商品零售额增速 9 个百分点；全国电影票房收入 158.6 亿元，同比增长 13.5%。

此外，出行类相关服务消费不断恢复。具体来说，各地通过创新消费场景、丰富文旅产品等多种方式，持续激发市场活力，旅游等出行类服务消费逐步回暖。数据显示，2023 年 3 月全国城市轨道交通客运量同比增长 58.9%，较 2019 年月均客运量增长 27.9%。从清明假期看，国内旅游出游人次较 2022 年清明节当日增长 29.1%，旅游相关消费快速恢复态势继续显现。

③线上消费持续保持活力，实体零售增速加快。数据显示，2022年全国网上零售额 137853 亿元，比上年增长 4.0%。其中，实物商品网上零售额 119642 亿元，增长 6.2%，占社会消费品零售总额的比重为27.2%。2023 年第一季度全国网上零售额 32863 亿元，同比增长 8.6%。其中，实物商品网上零售额 27835 亿元，增长 7.3%，占社会消费品零售总额的比重为 24.2%；在实物商品网上零售额中，吃类、穿类、用类商品分别增长 7.3%、8.6%、6.9%。①

（二）劳动力与就业形势

1. 劳动力：劳动人口减少，"人口红利"将变为"人口负债"

劳动力是经济发展的核心要素，稳定而高质量的劳动力群体是维持增长和可持续发展的基础。过去数十年，中国经济高速发展主要得益于丰富而廉价的劳动力资源。但随着人口结构的转变，中国劳动年龄人口开始下降。过去数十年，"人口红利"是中国经济高速增长的重要推动力，对经济增长的贡献约为 25%。随着出生率的降低，中国人口结构已经发生了根本变化。在"十三五"期间，"人口红利"对潜在增长率的贡献降低，而 2020 年之后，"人口红利"将逐步变为"人口负债"。②

---

① 国家统计局.2023 年 3 月份社会消费品零售总额增长 10.6% [EB/OL].http://www.stats.gov.cn/sj/zxfb/202304/t20230418_1938710.html.
② 半月谈.从人口红利变负债 如何挖掘第二次人口红利迫在眉睫 [EB/OL].http://news.cctv.com/2018/05/11/ARTIKSg1UmHPLcUox8EYTLPb180511.shtml.

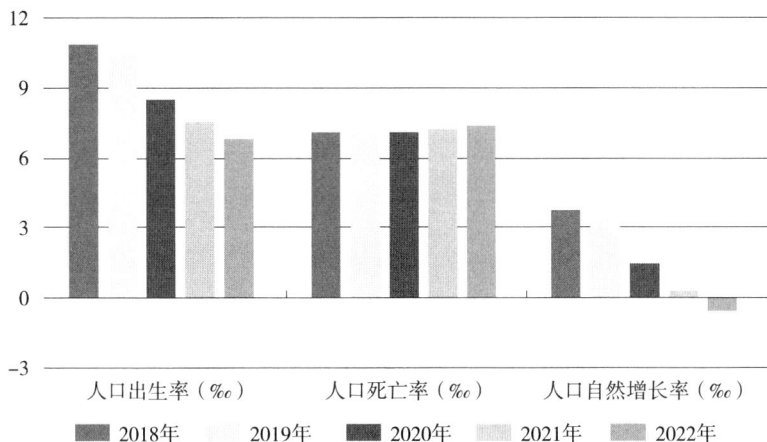

图 3-5　2018—2022 年全国人口自然增长率

数据来源：国家统计局

　　如图 3-5 所示，2018—2022 年我国人口出生率呈现出不断下降的趋势。近几年，人口自然增长率下降明显，且在 2022 年出现自 1960 年后的首次负增长。随着劳动力供给的下降和人口红利的消失，中国经济的持续增长面临巨大挑战。有研究显示，当人口红利消失、劳动力短缺时，在增加资本投入的同时也要推进技术的进步、提高操作者素质以及改革现有的经济体制，以释放出更多的微观效率。[①] 对于技术密集、人才密集的互联网行业而言，人力资本的重要性更加凸显，其将会成为长时间内提高全要素生产率的重要源泉。人力资本的提升不仅在于劳动力教育水平的提升，也在于劳动过程中能力的培养和潜力的挖掘，如何完善现有的人才培养模式、协作模式是互联网行业发挥其"头雁效应"的关键。

---

① 半月谈 . 从人口红利变负债 如何挖掘第二次人口红利迫在眉睫 [EB/OL].http://news.cctv.com/2018/05/11/ARTIKSg1UmHPLcUox8EYTLPb180511.shtml.

2. 就业形势：青年群体就业形势依旧严峻

2022 年，国内外形势复杂严峻，疫情冲击下企业生产经营困难，吸纳就业能力下降，同时高校毕业生人数超过 1000 万人，创历史新高，就业总量压力和结构性矛盾凸显，全国城镇调查失业率一度升至 6.1%，青年失业情况尤为明显，数据显示 2022 年 16—24 岁劳动力调查失业率为 16.7%。

2023 年以来，随着经济企稳回升，企业用工需求增加，尤其是作为吸纳就业主体的服务业恢复加快，为就业形势好转提供了强有力的保障，带动了就业逐步改善。第一季度的数据显示，全国城镇调查失业率平均值为 5.5%，比上年第四季度下降 0.1 个百分点。其中，3 月全国城镇调查失业率为 5.3%，比上月下降 0.3 个百分点。第一季度全国城镇新增就业同比增加 12 万人。3 月末，脱贫人口务工规模 3074 万人。失业人员再就业、就业困难人员就业分别达到 118 万人和 40 万人，同比分别增加 10 万人和 2 万人。总体而言，在经济转暖、政策托举共同作用下，就业形势保持总体稳定。

但在总体就业趋稳之时，也要看到，青年人失业率仍然在走高。第一季度，16—24 岁城镇青年劳动力调查失业率均值为 18.3%，比上年第四季度高 1.1 个百分点。1 月，青年失业率为 17.3%，2 月为 18.1%，3 月升至 19.6%，就业结构性矛盾较为突出。2023 年中国高校毕业生规模预计超过 1150 万人，就业总量的压力和就业结构性的矛盾在未来并不会消失。当前国际环境仍然复杂，经济发展不确定性依然较多，一些劳动者在求职就业中还面临急难愁盼问题，国内高校毕业生人数和城镇就业需求均创新高，就业扩容提质依然面临一些压力和挑战。

在青年群体就业难的大背景下，高校毕业生中普遍出现了诸如"慢就业"和"考公热"的现象。^①高风险中的高淘汰率直接表现为裁员、失业与降薪，现代生活的脆弱性与趋向保守与传统的职业观念耦合。以"考公热"为例，在社会话语的渲染、家庭空间的牵引、个体的社会风险感知下，青年对体制内工作内容、时空特性的预设与其对个体自由和生活意义的想象不谋而合，并将"考编"作为抵御社会结构性困境和个体发展风险的理性决策。^②

二、社会发展特征

社会发展特征部分重点关注当前的社会阶段性特征，旨在厘清当前互联网营销发展需要遵循的主要路线，帮助互联网营销行业做出适合当前社会发展阶段、发展节奏的决策。本节需要分别论述社会发展的生态环境特征、媒介环境特征和外部环境特征对互联网营销发展的路线选择具有哪些参考意义。

（一）生态环境特征

党的二十大报告提出，倡导绿色消费，推动形成绿色低碳的生产方式和生活方式。推动绿色发展，站在人与自然和谐共生的高度谋划发展，是党中央审时度势做出的战略考量，是高质量发展的应有之义。在"双碳"目标的背景下，越来越多的企业开始采用新一代信息技术实现数字循环经济，解锁多样化的绿色消费场景，如空瓶回收、绿色包裹、碳中和商品、绿色互动等。为充分调动公众参与"碳达峰""碳

---

① "慢就业"是指一些大学生毕业后既不打算马上就业也不打算继续深造，而是暂时选择游学、支教、在家陪父母或者创业考察，慢慢考虑人生道路的现象。

② 何海清，张广利. 青年考编现象中的职业想象与内卷实践研究[J]. 中国青年研究，2022（12）：84-91.

中和"的积极性，从而推动绿色理念转化为消费者的自觉行动，需要贯穿品牌、供应商、产品用户全产业链上下游的协同，打造完整的可持续发展路径，覆盖产品研发、数据沉淀和营销运营各环节。

1. 政府促进消费市场绿色转型和升级的关键举措

政府实施全面政策，推动供需双方的绿色转型。2022 年 1 月下旬，国家发展和改革委员会公布了《促进绿色消费的实施方案》。该方案提出了 29 项措施和政策，以促进关键行业和部门的绿色消费，包括食品、服装、住房、交通、日常用品、旅游、电力等多方面。其主要目标为到 2030 年，绿色消费方式成为公众自觉选择，绿色低碳产品成为市场主流，重点领域消费绿色低碳发展模式基本形成，绿色消费制度政策体系和体制机制基本健全。

2023 年，我国政府还加大了提高新能源汽车和节能电器的消费力度。例如，在 2022 年第三季度，政府第三次将新能源汽车的免税期限延长到 2023 年底[1]。对于绿色和智能家电，政府鼓励更换过时的家电，并推广"互联网 + 回收"模式。此外，我国政府还发起了一项全国性的运动，并发放了消费券，以促进家用电器的升级[2]。

2. 企业探索以数字技术为依托的绿色营销新玩法

埃森哲的统计分析显示，推进云计算替代传统的 IT 基础设施，是全社会减碳增效的重要手段。数字技术使可持续背景下的网络化、系统化、精细化运营成为可能。正如杰里米·里夫金在《零碳社会》一书中指出的，当今世界，把握数字技术革命是绿色经济得以实现的唯

---

[1] 中国政府网 . 关于延续新能源汽车免征车辆购置税政策的公告 [EB/OL].http://www.gov.cn/zhengce/zhengceku/2022–09/26/content_5712586.htm.

[2] 中国政府网 . 商务部等 13 部门关于促进绿色智能家电消费若干措施的通知 [EB/OL].http://www.gov.cn/zhengce/zhengceku/2022–08/04/content_5704274.htm.

一正途，也是高效途径。如今许多品牌通过数字化手段提升自我减碳能力，并打造绿色价值链——从空瓶回收、绿色环保包装到绿色减碳商品销售等场景，丰富用户互动玩法，增加品牌好感度。在包装绿色转型、创造循环经济领域，欧莱雅、雅诗兰黛、宝洁、爱茉莉太平洋、联合利华、资生堂等日化巨头纷纷开展数字化智能空瓶回收计划。资生堂集团携手上海秉坤在内部发起了以"瓶什么，更美"为主题的化妆品空瓶回收计划，呼吁员工与资生堂一起传递公益正能量，共同加速"减塑"进程，推动美妆产业可持续发展[1]。

除此以外，在消费者端，"高认知低参与"的绿色低碳行为困境正在被数字平台打破，通过结合智能硬件和配套软件服务，打造数字化智能化的回收流程，以商品优惠和互动体验鼓励消费者参与回收。例如，欧莱雅旗下旗舰品牌巴黎欧莱雅将低碳环保行为与品牌营销机制紧密结合，增强消费者认同感的同时成功提升产品复购率。消费者在投瓶后，AI 智能识别空瓶 SKU，获取会员使用产品的全新数据，再配合欧莱雅小程序进行智能放券/积累爱心积分，用数据驱动的方式与消费者共同实现"碳中和"目标。空瓶回收再生原材料经过重新配方，可用于制作丝巾等环保新品，打造循环再生良性闭环，以形象、可视的产品为载体，提升品牌公益价值[2]。

进一步来看，企业数字化低碳转型需要打通贯穿整个价值链的协同与合作，线上线下一体化，打造数据驱动、智慧互联的新型可持续商业形态。消费者、零售商的绿色关注对企业绿色创新具有显著促进

① 杨刚，顾嘉玲. 数字技术驱动的绿色可持续新模式 [J]. 现代营销（上旬刊），2023（01）：106-108.

② 数英 DIGITALING. ECI@ 创新案例 | 爱空瓶数字化回收解 [EB/OL]. https://www.digitaling.com/articles/916075.html.

作用，因而制造企业应充分利用不同主体的绿色关注，主动实施绿色价值嵌入战略。一方面，可以通过绿色营销、环保激励等方式提升消费者环保意识，如支付宝"蚂蚁森林""英特环保科技进社区"活动等；另一方面，通过制定绿色标准、打造绿色供应链等方式激发零售商、供应商的绿色关注，开展绿色业务合作。通过对不同主体绿色关注的有效响应，构建合作伙伴关系，进而获取绿色创新所需的知识、人员、资源，实现绿色创新效益最大化[①]。例如，欧莱雅集团于 2022 年牵头成立 EcoBeautyScore 联盟（旨在建立一个行业通用的化妆品对环境影响的测量和评分系统），目的是联合行业上下游携手共进，从生产端到消费端，全链条推动可持续化目标实现，体现社会责任感。

3. 年轻消费者掌握着中国绿色消费市场的关键

碳足迹、碳中和等环保热词的频频出圈，折射出公众对环境保护和绿色消费的日益关注与重视，绿色消费主义在社会上越发流行。事实上，有机和低碳生活方式消费在中国迅速扩张。根据《南方周刊》和新零售智库进行的一项研究，超过 60% 的受访者知道"绿色消费"。消费者积极参与各种与绿色消费相关的宣传活动，超过 40% 的受访者表示，他们通过在购物中心举办的宣传活动回收了空的化妆品容器。而伴随十余年低碳宣传成长起来的 90 后、00 后，已然形成较强的环保意识和低碳生活观念，对"绿色消费"的认知明显高于其他年龄段，00 后和 90 后比例分别达 79% 和 70%。[②]

---

① 吴卫红，刘金金，张爱美，等 . 绿色关注与企业绿色创新：高质量发展导向下数字商业模式场景研究科技进步与对策 [DB/OL]. http://kns.cnki.net/kcms/detail/42.1224. G3.20230117.1439.002.html.
② 澎湃新闻 . 首份《商场绿色消费报告》发布：超六成消费者参与过绿色实践 [EB/OL]. https://www.thepaper.cn/newsDetail_forward_12820810.

移动互联网时代，社交媒体成为最重要的信息渠道，七成消费者通过微博、微信公众号等社交媒体平台获取绿色消费的相关资讯。更容易触及社交媒体资源、更快捷获取绿色资讯的群体，对推出空瓶回收、无纸化小票、蚂蚁森林绿色能量兑换等绿色消费活动的"绿色商场"的认知也相对更高，52%的00后和50%的一线城市居民知道"绿色商场"。社交媒体、商场资讯和商场活动是消费者接受绿色信息的三大途径。而随着受教育程度的加强，00后比他们的父辈/母辈对绿色消费的认知更深，其中有四成00后参与过商场的空瓶回收活动。

可见，年轻的消费者通常更关心社会的美好，他们更愿意改变自己的消费习惯以保护环境。在做出消费决策时，他们更有可能考虑这些品牌的可持续发展努力，并为绿色产品支付溢价。如何通过线上线下相结合的方式开展公益宣传，提升消费者认知与好感度，营造绿色消费良好社会氛围，是企业亟须思考的问题。

4.商贸物流数字化和绿色发展有助于升级工业和供应链

近年来，我国物流企业已开始拥抱以数字化和绿色转型为主的智能物流。技术驱动的物流解决方案不仅提高了整个物流行业的服务质量和效率，而且支持了中国现代流通体系的建立。通过数字化和数字化智能开发智能物流解决方案，也有助于加速工业和供应链的转型和升级，因为物流与制造、商业和贸易活动深度集成。而可持续性是物流部门长期发展的关键。通过所有利益相关者的合作，人们对绿色发展的意识逐渐提高。

为鼓励物流行业的绿色转型，国家发展改革委、商务部、国家邮政局联合发布通知，决定组织开展可循环快递包装规模化应用试点。试点时间为2022年1月至2023年12月，旨在探索形成一批可复制、可推广、可持续的可循环快递包装规模化应用模式。①

　　与此同时，越来越多的物流企业关注低碳、节能、减排，已经开始探索绿色物流的新解决方案，包括快递绿色包装、可降解包装袋和可回收包装盒、无纸化运输、减少二次包装、在陆地运输中使用新能源汽车和在航空运输中使用可持续航空燃料。例如，在 2022 年的"双十一"期间，参与绿色物流的消费者人次同比增加 5%，快递从业人员同比增加 30%，整个"双十一"周期的快递包装回收量也将达到 600万个，同比增长 50%。②伊利、联合利华和其他品牌也发起了一项在"双十一"期间减少每包碳排放 50 克的运动。此外，2023 年，中国商会、浙江省政府、商务部贸易发展局和其他单位将共同在温州举办"全球数字物流和绿色供应链博览会"，探索数字授权、绿色发展和物流产业协作。③

　　绿色转型是物流行业的漫长历程。物流企业在这一过程中面临着巨大的挑战和困难，如高初始投资和长回报期，然而探索绿色物流的新解决方案为大势所趋，中国的物流部门应该进一步探索技术和商业模式的创新，以减少浪费和碳排放。此外，行业应加大绿色快递的宣传，推动供应链利益相关者共同推动可持续低碳发展。④

① 国家发展和改革委员会 . 关于组织开展可循环快递包装规模化应用试点的通知 [EB/OL].https://www.ndrc.gov.cn/xxgk/zcfb/tz/202112/t20211208_1307084.html.
② 艾瑞网 . 菜鸟发布《天猫双十一绿色物流报告》：多项绿色指标增长，绿色参与量创下新高 [EB/OL].https://news.iresearch.cn/yx/2022/11/453230.shtml.
③ 天极网 .2022 全球数字物流与绿色供应链大会成功举办 [EB/OL].https://cio.yesky.com/291/2147435791.sht.
④ 洞见研报 . 2023 年中国商业十大热点展望 [EB/OL]. https://www.djyanbao.com/preview/3446723.

（二）媒介环境特征

近年来，大数据、云计算、人工智能、区块链、5G+ 等数字技术快速迭代、产业转化、扩散融合，人类文明正在经历一场深刻的数智化变迁。数字智能时代是社会的媒介化进程不断加剧的过程，未来传播和媒介的主阵地不是资讯内容的采集、加工、制作、传播、分享，而更大程度上是实现数字文明时代的社会构建和社会运作[①]。在数智技术的巨大赋能效应下，人与人、人与物、人与智能体以及智能体之间的连接不断加强，商业模式"从连接服务向内容服务转变"。[②]伴随着 2022 年底 ChatGPT 的火热，人工智能生成内容（AIGC）迅速出圈。相较于专业生产内容（Professionally-Generated Content, PGC）和用户生产内容（User-Generated Content, UGC），AIGC 不仅有更高的产出效率、更稳定的内容质量、更低的产出成本，其内容的可拓展性也将更强。

AIGC 的流行正是由于在数智融合的环境中，数字化内容的数量级和丰富度都大幅度增长，在内容方供需平衡的深度驱动下 AI 的创作能力得到了质的突破。由原来的限定式、模板化、特定范围的模仿改进升级为智能化、灵活性、多源多模态的内容生成，[③]具有明显的技术优势。可以预见，随着生成式 AI 的崛起，各个领域将加速进入虚实融生的下一代互联网世界。

---

① 喻国明 . 生成式人工智能浪潮下的传播革命与媒介生态——从 ChatGPT 到全面智能化时代的未来 [EB/OL]. https://www2.scut.edu.cn/communication/2023/0411/c13852a497158/page.htm.

② 马红兵，李福昌，张忠皓，等 . 6G 网络主要驱动力分析 [J]. 邮电设计技术，2021（12）：1-5.

③ 詹希旎，李白杨，孙建军 . 数智融合环境下 AIGC 的场景化应用与发展机遇 [J]. 图书情报知识，2023（01）：55，75-85.

1. AIGC 赋能企业智能化商业场景

在消费者经济和体验经济的双重驱动下，AIGC 颠覆了传统的内容生产模式，开拓了内容创造的可能性，在商业场景中发展较为亮眼的是电商直播和虚拟偶像。

（1）AIGC+ 电商直播

随着消费市场内容的富集涌现，用户不再局限于简单的感官刺激和消费快感，而是转向带有更多附加元素、情感价值和交互体验的内容市场。AIGC 助力下电商行业中的"人、货、场"叠加广告营销，有望迎来全面升级。

"人"——直播带货：① AIGC 助力直播内容切片的智能生成和实时宣发，引流直播间，优化直播带货效果。②虚拟主播以其贴近年轻人喜好的形象优势、24 小时不间断的时长优势与基于品牌方数据的内容优势助力平台降本增效，促进 GMV（商品交易总额）增长，如京东言犀虚拟主播基于 10 余年智能对话经验与多模态交互技术积淀，成为品牌商们的新晋选择，已实现直播成本降低 95%，平均 GMV 提升 30% 以上，每日带来数百万 GMV 增加。[①]同时，虚拟主播能有效解决由于语言的差异导致的交流障碍，如小冰公司开发的虚拟主播以相同的形象嵌入不同的语言种类，实现多语言的跨境直播。③ AIGC 助力客服系统升级，提高客服响应效率与质量，节约人工成本同时进一步助力商家实现精准客户管理。

"货"——虚拟货场：① AIGC 助力一键实现消费洞察，整合产品趋势提供智能化选品方案。如天猫 TMIC 平台发布新品研发工具 AICI

---

① 中国经济网. 平均 GMV 提升 30+% 京东云言犀虚拟主播激发零售品牌增长新动能 [EB/OL]. http://finance1.ce.cn/stock/gsgdbd/202302/20/t20230220_38403225.shtml.

（AI Create Ideas），通过基于天猫数据形成的消费洞察，分析消费者购买产品的决策因子，锁定市场中更受欢迎的产品要素，以及结合细分赛道增长情况的分析，为品牌商家在销售选品方面提出智能化建议。② AIGC 有助于低成本搭建虚拟商店，扩展购物场景，让顾客足不出户享受沉浸式逛街。天猫 2022 年"双十一"期间推出了虚拟街区功能，用户可以通过手机进入虚拟街区体验逛街、购物、看展、户外旅游等活动；虚拟街区的商品全部支持 3D 展示，同时消费者可进行 AR 试戴。在 AIGC 的助力下，实现虚拟货场将会变得更加简单，虚拟货场有望成为下一个品牌销售阵地。

"场"——物流履约：① AIGC 助力提升智慧仓储能力，实现智能分拣，打造智慧仓库。电商的发展对物流行业提出了更高的要求，传统的仓储与分拣方式主要依靠人工，产生效率低下、管理难度大等问题，甚至存在一些安全隐患。在仓储体系中接入 AI，一方面实现了仓库空间智能化管理，最大化存储能力；另一方面实现了自动化分拣与仓内运输，节约了人力成本，减少了安全隐患。② AIGC 助力物流配送，实现配送路线优化，订单智能分配。由于订单数量多，目的地繁杂，仅依靠人工规划路径难度大、效率低。外卖、小时达等即时配送业务的发展进一步对配送的时效性和效率提出了要求。AI 接入配送系统后，不仅可以精准优化路线，还能提高物流人员的工作效率，减少长时间低效工作。达达快送作为以即时业务为主的企业，基于 AI 算法和苍穹大数据进行智能化订单分发，精准定位楼栋位置，提高骑手响应效率。①

---

① 国海证券 .2023 年 AIGC+ 电商行业专题报告 [EB/OL]. https://mp.weixin.qq.com/s/Ll368KgZg55MPow0jzloVg.

（2）AIGC+虚拟偶像

粉丝经济为AIGC时代的泛娱乐产业提供了新的契机，虚拟偶像、虚拟宣传人等形象的涌现，使得虚拟数字人产业的商业价值不断释放。虚拟偶像作为在AIGC和IP价值的支持下独立进行偶像活动的虚拟人，拥有独特的风格设定和内容产出。[①]当传统意义上的偶像还在人设真假的博弈之间辗转反侧时，虚拟人本身就是一个经过精心包装而形成的"人设"。虚拟人的人设不仅包含"人"的形象，具有相对稳定、有辨识度的性格和行为特征，更要有与观众互动交流的能力，各大社交媒体成为他们最佳的舞台。调查显示，语音合成软件VOCALOID系列制作的女性虚拟歌手洛天依，创壹科技团队创造的集科技、古风、魔幻创意于一体的现象级AI博主"柳夜熙"，虚拟偶像女团A-SOUL成员之一的哔哩哔哩平台博主嘉然分别位列"2022年上半年中国虚拟人百强榜"前三名。在对于虚拟偶像的认知层面，年轻用户对虚拟偶像的了解程度较高，超过半数的虚拟偶像爱好者会通过评论虚拟偶像官方账号的方式来支持虚拟偶像。在对于虚拟偶像的前景期待方面，"虚拟主播将替代某些领域的真人主播""真人主播和虚拟主播共存"两观点的支持者比例均近一半。总结来看，大众对虚拟主播的认可度和接受度在不断提高，随着消费群体的需求多样化，未来虚拟主播的应用将更加广泛。[②]

2. AIGC提质增效中的价值共创

AIGC可以代替人类完成素材收集、大体量学习、归纳分类等基础

① 詹希旎，李白杨，孙建军. 数智融合环境下AIGC的场景化应用与发展机遇[J]. 图书情报知识，2023（01）：55，75-85.
② 艾媒咨询.2022—2023年中国虚拟人行业深度研究及投资价值分析报告[EB/OL].https://mp.weixin.qq.com/s/N-oNSY1p1mgF8c1XTEp3Kg.

阶段的重复性劳动，在新技术的尝试、渗透和应用的基础上开拓新的业务内容，借助 AI 技术的强大动能和 AIGC 的创新能力来提高整体内容的生成质量，压缩内容创新的时间和成本，解决具体业务场景下存在的痛点、断点和难点。同时在存量市场价值保留的基础上拓展增量市场的内容创收和价值变现，最终实现价值共创。

（1）面向 toB 领域业务场景的应用价值

AIGC 技术帮助企业突破已有的信息壁垒和资源边界，同时引发了企业价值创造方式和商业模式的深刻变革。[①] 在 toB 领域应用场景中，数据是应用产品的核心竞争壁垒。基于 AIGC 技术的合成数据（Synthetic Data）助力 toB 企业破解 AI "深水区"的数据难题，持续拓展产业互联网应用空间。在企业日常运营中，互动式人工智能助手基于海量核心垂类数据，能够进行文档生成、数据分析、在线问答、创意生成等工作，并且具备与使用自然语言进行需求表达的营销人员对接的能力，进一步辅助分析、建立目标客户群体，从而释放员工生产力。在 AI 重塑企业级应用，可能大幅降低现有应用门槛的大背景下，数据是不会被颠覆的核心壁垒，掌握数据与数据入口的企业能够最大化被 AI 赋能。[②]

AIGC 与不同产业领域的多维互动、融合渗透孕育出新业态新模式，也推动了数字化程度高、内容需求丰富的互联网营销行业的发展。当前，AI 技术已经在投放、制作等领域得到了一定的应用。围绕投放效率、内容定制化和流量转化，多家广告公司都自主研发出了面向不同媒体平台的数字化工具，在解放工作效率、提升人效比的同时，进一步促进创意内容和投放优化的协同作业，从而高效选出最优的创意素

---

① 袁园，杨永忠. 走向元宇宙：一种新型数字经济的机理与逻辑 [J]. 深圳大学学报（人文社会科学版），2022（01）：84-94.

② 胡晓萌. AIGC 技术和产业生态迎来发展快车道 [J]. 数字经济，2023（03）：40-45.

材，为行业带来更加创新的解决方案。如今的技术投入的重点为如何实现生产端到消费端价值链各环节的整体优化与重构，涉及如何实现多平台技术逻辑统一与数据共通的问题。其中，营销公司的核心价值得以彰显，即通过与不同平台合作，积累海量数据，从而细化 AI 对于特定需求内容判断的颗粒度，优化生产的精准度，并且连接和优化社会生产、流通、服务的各个环节，降低成本并提高效率。

对于营销公司来说，不断扩大的应用场景同时意味着新的市场机遇——多渠道、多场景使用 AI 技术并赋能客户。面对全新的潮流，产业链上拥有更多技术能力、跨平台应用经验的公司，将有机会把营销服务拓展至人们数字生活的方方面面。在此背景下，营销公司应具备提前布局产业链上下游的前瞻思维，打通从品牌到消费者端完整的营销链路。一方面，需要将创意服务进一步延伸到策略咨询服务，以高质量服务体系、内容规划赋能效果类客户；另一方面，应不断强化媒体服务和流量转化能力，与有流量机会的媒体平台快速开展合作并且做到一定的规模，以更好地捕捉细分领域的变化。总结来看，AI 技术无疑可以加速"端到端"打通的进程，为营销公司带来更高的能力上限和竞争壁垒。[①]

（2）面向 toC 领域消费场景的内容价值

在 toC 领域 AIGC 主要面向可覆盖的消费者和潜在人群，时代红利和创作风口为消费市场带来了广泛的内容生态，尤其对于"Z 世代"和"α 世代"这类互联网的原住民而言，他们将逐步成长为未来消费市场的主导力量。新生代群体长期生活在数智融合的环境中，受智能设

---

① 第一财经. AIGC 时代到来，营销行业将迎来哪些变革和机遇？[EB/OL]. https://www.yicai.com/news/101700331.html.

备和产品的影响较大，其高层次的内心需求、多元化的突出个性以及对新鲜事物的求知欲，使得他们对于虚拟世界有天然的接受能力，因此能够快速接受新鲜事物，更愿意在虚拟世界找寻圈层共鸣，更注重"悦己"准则下的情感式消费体验，也更可能为内容质量、文化情怀和精神满足而付费，同时也拥有着较强的创作能力和创新意愿。[①] 以文博行业为例，党的十八大以来，这一行业积极响应习近平总书记关于"让文物活起来"的重要指示精神，这个原来"最小众"的冷门行业，已经完成了文物的数字化收藏、数字化展示、数字化直播，以及藏品和衍生品的数字化再生产和再流通等整体性的数字化实践，一跃成为"文化动能"最为强势、最为热门的行业。[②] AIGC 助力国潮元素、小众风潮、多人游戏和盲盒经济等内容的跨界融合，通过虚实融合的沉浸式体验、感官丰富的用户获得、创意刺激的内容设计吸引了大批消费者驻足，由此催生了内容庞大的消费市场。

AIGC 时代海量优质内容的背后是为创作者提供简单高效的数字创意软件、潮流时尚的创意资源和丰富多元的生态化服务。文字生成视频、文字生成图像、视频 AR、虚拟人等新技术，不断夯实数字创意软件产品生态体系，赋能创作者更智能、更酷炫、更高效地进行创意表达。[③] 为进一步实现"纯享内容"到"消费内容"的转化，互联网企业应思考如何在短视频内容同质化背景下进行内容创新与情感传达，探

---

① Lyngdoh T,El-Manstrly D,Jeesha K. Social Isolation and Social Anxiety as Drivers of Generation Z's Willingness to Share Personal Information on Social Media[J]. Psychology and Marketing, 2022（1）: 5-26.

② 王育济、李萌. 数字赋能中华优秀传统文化"两创"的产消机制研究 [J/OL]. 山东大学学报 (哲学社会科学版), 2023（03）:41-50.https://doi.org/10.19836/j.cnki.37-1100/c.2023.03.005.

③ 艾媒咨询. 2023 年中国 AIGC 行业发展研究报告 [EB/OL]. https://mp.weixin.qq.com/s/gdBws3v2065OG4fxXuDMvA.

索更高效、精准的营销方式。在短视频出海方面，传统的实拍模式需大量人工进行视频创作，存在外籍演员难找、多语言难适配、制作周期长、成本居高不下等明显痛点。如今随着 AIGC 技术的升级，这些痛点逐渐被解决，出海短视频创作效率升级将为整个行业带来颠覆式创新。同时，中国企业也可以借鉴国内中华优秀传统文化引领中国新一代消费潮流的成功经验，将中国传统文化元素融入产品或服务，借助 AIGC 带来的数字技术优势，在出海"浪潮"下，打造一种超出实体的、观念层面上的中国文化符号生产和消费潮流。

（三）外部环境特征

大变局下，中华文化的国际传播建设正受意识形态环境与媒介技术演进双重影响，环境的不稳定性大大增加。当下的国际传播中，国际传播影响力、中华文化感召力、中国形象亲和力、中国话语说服力和国际舆论引导力建设已经不能仅仅依靠信息的规模化展演来实现，而更多地要从简单化、标准化的信息传受演进到个性化、精准化的认知争夺[①]。在清晰认知复杂国际形势的基础上，借助以 ChatGPT 为代表的新一代人工智能工具，强化平台话语权和数据话语权意识，在更大范围实现国际传播内容资源的引导、富集、加工、解析和传播，从而获得与之对应的强大现实传播优势和深层影响能力，进一步促进中国品牌成长。

1. 新一轮震荡国际局势下的中国文化对外传播

逆全球化主义思潮抬头，民粹主义、单边主义、保护主义盛行，各方对乌克兰危机的不同态度进一步显示出其背后的价值观割裂和冲

---

① 胡正荣，于成龙. 新一代人工智能与国际传播战略升维 [J]. 对外传播，2023（04）：4-8.

突，这可能使国外的民众对中国文化及其产品产生先入为主的负面印象 ①。中美经济摩擦和乌克兰危机的持续造成了全球经济增长格局呈现高通胀、高利率、高债务、低增长，各国央行收紧货币政策遏制通胀，又给负债的公司、家庭和个人造成更大压力 ②，造成外国民众的消费需求疲软，他们对中国特色文化产品的需求可能进一步降低。除了政治冲突与经济摩擦之外，国家之间的科技恶意竞争也给对外传播造成了一定阻碍。近期，美国通过听证会打压 TikTok，指控其侵犯美国隐私数据。这实质上是对中国互联网企业的政治迫害的表现之一，如若失去 TikTok 这一自由传播渠道，中国的跨文化传播影响力必然进一步受限。③ 在此情境下，加强国际传播效能，构建和提升中国国家形象，是中国参与全球治理、推动构建人类命运共同体、实现中华民族伟大复兴的必然要求和必由之路。④

从我国外交局势来看，2022 年的中国外交在外部多重危机叠加的情况下取得了积极成绩，妥善地应对了俄乌冲突的冲击，并游刃有余地拓展了"中间地带"。⑤ 现步入全面贯彻党的二十大精神的开局之年，自 2023 年初起，中外交往有序恢复，中国迎来新一轮主场外交热潮，外交按下"加速键"，开启中国发展同世界发展相互交融、相互成就的

① 吴志成. 新的动荡变革期全球治理发展的重要特征 [J]. 现代国际关系，2023（01）：5-13.
② 陈昌凤，石泽. 技术与价值的理性交往：人工智能时代信息传播——算法推荐中工具理性与价值理性的思考 [J]. 新闻战线，2017（17）：71-74.
③ 匡文波，张晓妍，匡岳. 变局中的中华文化国际传播及其数字化路径分析 [J]. 对外传播，2023（04）：62-65.
④ 王莉丽. 打好国际传播这场思想之战 [EB/OL].http://www.china.com.cn/opinion/think/2023-05/12/content_85291411.shtml.
⑤ 林民旺. 世局 2023 | 中国外交将继续敢于斗争、善于斗争、知难而进 [EB/OL].https://www.thepaper.cn/newsDetail_forward_21481612.

新征程。中国外交将以元首外交为引领，为实现高质量发展争取更有利外部条件、为建设新型国际关系贡献中国方案和中国力量、推动世界经济更加开放包容、坚定捍卫国家利益和民族尊严、坚定捍卫国际公平正义、积极推动全球治理体系更加公正合理。① 在此情境下，我们应考虑如何"加强国际传播能力建设，全面提升国际传播效能，形成同我国综合国力和国际地位相匹配的国际话语权"。②

在当前的外交格局下，如何开展有效的对外交往，增加外界对华好感是国家、企业、个人有待思考的迫切议题。中国外文局美洲传播中心副总编辑刘云云结合国际传播工作的实践经验，将国际交流分为两个层面，进而建议道：在同发达国家打交道时，我们既要不卑不亢，还需风趣幽默地表达观点；而在和发展中国家交往时，则应以一种平等的姿态去沟通，"交流总比不交流好。相信随着人文交流的重启，外界对华误解将逐渐越少"。

值得关注的是，在 2023 年 3 月 30 日博鳌亚洲论坛的开幕式上，国务院总理李强出席开幕式并发表主旨演讲，其反复提及的"确定性"一词在很大程度上强化了外界对中国的信心。李强指出，人类命运共同体理念成为推动世界持久和平、共同繁荣确定性力量的源泉。在不确定的世界中，中国的确定性是维护世界和平与发展的中流砥柱；中国式现代化的稳步推进，将为世界经济注入确定性。③ 在此背景下，中国企业应结合国内经济社会发展实际，进一步深入分析全球价值链重

---

① 黄钰钦.外交蓝皮书：2023 年国际形势将围绕安全与发展两大主线深入展开 [EB/OL].http://www.chinanews.com.cn/gn/2023/03-30/9981513.shtml.

② 人民网.全面提升国际传播效能 [EB/OL].http://world.people.com.cn/n1/2022/1228/c1002-32594940.html.

③ 王露.中国迎来新一轮外交热潮，有效沟通、增信释疑是关键 [EB/OL].https://www.thepaper.cn/newsDetail_forward_22525668.

构的趋势，探索在新时代实现高水平对外传播、借助互联网对外营销的有效路径。

2. 人机交互的智能化国际传播新挑战与新路径

随着人工智能技术的发展与应用，社交机器人、算法、深度伪造等技术逐渐成为国际传播的重要手段，从传播主体、渠道、内容、环境等方面重构着当今的国际传播格局。在社交媒体平台中，社交机器人一般会扮演信息把关人、虚拟对话者、民意分析与预测者、协商对话平台搭建者等角色，作为平台中的独立主体在重塑社交生态中发挥积极作用。[①] 随着中国日益走近世界舞台中央，我们面临越来越严峻的国际舆论挑战，其背后不乏社交机器人在推特等国外社交媒体平台中对涉华议题的建构[②]，比如在涉华新冠病毒议题方面，社交机器人成为煽动性话题扩散和负面信息操纵的重要推手。[③] 程序设计者的主观意图控制着社交机器人的行为，社交机器人对国际传播舆论场的影响往往通过议程设置、价值嵌入、情绪感染、"贴标签"、制造话题等实现。

自主可控的传播平台建设是国际传播中必要的基础设施支撑。新时期国际传播的博弈中，要落实习近平总书记在二十届中央政治局第三次集体学习时强调的"要强化国家战略科技力量，有组织推进战略导向的体系化基础研究、前沿导向的探索性基础研究、市场导向的应用性基础研究"[④] 的要求，以基础研究夯实科技自立自强根基，以新型

---

① 郭小安，赵海明. 作为"政治腹语"的社交机器人：角色的两面性及其超越 [J]. 现代传播（中国传媒大学学报），2022（02）：122-131.

② 王莉丽. 打好国际传播这场思想之战 [EB/OL].http://www.china.com.cn/opinion/think/2023-05/12/content_85291411.shtml.

③ 韩娜，孙颖. 国家安全视域下社交机器人涉华议题操纵行为探析 [J]. 现代传播（中国传媒大学学报），2022（08）：40-49.

④ 人民日报. 切实加强基础研究 夯实科技自立自强根基 [EB/OL].http://paper.people.com.cn/rmrb/html/2023-02/23/nw.D110000renmrb_20230223_1-01.htm.

举国体制的优势破解国际传播基础设施建设的制约性难题。

算法成为当下全球性平台的基础技术架构，辅助实现智能化的内容生产与分发，成为国际传播的新要素和新动力。算法的内在逻辑鼓励创作者的情感表达，让情绪化的信息在国际传播中搭起情感连接的桥梁。需要注意的是，虽然算法在国际传播实践中具有精准化、场景化、个性化等性能优势，但算法在满足信息需求的同时也带来把关缺位、话语权流失、算法黑箱、信息茧房等问题。因此，如何规制算法应用、驯化算法程序、科学评估算法效果理应成为国际传播中要考虑的关键性技术问题。

3. 共生思维引导与协同资源调配下的国际传播生态

传播学家施拉姆曾预言，计算机袭入传播生态的最后阶段，计算机不再是机器而成为一个物种。[①] 以 ChatGPT 为代表的人工智能正在试图验算这个预言。在不断的算法优化和策略调整中，ChatGPT 实现了传播主体和传播技术这两个彼此异质的实体在人机传播的相互嵌入、互补同构。通过人的身体的技术化在场，人与人之间数据、知识、思想、价值观等被 ChatGPT 以计算的方式连接起来，并在对人的意向性的自然语义理解与加工中，形成一种人机共生、共同演进的关系。而对这种共生关系的假设将建立在人工智能的透明性、道德性和算法可审计、可解释的基础之上。[②]

在人机共生基础之上，跨平台的共生和转文化的共生显得更为复杂而重要。类似于反技术主义对人工智能的质疑、拒斥甚至敌对，当

① Dadant C P . The Story of Human Communication: Cave Painting to Microchip[J]. Telematics and Informatics,1988(2):142–143.
② 胡正荣，于成龙 . 新一代人工智能与国际传播战略升维 [J]. 对外传播，2023（04）：4–8.

下中国提出和构建的话语和叙事长期在国际传播中遭受欧美国家的歧视性对抗。加之逆全球化的全球传播生态变化，在作为复杂系统工程的中国国际传播体系的构建过程中，"系统协同将被视为国际传播能力的基础逻辑"。[①] 在以效能提升为导向的国际传播实践中，共生思维的导入将更加注重系统性和整体性，更加注重国家传播能力的顶层性战略布局和协同性资源调配。在多元化的传播主体力量动员中，尤其要注重人工智能技术的导入：不仅要建好用好特色突出、自主可控、影响广泛的海外传播载体，还要借助脸书、推特等海外社交媒体平台、海外知名传统媒体的传播优势放大声量，更要凭借技术优势丰富不同语言、不同文化语境中的传播语料和故事供给，以多元力量的共建共享促进共生共治格局的建构。

"国之交在于民相亲，民相亲在于心相通。"在仍以英语为主要语言的国际传播生态中，新一代人工智能技术的支撑，在变革传播渠道的同时，可以在认知共识、兴趣耦合、社会认可、文化认同等多方面为构建跨国良好关系积累正向效果，有效提升跨文化传播、转文化传播的效能。

在系统性共生思维的观照下，国际传播在微观上将更加关注以人为主体、以交往为本位的"交往性传播"[②] 和以人为本位的个性化传播。从宏大叙事的全力铺陈到个体命运的全景关注，我国的国际传播近年来在挖掘并尊重个体化传播力量方面渐次发力，在全球化共同、共鸣和共情特质的找寻中获取了更多的话语空间。

---

① 胡正荣，王天瑞. 系统协同：中国国际传播能力建设的基础逻辑 [J]. 新闻大学，2022（05）：1–16，117.
② 李智，雷跃捷. 从国际话语权视角构建和传播中国式现代化话语体系 [J]. 对外传播，2022（12）：36–40.

基于发展的语境，人机交互的赋能，使得个人化传播主体和人际传播、社交传播能够在提高传播的共情力方面有更为经济的成本和更为宽宏的领域。共生思维在国际传播的作用中，将更加聚焦于人工智能长于发挥作用的精准传播，以新思维、新方法讲好中国故事，开展个性化、精准化、情景化的传播，真正推动国际传播的"一国一策""一群一策"①，有助于通过矩阵化、立体化、多元化的互动打破国际传播中的隔膜与缩短距离，真正实践我国基于人类共同价值构建人类命运共同体的国际传播价值观里所蕴含的共生思维，为冲突加剧背景下的国际传播找寻新的路向。

三、消费文化

消费文化部分重点关注当前与互联网消费有关的流行文化现象及其背后的社会心理。较社会人口结构和社会阶段性特征而言，消费文化的面向则更加微观，对消费群体和消费文化的洞悉有助于互联网营销行业把握当下流行的消费趋势，也有助于更好地制定具体的营销策略，提升营销效果。该部分首先对消费群体的行为特征做出基本的描述，在此基础上总结出一些主要的消费趋势，最后再具体到某些典型的消费文化中加以分析。

（一）消费群体及其基本特征

1. Z 世代消费：圈层创生，个性悦己

互联网消费群体中，大多数人是数字原生代，他们在数字技术的

---

① 胡正荣. 新时代中国国际话语权建构的现状与进路 [J]. 人民论坛，2022（03）：119–122.

环境中成长，对数字设备、互联网和社交媒体等有着深入的了解和使用经验，他们随着独立意识的增强，也逐渐占据家庭话语中心，在消费环境中也具有重要地位以及带头作用①。"十四五"规划提出，要顺应居民消费升级趋势，培育新型消费。新消费的发展离不开 Z 世代消费者队伍的壮大，数据显示，2021 年我国 Z 世代已达 2.6 亿人，撑起了4 万亿元的消费市场②。在这股新消费浪潮背后，更不容忽视的是新消费文化对 Z 世代价值观和行为方式的改变。

新消费之"新"，集中体现在品质品牌导向、智能智慧趋势、线上线下融合等方面。在此背景下，新消费不仅随着直播带货、门店到家、社区团购、无接触式配送等新场景日益普及，更通过电竞、国风、潮玩、剧本杀等扩充了 Z 世代的"购物车"。Z 世代始终是初代的"网生代""屏生代"，也是新一代消费者的主力人群。与 Z 世代共生的新消费文化，更成为近年来商业机构和学者共同关注的焦点。第一财经商业数据中心发布的《2020 Z 世代消费态度洞察报告》③提出：由 Z 世代主导的新消费文化呈现出垂直、多元、个性化的圈层特征。《数实共生：未来经济白皮书 2022》也指出：以 Z 世代为主的新消费文化具有圈层化、个性化、重颜值、强社交等属性④。

---

① 极光调研 . 当代年轻人的"快乐秘籍"——Z 时代营销攻略 [EB/OL]. https://mp. weixin.qq.com/s/-ETE1z4Vf4vsrw8NLPY0sQ.

② 朱奕奕 . 中国 Z 世代人口规模约 2.64 亿人，所贡献消费规模占 40%[EB/OL]. https:// www.thepaper.cn/newsDetail_forward_20548074.

③ 第一财经商业数据中心 .2020 Z 世代消费态度洞察报告 [EB/OL].https://www.xdyanbao. com/doc/ft5ufaif8d?bd_vid=11362221994911029342.

④ 同花顺财经 . 数实共生：未来经济白皮书 2022[EB/OL]. http://field.10jqka.com.cn/ 20230116/c644299080.shtml.

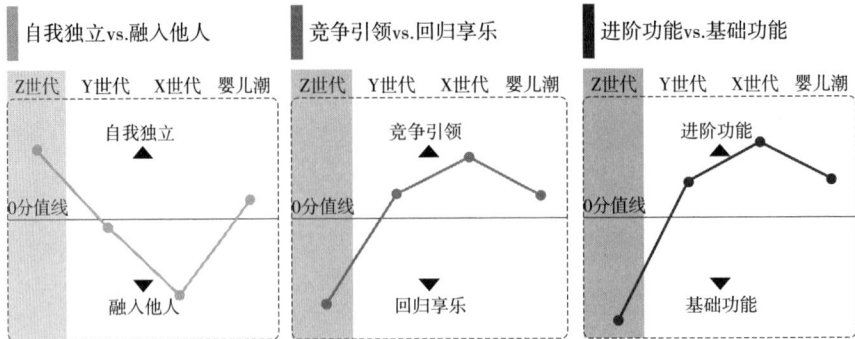

图 3-6 Z 世代消费需求特征

数据来源：同花顺财经《数实共生：未来经济白皮书 2022》

Z 世代消费理念中蕴含着身份认同、圈层共享、现实焦虑、消费话语、价值追求等亚文化意义。作为内容生产主力的 Z 世代活跃于各大"种草"平台，他们不仅关心产品"好不好用"，更看重消费"好不好玩"。Z 世代不再把符号视为外在的、被动赋予自我的身份，而是主动深挖平台环境下符号的可体验性、可掌控性、可转化性，并从中获取分享型愉悦、创意型独立、变现型收益。

现阶段，消费从强调"性价比"转向重视"兴价比"，"兴趣市场"代替"兴趣共享"跃升为新消费文化中的集体共识。新圈层是强化这一共识的组织基础。消费新圈层不能简单套用后共同体化（post communization）或部落化（tribalization）的概念来解释，因为它包括了圈子和层级两个密不可分的维度。一是水平层面的兴趣"圈"，即 Z 世代消费者通过摆脱原有的阶层束缚，依据兴趣爱好而结成的集群。二是垂直层面的分化"层"，即在生产和消费变得模糊的同时，圈内消费者的地位分级却显得越发明晰。更为确切地讲，在由平台、意见领袖、普通消费者共同构成的网络中，兴趣市场的共识正被"情感 + 利益"

的圈层逻辑放大。

总的来说，Z 世代消费特征整体呈现出圈层创生、个性悦己的特征。《2023 中国未来消费者报告》的研究显示，当前 Z 世代的观念态度有以下特征：1）更加个性化与独立；2）对成功的定义更加多元化；3）文化上更加自信。消费需求上则呈现出回归享乐、自我独立和对实用性的追求。自我独立的 Z 世代，以强大的文化自信为后盾，积极探索自己的志趣所在，使众多的亚文化圈层得以新生和壮大。他们在个人形象、生活方式、商品设计的美学偏好上，比其他世代更具先锋个性[①]。

2. 母婴经济：消费主体的升级与育儿观念转变

随着生活水平的提高，人们对于母婴群体多方面的消费需求不断增加，刺激着母婴产业链不断发展扩大。母婴市场作为当下为数不多的万亿级市场，在促进市场消费、经济增长等方面具有不可替代的作用。目前，母婴行业覆盖孕育前的辅助生殖到产后的婴幼儿早教，涵盖衣食住行多方面。随着三孩政策的落地以及一些生育的配套措施发布，母婴行业市场规模有望持续攀升，预计到 2024 年市场规模将增至75460 亿元[②]。

年轻一代的中国女性群体已经逐步进入备孕 / 怀孕年龄段，新生代奶爸宝妈们对母婴产品的品质消费要求不断提高，科学育儿成为主流，母婴专业化、高端化市场将迎来增长契机，母婴市场可发展的领域还有很多。

从产业链角度，国内母婴行业产业链自上而下可分为三个部分：

---

① BCG 消费者洞察智库 . 2023 中国未来消费者报告 [EB/OL]. https://mp.weixin.qq.com/s/dnXOozcax-ImlSA9NSEexg.

② 艾媒咨询 . 2021 年中国母婴产业链研究及投资价值分析报告 [EB/OL]. https://report.iimedia.cn/repo12-0/39440.html?acPlatCode=xq&acFrom=gh39440.

1）上游商品端，即对应母婴商品消费的品牌供应商；2）中游服务商及周转渠道，即对应母婴服务消费的服务商以及商品消费的经销商及终端渠道；3）下游消费者，即商品及服务的付费者。商品及渠道端互为补充，其产业链利润分配因功能及议价权而异。

消费市场整体升级，带动母婴市场发展。同时伴随着年轻一代父母的到来，科学育儿与品质育儿成为母婴消费者的共识，他们会更加注重母婴消费的品质。消费主体的升级和育儿观念转变，将成为婴幼儿消费品行业长期增长的基石。

中国庞大的人口基数和消费升级趋势奠定了母婴消费市场的增长基础，而随着人口增长红利的消失，加上年轻一代的中国女性群体已经逐步进入备孕／怀孕年龄段，消费升级逐渐发展成为母婴市场增长的主要驱动力。母婴消费升级不仅体现在产品细分化、多元化，还体现在产品的品质化、高端化。未来，母婴产品细分领域的挖掘，产品品质的升级都将孕育新的发展机会，母婴赛道前景广阔。

3. "她经济"：消费边界不断拓宽

女性消费者一直都是消费市场的主宰，在消费欲望、敏锐触角和信息分享等方面具有更强的优势，为消费提供更多的新奇玩法与想象空间。中国的零售商业无论是线上还是线下，都离不开女性消费，从招引品牌到商圈建设，再到城市规划，女性消费者始终是创新突破的关键①。当前，我国正处于经济复苏阶段，女性消费对于此进程发挥着至关重要的作用，抓住女性消费者，就等于抓住了消费复苏的脉络。此外，头部城市也在试图打造国际消费中心城市，将女性消费视为创

---

① 南财智库．2023 年女性消费力洞察报告 [EB/OL]. https://www.sohu.com/a/666001238_120855974.

新突破的关键，从消费触点到消费场景再到消费内容，均离不开对女
性消费的关注。

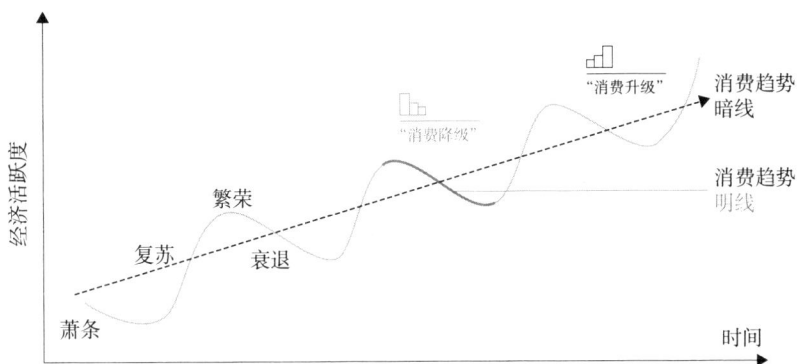

图 3-7　女性消费周期示意图

图片来源：南财智库《2023 年女性消费力洞察报告》

（1）2023 年女性消费群体基本特征

根据 QuestMobile 的数据，截至 2023 年 1 月，移动互联网女性群
体的活跃用户数接近 6 亿。该人群构成比例方面，24 岁以下女性占比
24.1%，51 岁以上女性占比 31.1%。此外，三、四、五线及以下城市女
性用户占比达到 65.7%。同时，从线上高消费意愿和高价产品（2000
元以上）的消费能力上看，女性依旧远高于男性。报告显示，女性群
体在移动互联网中的渗透率更高，活跃用户数达到近 6 亿，全网占比
升至 49.4%，在电商媒介使用时长方面，女性用户在 2023 年 1 月的月
人均使用时长达到 163.6 小时，同比增长 2.0%。这种增长非常可观，
尤其是在整体大盘增长缓慢的情况下。在应用类型方面，女性用户对
于短视频、社交、电商购物平台的依赖性很强。在综合电商 APP 上，
女性用户的同比增量超过了 5000 万。

根据《女性消费洞察力报告》的观点，女性消费者的群体画像在

当下主要呈现出三种特征：一是随着职场收入性别差缩小，女性消费力逐年提升；二是随着女性高等教育占比大幅提升，其消费行为边界在不断拓宽；三是随着女性初婚年龄延后，单身女性消费周期拉长。

从经济长短周期的视角来看，当前女性消费呈现出消费升级与消费降级并存的"大势所趋"与"短期回调"。从长期来看，女性追求健康、品质、个性的需求仍是大势所趋：在健康层面，女性在满足物质需求后，更加关注绿色、健康等获益终身的消费点；在品质层面，女性追求高端、精致、品质生活的消费需求是一贯的、持续的；在个性化层面，女性越来越自信，从趋同从众的美到欣赏并凸显不同个性的美。但在特定短周期内，消费本身受经济形势波动影响十分明显，女性消费会因经济波动而出现降频次、减少品类、寻找"平替"的现象：在消费平替层面，女性消费开始量入为出，重视商品性价比，寻求同等效用的平替商品或服务；在消费降频层面，女性降低部分商品的消费频次，但维持消费的品质及品类的完整性；在消费减类层面，女性逐渐减少服饰等非必要的消费品类支出，而去确保生活品质的基本底线[①]。

（2）珠宝首饰：下沉市场潜力巨大

作为消费行业重要产业之一的珠宝首饰行业，近年来发展迅速，同时随着消费者的消费情绪日趋改善，珠宝首饰行业必将焕发新一轮的生机。

首先，从年龄段划分来看，珠宝首饰消费者呈现出明显的年轻化趋势。2013 年，因国际金价高位跳水引发抢金潮，当时的抢购者主要是中年女性群体，10 年后，年轻女性开始接棒，珠宝首饰行业消费者

[①] 南财智库 . 2023 年女性消费力洞察报告 [EB/OL]. https://www.xdyanbao.com/doc/8w77z2ixyv?bd_vid=10454936097041355412.

中的青春力量开始崛起。安永调研数据显示，在21—30岁的年轻女性群体中，曾购买过珠宝首饰的群体占比为50%，此外，这部分购买过珠宝首饰的年轻女性还表现出较强的用户黏性，有79%的群体拥有重复购买习惯[①]。

其次，从城市等级维度来看珠宝首饰行业的消费情况，下沉市场展现出了较大潜力。需求端，随着国内经济的迅速发展、人均可支配收入的提升，下沉市场居民的巨大消费潜力有待被发掘。

（3）美妆护肤：出行热潮引领护肤消费向好

我国消费者对于美妆护肤的认知相较于发达国家启蒙较晚，但由于我国的人口基数较大，女性拥有更多的消费自由，再加上电商、购物平台的蓬勃发展，使得我国的美妆护肤产品消费排名常年位于世界前列，市场前景非常广阔。随着全国迎来新一轮出行旅游热潮，女性消费者对美妆护肤产品的需求也将进一步回升，美妆护肤市场的发展潜力在未来会得到进一步释放。

近些年，线上购物迅速发展。线上购物逐渐取代线下专柜，成为消费者购买护肤品和化妆品的首要途径。在几种主要的线上购物方式中（官网及小程序、电商购物平台、内容平台等），电商平台更受消费者的青睐，成为拉动护肤化妆品销售额增长的主要渠道。

总体来看，女性用户的消费边界正在不断拓宽。除了"颜值经济"、母婴用品和家庭用品领域，女性也在汽车、酒类、体育、电竞等男性聚集度高的行业中扮演重要角色，女性用户的占比不断提高。同时，女性用户的营销场域已经形成，内容平台不仅是内容消费场，也

---

① 安永.消费零售洞察2023之"她经济"[EB/OL]. https://www.xdyanbao.com/doc/1hw8 pcnm8y?bd_vid=11458282943139128641.

是内容生产场，女性优质内容创作者数量持续攀升。此外，女性用户的生活消费与工作娱乐越来越均衡，成为旅游、宠物市场复苏和繁荣的关键力量。

4．新中年：自我消费意识逐渐觉醒

目前，新中年群体是中国人口结构中占比较大、资产较富裕的群体，健康消费是这个群体的核心需求之一。近些年，很多日常消费支出都在萎缩，但是新中年群体在健康消费上的支出仍然保持增长趋势，在经济下行期间具有很强的逆周期性。

从消费观、消费能力上而言，作为社会的中坚力量，35—60岁群体在文娱、时尚、饮食等众多消费场域中显得默默无闻，但事实上，"35岁+"人群蕴藏着强大的消费潜力。

（1）解决刚需、以家为主，"新中年"们的消费能力更强

根据青山资本的数据，从人口占比和网购消费占比对照看，"中国式中年"群体占总人口比例为38%[①]。同时，在2022年该群体的网购成交额占比为38%。由此可见，尽管中年人群的网购习惯不及年轻人，但线下消费力更强劲，总体来看，中年人群实际的消费能力相比其他年龄段更强。因此，作为资产积累最多、消费额度最高的人群，35岁+"新中年"们的消费习惯总体呈现出刚需优先、以身为重和以家为主的特征。

从消费习惯来看，中年人群的消费更加理性、精打细算。他们更加重视产品的性价比，而不会简单地被广告所吸引，从而更加有效地使用自己的购物预算。而且，他们也更加重视时尚品位，在服装搭配、

---

① 青山资本．35岁，中国式中年｜行业报告[EB/OL]. https://www.shangyexinzhi.com/
article/6097020.html.

家装搭配上更加具有品位。这种习惯往往也会影响他们子女的消费习惯。因此，中年人群在消费市场中仍然是一个不可忽视的力量。

（2）新中年智富群体对抗健康焦虑：健康营养品消费是主要途径

天眼查报告显示，从35岁群体的偏好分布来看，大健康领域（医药、滋补、医疗保险和营养保健）在TOP10类别中占据四席，其中医药和传统滋补的消费偏好远高于其他类别。在家庭消费类别中，35岁群体对园艺、鞋靴、家用电器和服饰内衣的消费偏好则呈现出"雨露均沾"的特征。

新中年健康消费市场是一个快速成长的增量市场，巨大的增量空间为新模式、新品类的出现提供了广阔的舞台。互联网加速了新中年健康消费教育的知识普及，更强的支付能力和消费意愿推动着新中年健康消费需求不断升级。未来3—5年，中国新型健康营养产品市场会诞生大量本土新品牌。

（3）平衡"品质"和"品位"

在线下购物方面，35岁+人群无疑是大宗消费的主力。天眼查报告显示，中年群体的支出主要集中在住房、汽车等大额消费，食饮、子女教育等刚需场景。根据贝壳研究院的调查，35岁+人群在线下购物中的消费额度较大，其中家电、家具类消费的比例更高，这些产品的价格多为中型至大型，可见35岁+人群在线下购物中的消费能力是十分强大的。

在汽车消费上，以80后男性为主的"换购大叔"，正成为中国车市的新主体。这些"新大叔"的汽车消费习惯发生了重大变化，他们更加看重实用性和配置，而不是外表的装饰。同时，这些"新大叔"也更加看重汽车品牌的可信度，选择更加可靠和实惠的汽车，而不是只为了外观而购买高价汽车。

与此同时，35 岁 + 人群也热衷于在护理用品方面消费。数据显示，35 岁 + 人群在护理用品方面的消费较为频繁，其中护肤品、口腔护理等护理产品更是他们的优先考虑，从而可以看出，35 岁 + 人群对护理用品的重视程度较高。

除了住房、汽车等传统的线下消费品类，一线城市的 80 后 "35 岁 +" 群体在休闲消费方式上更偏好露营户外体验。区别于 Z 世代的 "打卡式" 体验消费模式，"35 岁 +" 群体以亲子互动的家庭消费模式为主。《2022 露营品质研究报告》显示，亲子游 80 后是露营群体的主力军，在 2021 年消费者中占比 44%。

可以看到，35 岁 + 人群在线下购物中的消费能力十分强大，他们在家电家具、汽车、护理用品等方面的消费较为频繁，因为对生活品质有了更高的要求，于是 35 岁 + 的 "新中年" 也就更懂生活，更愿意为了提升自己和家庭的生活质量而买单。但在这个过程中始终不变的，是他们在 "品质" 和 "品位" 中的博弈和追求。

5. 银发经济：谨防供给与需求的脱节

2020 年以来，中国第二次婴儿潮（1962—1975 年出生）的人口陆续进入退休阶段，以后每年退休人群的增量起码在 2000 万人以上，他们的收入水平、消费观念与老一辈人截然不同，将带来中国银发经济的全面发展。目前，银发经济具有三大特征。

（1）老人需求复杂，产品品类多，长尾市场特征显著

2020 年中国 60 岁及以上老人为 2.64 亿，未来十年可能增长到 4 亿左右。老年群体的年龄范围是 60 岁及以上，属于一个较长的年龄跨度，其需求必然是十分丰富且差异化的。其中，既有由数亿老人共性需求形成的大市场，也有由数百万上千万老人的小众化需求形成的长尾市场。这导致中国银发经济呈现出丰富多彩的发展面貌，既能产生

一批覆盖全国数亿老人、以标准化产品和服务取胜的平台型大企业，也能孕育众多专门服务特定老人群体、以个性化高端化为特色的小而美企业。

（2）使用者和购买者之间存在差异

银发经济本质上是各种先进技术、材料、系统的下游应用行业，而且由于购买方是老人、家庭及政府，需要的产品是好用、易用、高性价比的，并不能像金融、互联网等高利润行业那样，承受高科技在初始投入市场时的高价格、高试错和质量不稳定。

许多初入养老领域的高科技产品，其技术成熟度尚在完善之中，从业者对老人需求的理解也不够完整和准确，导致产品并不能真正解决老人的痛点；同时，由于许多高科技产品处在从实验室研发到大规模量产的转化中，其成本处于由高到低的下降过程，其质量处于从不稳定到稳定的提高过程，许多时候其价格、维护成本、质量、性能、易用性等还需要一定时间的发展才能被老人、家庭和政府采购所接受。这是希望进入银发经济掘金的高科技企业所必须特别注意的。总体而言，中国银发经济是由老人、家庭、政府三大购买方共同推动的，使用者和购买者之间是存在一定差异的，从产品供给方来考虑，要谨防供给和需求脱节。

（二）流行消费文化

新消费文化是我国迈向高品质生活阶段的必然结果，其包含了参与性的符号、感性化的价值、兴趣市场的共识。现阶段，新消费文化通过平台机制、关键意见消费者、圈层化聚集，促使新时代消费者形成玩家型消费态度、游戏化消费认知、激进式消费行为。

1. 寺庙经济

2023 年以来，寺庙相关景区门票订单量同比增长 310%。预订寺庙景区门票的人群中，90 后、00 后占比接近 50%。"寺庙游"已经悄悄在年轻人中流行起来，年轻人正成为点燃寺庙旺盛香火的主力军。"佛系青年""年轻人在上课和上进之间选择了上香""疯狂星期寺"等话题登上热搜。

为了解年轻人寺庙游消费行为及客观反映年轻人寺庙消费新动向，艾媒智库联合草莓派网民行为调查与计算分析系统，开展主题为"中国寺庙游消费新动向洞察数据"的全国随机抽样调研。艾媒调研数据显示，90.2% 的受访者关注"年轻人热衷寺庙游"现象，寺庙游成为新的关注点。

调研数据显示，消费者认为寺庙游的爆火离不开社交平台的助力。和之前的"露营""围炉煮茶""飞盘"一样，"寺庙旅游"已发展成一种新型社交方式。从巨量引擎的数据来看，从开年到 3 月 22 日，"寺庙"关键词的搜索指数同比增长高达 600% 以上。数据显示，44.31% 的搜索人群属于 30 岁以下的年轻人，而 18 岁至 23 岁的年轻人群的偏好度高居榜首。

在小红书等社交媒体平台上，年轻人通过社交平台分享寺庙旅游经验和心得，观众被平台上禅意与创意并存的图文、视频所吸引，跟随攻略去打卡，拍照分享自己的体验，形成二次传播。除消费者自发传播外，官方平台抓住热点进行营销，如小红书平台开设"寺庙漫巡指南"专栏，整合全站笔记为网友提供寺庙旅游全套攻略，彻底点燃年轻人寺庙游消费热情。

艾媒咨询的调查显示，58.2% 的受访者认为寺庙集文化、观光、社交、消费于一体，是短途休闲旅游的好去处。44.3% 的受访者认为寺庙咖啡、手串等文创周边吸引众多年轻人前去消费。寺庙旅游逐渐升温，旅行热潮的到来为旅游业的复苏注入了新的活力。无论是转发锦鲤、敲打电子木鱼、寺庙祈福，还是单纯地享受寺庙人文风景，都是年轻人精神寄托与宣泄压力的选择之一，不妨将这些行为理解为一种缓解年轻人生活压力的新型娱乐方式，以及他们憧憬美好生活的一种表达方式。

2. 兴趣消费

近年来，社会物质生活日渐富裕，人民精神文化需求日益增长，消费群体迭代，消费领域兴起了"兴趣"引导消费的浪潮[①]。兴趣消费是社交、情感和精神诉求的提升所带来的一种新的消费趋势，兴趣消费是年轻消费群体自身情绪、意识和个性的一种表达。

巨量算数提出"兴趣的本质是对美好生活的向往，圈层文化多以内容为载体传播，进而带动因内容而激发的兴趣消费"。兴趣消费是在社会经济水平不断发展和物质不断丰富的环境下产生的新消费概念，主要体现在拥有一定经济基础、消费观念新潮的年轻一代，在日常购物、娱乐花销上除了关注产品/服务的实用价值外，还追求产品/服务的社交、悦己、情感属性、文化属性等附加价值，甚至愿意为这些附加价值产生的溢价买单的消费现象。

（1）市场现状：新消费需求驱动"兴趣消费"潮流涌起

艾媒咨询数据显示，中国90后、00后网民接近3.2亿人，占全国网民比例的23%，这一拥有良好经济基础、活跃于互联网、消费观念新潮的新时代年轻群体成为消费市场的生力军，同时也驱动着消费需

---

① 唐嘉仪. 基于"消费文化"视角的社交媒体"小众退潮者"研究 [J]. 新闻与传播评论，2022（1）：61-75.

求的更迭①。于是，"兴趣消费"概念在近两年快速发酵，并已形成一定的产业规模。兴趣消费潮流下，消费者购买商品不再只为满足生活基本需求，也逐渐转向从兴趣爱好出发，更多地关注商品的个性化特征、商品附加情感价值、文化内涵等。

（2）用户调研："新青年"兴趣消费月支出占比近三成

新青年群体在消费上内含的多元化兴趣价值表现成为时代的文化符号，是当前社会潮流的风向标。调研数据显示，七成以上消费者的主要消费诉求为社交需求，蕴含着社交、悦己等情感属性的兴趣消费平均月支出占比为 27.6%。兴趣消费与生活消费品的关系已经逐渐紧密，兴趣消费产品持续渗透到消费者的生活中，拥有高颜值、IP 联名、高品质的"好看、好玩、好用"的产品在消费者中的影响力较强。

（3）行业趋势：兴趣消费潮流涌动，多品牌花式捕捉消费者兴趣需求

兴趣消费成为新潮流，丰富的媒介应用和自身的供应链能力将成为企业追赶兴趣消费风潮的关键。IP 联名、跨界合作、"画圈为盟"、社媒种草、私域运营等成为品牌引导消费者兴趣的重要手段，新零售、轻餐饮、潮社交等赛道也涌现出一批兴趣消费的标杆企业。

3. 传统文化与文创热

（1）汉服周边产业延伸，跨界 IP 合作与线下活动或为"破圈"方法

艾媒咨询数据显示，2015—2021 年中国汉服市场快速发展，2022年市场规模预计达 125.4 亿元，同比增长 23.4%，2025 年有望达到191.1 亿元。未来汉服市场仍有较大的上行空间。数据显示，近七成的

---

① 艾媒咨询. 2022 年中国兴趣消费趋势洞察白皮书 [EB/OL]. https://www.xdyanbao.com/doc/g7c6nwcwd1?bd_vid=11129007269829556226.

消费者购买汉服的渠道为淘宝、闲鱼等线上购物平台,49.8% 的消费者从线下汉服实体店购买汉服。线上平台的汉服类型丰富,价格较低,而线下实体店给汉服消费者的体验感更好。汉服品牌可在发展线上网店的同时,开设线下实体店,满足消费者的多样化需求,提高品牌的知名度。

随着汉服产业的发展,汉服写真、汉服租赁、汉服体验馆也将成为产业中必不可少的一环。汉服品牌与博物馆、游戏、影视剧或漫画的跨界 IP 合作以及举办线下活动或成为汉服品牌打破原有用户圈层,提升品牌知名度的重要方法。

(2)三星堆与"考古热"

近年来,三星堆博物馆持续发力文化数字化,积极利用人工智能、云计算等技术,不断丰富和拓展文物保护利用的广度与深度,让古老的三星堆文化插上数字化翅膀。位于四川广汉的三星堆遗址被誉为 20 世纪人类最伟大的考古发现之一,每一次考古挖掘的新发现,都会引发全社会的考古热,三星堆博物馆也一跃成为四川最热门的博物馆"打卡地"。

在文化数字化方面的探索,三星堆不仅让人们看到文化数字化发展的蓬勃动力,也使文化和科技融合的新业态成为文化产业产值增长的核心点。如今,伴随着虚拟现实技术、数字动画、线上文娱旅游服务、文化数据资源处理与存储服务等多个领域的融合与碰撞,未来以三星堆为代表的数字文化产业的市场规模将保持增长态势。

与此同时,各大博物馆不断深入挖掘文物藏品的文化内涵,创新文化传播的表现形式和表达方式。让文物故事以公众喜闻乐见的形式走入寻常百姓家,让收藏在博物馆里的文物、陈列在广阔大地上的遗产、书写在古籍里的文字都活起来,已成为文博圈的共识。可以看到,如《故宫日历》、乾隆表情包等文博 IP 拉近了博物文化与公众的距离，"考古 + 盲盒"的概念让博物馆、历史文创迸发出新的火花。文博圈积极寻找传统文化与现代生活的结合点，用文创产品建立传统文化与公众之间的连接，让古老的文物重焕生机。

（3）科技赋能，让文物"动"起来

在 AI、AR、VR、智能体感互动、3D 模型等科技的加持下，博物馆主动寻求与人们的互动交流，沉浸式、体验式、互动式玩法成为"标配"，传统和时尚融合不悖。通过在三维空间中立体成像，"沉睡"千年的历史文物被"唤醒"，让厚重的历史文化能够穿越时空，古今对话变得真实可感。新技术加深了博物馆与观众之间的互动，无论线下还是线上，大家都能更便捷地"穿越"回古代，感受古人的生活。与此同时，短视频和社交平台也十分活跃。例如，去年众网友围观三星堆挖掘现场，在直播和弹幕的加持下，黄金面具、鸟型金饰片"圈粉"无数；此外，"云展览""云游博物馆"逐渐成为常态，使消费者们足不出户便可体验传统文化的魅力。

（4）文化数字藏品：传统与潮流齐头并进

自去年以来，数字藏品在国内火了起来。这些基于传统艺术品的数字化内容既有传统书画作品，如《千里江山图》《仕女蹴鞠图》等，也有对历史文物的修复重现及二次创作，如敦煌壁画修复图、数字秦俑等，还有传统戏曲名家的唱片，如"梅尚程荀"四大名旦演唱选段等。除传统艺术作品外，数字藏品也涉及多个领域，如天坛建筑群系列中 3D 再现镏金宝顶、中国天气的"拥抱星辰大海"中国风云气象卫星系列数字藏品等，涵盖建筑、气象、人工智能、文娱等多个领域。

数字藏品源自 NFT，去金融化成为监管 NFT 的大方向后也影响到了数字藏品。历经"中国制造"后，数字藏品先是去除了代币功能，不通过虚拟币交易，使得数字藏品不再具备金融属性，而后开始走传统文化 IP 路线。

调研数据显示，国潮、国风是网民比较偏好的数字藏品类型。随着国人文化自信的逐渐觉醒，新一代消费者开始将视线放在了传统文化中，将传统文化与当下潮流完美融合。随着国潮的兴起，文物通过数字藏品的风潮逐渐走进大众视野，一些博物馆销售的文创数字藏品成为现象级"爆款"产品。这类数字藏品成为一种流行趋势，另外，国家十分重视非物质文化遗产的传承，让数字藏品变得更加火热，成为当下文旅购物新潮品。

第四章　互联网营销的技术环境

- **本章提要**

在数据驱动的数字经济环境的大背景下，当前互联网营销的技术环境演变主要由人工智能技术迭代所驱动。算据、算力、算法走向成熟，多方安全计算、交叉信息技术促进数据流通，大模型与多模态模型提升数据利用效率，催生了 AIGC 内容生产的新范式。生成式 AI 浪潮席卷营销业，营销内容生产效率提升，AI 营销相关职业兴起。基于当前的技术环境，本章认为在未来一段时间，AI 技术依然是互联网营销的"核心序参量"，AIGC 将进一步提升营销的精准度与高效率，赋予企业与消费者连接的全新价值。

- **本章营销热词**

AIGC；AI 营销；核心序参量；赋权；提示工程师

一、数字经济环境中的"AI+"互联网营销技术背景

随着当下互联网营销的技术迭代，作为数字经济核心技术的算据、算法、算力不断向前发展：交叉信息技术打破数据孤岛，促进巨量数据的使用与流通；先进计算技术扩大现有算力规模，提高算力利用效

率；深度神经网络技术在大模型与多模态两个方向的突破，则进一步提升算法水平。人工智能技术日渐成熟催生出 AIGC 这一全新内容生产范式，技术的发展已然搭建出互联网营销发展新局面，算据、算法、算力的发展为互联网营销发展提供新的增长点，颠覆营销行业格局，拓宽数字营销的致效边界，为互联网数字营销提供新动能。因此，厘清当下互联网营销技术背景对更好把握数字营销发展态势起着至关重要的作用。

1. 算据：交叉信息技术打破数据孤岛，促进数据流通

数据，在当下已成为经济生产的关键生产要素。随着智能终端的普及，互联网中的巨量数据与日俱增。随着近年来各大数据中心的建立，这些巨量的数据得以被高效设计、采集、清洗、标注和管理，成为优质的"算据"，运用到以数据驱动的营销活动中。但在此过程中，由于数据安全、数据隐私的法律法规要求而不能将数据简单整合，"数据孤岛"问题依然突出。如何在不违反个人数据隐私法与数据安全法的前提下使数据进行流通，成为急需解决的问题。在这一关键时期，多方安全计算技术、零知识证明等交叉信息技术为这一问题给出了解决方案。

（1）多方安全计算技术使数据可用、可控而不可见

多方安全计算技术是一种可信计算技术，它采用了一系列的加密和隐私保护技术，能够保证数据在不暴露个人隐私的前提下进行计算和共享。多方安全计算采用基于数据价值流通而非原始数据流通的价值融合模式。所谓基于数据价值流通的价值融合模式指的是，在保护数据隐私的前提下，将多个数据源的数据进行安全计算，生成的结果可以为参与方所用，而无须直接共享原始数据。这种方式可以避免原始数据被泄露的风险，同时还能够保护数据的安全性和隐私性。

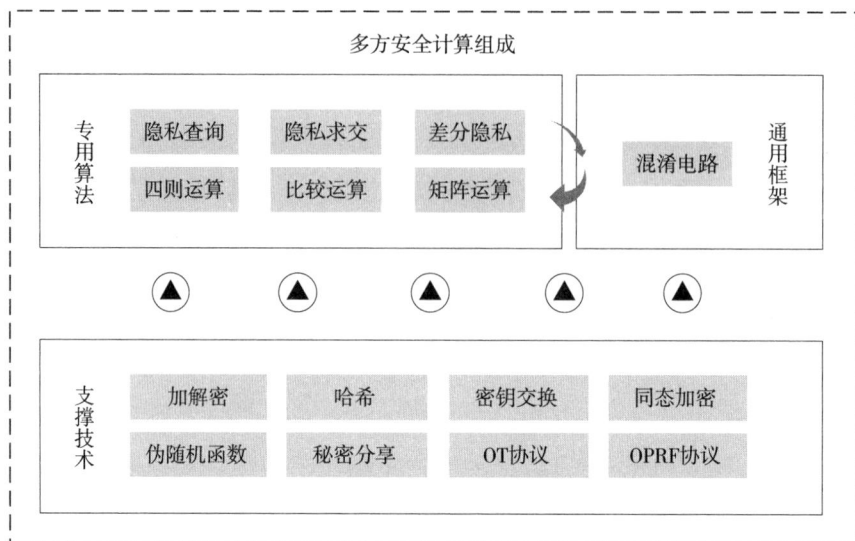

图 4-1　多方安全计算技术图示

数据来源：姚期智《数字经济领域的核心技术》主题演讲

举例来说：假设有一个医疗数据集需要进行分析，但是数据包含了患者的敏感信息，比如姓名、地址、病历等。如果直接把整个数据集交给分析人员，很可能会出现数据泄露的风险。但是，如果采用多方安全计算技术，可以将数据拆分成多份，每个参与者只能访问到一部分数据，这样就能够保护数据的隐私了。同时，参与者之间的计算结果可以进行加密和验证，以确保计算的正确性和完整性。最终，得到的结果可以汇总起来，以期对数据进行分析和利用，同时这些数据不包含用户隐私。

此时，多方安全技术采用基于数据价值流通而非原始数据流通的价值融合模式，可实现数据的"可用不可见"，同时这一技术还可以实现对原始数据按用途与用量授权使用，有效避免数据的二次流转，达到数据"可用并可控"。这也可以在互联网营销过程中，使平台收集到一部分用户信息进行分析，保护用户隐私，同时增强用户对平台的信任与黏性，促进平台对信息的收集。

（2）零知识证明技术实现隐私保护，促进信息流通

当下，数据作为一种重要的生产要素在市场上进行流通，而在流通过程中市场需要监管与治理，这就需要在数据安全的前提下建设"监管工具"与"监管算法"，确保数据要素流通平台上的业务活动、生产活动在监管的框架下进行，且可以接受监督与治理。

区块链运用的零知识证明技术可以有效实现这一目标。零知识证明是一种保护隐私的密码学技术，可以在互联网中使用来保护用户的隐私信息。传统的密码学技术需要用户将私密信息提供给其他方进行验证，这样容易导致隐私泄露。而零知识证明技术可以使用户在不泄露私密信息的情况下向其他方证明身份或权利。零知识证明过程有两个参与方，一方叫证明者，另一方叫验证者。证明者掌握着某个秘密，他想让验证者相信他掌握着秘密，但是又不想将这个秘密泄露给验证者。双方按照一个协议，通过一系列交互，最终验证者会得出一个明确的结论，证明者是或不是掌握这个秘密。[1]

例如在消费过程中，当一个人需要证明自己年满 18 岁以获得某项服务时，通过使用零知识证明技术，这个人可以在不泄露具体生日的情况下证明自己年满 18 岁。因为没有具体的生日信息被暴露，其他人也无法推断出这个人的生日和其他敏感信息，从而保护了他的隐私。

这样的信息获取与核查过程在营销中应用面非常广泛，零知识证明技术可以实现在不暴露具体信息的情况下验证某些信息的真实性，

---

① CSDN.【BlockChain】零知识证明 [EB/OL].（2022–02–22）[2023–05–10]. https://blog.csdn.net/qq_40392981/article/details/123041409.

可以让个人在向他人证明某些事实时，无须泄露其他敏感信息，从而保护他们的隐私，降低消费者在授权使用个人信息数据时的隐私担忧。在未来，以多方安全计算技术、区块链技术与零知识证明技术为代表的交叉信息技术将扮演基础设施的角色，帮助营销业进一步打破数据孤岛，促进数据流通。

2. 算力：先进计算技术提升计算性能与效率

算力是指处理数据的能力，是智能社会的重要基础设施以及数字经济发展的关键引擎和核心生产力，不断提升算力水平对发展数字经济、进行互联网营销至关重要。而在当下，随着数字技术和数字经济的发展，每日生成于互联网中的数据量暴增，此时摩尔定律中"每十八个月增加一倍"的预言已不再奏效，未来数字经济所需的算力将以每100天翻一倍的速度高速增长，这也就对算力发展不断提出新的要求。当前算力发展的提升面临包括硬件和架构在内多个方面的挑战。解决算力挑战，打破后摩尔时代的算力危机，需要通过先进计算技术提升算力水平。先进计算技术指代一切从计算理论、计算架构、计算系统等层面有效提升现有算力规模、降低算力成本、提高算力利用效率的创新性技术。其主要从两个方面对算力发展进行突破。

（1）量子、光子芯片提升单点计算性能

由于当前硅基芯片制程逐渐走向极限，此时对单点计算性能的提升则主要依托于量子芯片、光子芯片等硬件设施。

量子计算是一种全新的计算模式，其以量子比特作为信息编码和存储的基本单元，因此具有远超经典计算的计算能力，同时还具有远超传统计算机的计算能力，契合当下智能时代数字经济对算力的高要求。而要实现量子计算的产业化，攻克量子芯片是其中的关键步骤。量子芯片是将量子线路集成在基片上，进而承载量子信息处理功能的处理器，是量子计算机的核心。当前 Google、IBM 等科技公司和麻省理工学院、耶鲁大学等高校科研单位都已在量子芯片领域取得重大突破。2022 年 11 月起，我国第一条量子芯片生产线开始紧锣密鼓生产为量子计算机"悟空"配套的量子芯片"悟空芯"。同时超千位比特的量子芯片也有望在两年后问世，有望解决智能时代下数字经济提出的算力挑战。

同时，随着集成电路微电子器件不断缩小，电子芯片在提升算力的同时，遇到了包括能耗和数据传输带宽等难以克服的问题。此时光子芯片的优势凸显。不同于电子芯片，光子芯片将光子作为信息载体，对信息进行处理与传送。在此过程中，由于光子的静止质量为零，因此所产生的能量损耗较小。在传输信息时，光子芯片所消耗的能量仅为电子芯片的千分之一，但所能包含的信息容量却比电子芯片高出 3—4 个数量级。此时面对互联网中数量爆炸的数据，光子芯片以其低能量损耗与高传输效率具有绝对的优势。特别是在自动驾驶、大数据中心等对算力、功耗有严格要求的场景下将发挥重要作用。

（2）分布式云与泛在算力推进算力系统的高效利用

先进计算技术能够通过分布式云与泛在算力促进算力系统的高效利用。当前既有的算力系统调配计算资源的能力较弱，且在数据传输的过程中损耗较大，效率低下，即便单点的计算性能提高，但仍难以得到有效的利用。

这是由于当下各智能设备生产的数量激增，现有的集中式云计算由于带宽较窄、时间延迟较长且成本较高，导致其效率低下，难以满足计算需要。此时，算力架构再次由集中转向分布式架构。相较于集中式云计算，分布式云搭建在数据中心与终端设备之间的边缘基础设施上，分布于不同的地理位置。因此，分布式云能够基于物理终端的位置、计算节点的位置和算力系统的状态，实现算力的智能调度与分配，时间延迟更低；同时，分布式云避免了集中式云易造成网络通道堵塞的弊端，实现数据的分层传输，提升算力系统效率。

此外，在算力需求不断提升的背景下，单个芯片乃至多核芯片的算力都已难以满足需求，此时网络化的算力应运而生。通过网络连接算力，构建云边端立体化分布的泛在算力成为打破算力危机的关键一招。此时，网络化的算力将部分数据处理工作从云端迁移至边缘端，引入广泛分布的边缘算力，节省带宽成本，同时提升算力网络效率。

3．算法：大模型、多模态模型逐渐成熟，催生内容生产新范式

算法是一系列解决问题、实现特定功能的有序指令和步骤，用于实现数据分析、人工智能模型训练等功能。在互联网营销领域中，各类通过算法建立的模型可以通过对大数据的分析和挖掘，发现潜在的消费者群体、产品优化点和市场趋势等信息。同时，基于机器学习和深度学习的算法模型可以更好地理解消费者的行为模式和偏好，为企业提供更加个性化的服务和产品推荐。此外，算法模型还可以推进人工智能的发展，颠覆营销领域内容生产模式。而在当下随着深度学习和大数据技术的快速发展，算法模型在许多领域均取得发展，并可总结为大模型与多模态模型两个方面。

（1）大模型：准确分析海量数据，推动人工智能发展

大模型（Large Model）是指参数量非常大的深度学习模型。这些模型通常有数百万，甚至数十亿个参数，可以用来解决各种复杂任务，如自然语言处理、计算机视觉、语音识别等。当前一些发展较为完善的大模型有：

GPT-3（生成式预训练 Transformer 3）：是由 OpenAI 开发的语言模型，可以用于自然语言处理任务，包括对话、翻译、摘要等。GPT-3

模型拥有 1750 亿个参数，是目前最大的模型之一。

BERT（双向编码器表示 Transformer）：是 Google 开发的一个预训练的自然语言处理模型，能够自然地处理人类语言。BERT 模型使用了双向 Transformer 架构，通过预测文本中的缺失部分来学习语言模型，从而提高自然语言处理任务的表现。

T5（Text-to-Text Transfer Transformer）：是一种基于 Transformer 架构的语言模型，由谷歌团队开发。与之前的语言模型如 GPT-3、BERT 等不同，T5 采用了"文本转换文本"的范式，即将输入的文本转换成输出文本的任务。包括问答、文本摘要、翻译、命名实体识别、语言推理等。

大模型的出现得益于计算能力的快速提升、数据集的增大以及模型优化算法的改进等多种因素。这些模型能够对海量数据进行更为准确的分析和处理，也为人工智能的发展带来了重大的推动作用。然而，大模型的训练和推理都需要极高的计算资源和能源，对计算能力、存储空间和能源的要求非常高，因此需要在硬件和算法方面不断优化，才能更好地应用于实际生产和应用场景。

（2）多模态模型：多维度分析理解信息，生成多样化创意内容

多模态模型是指能够处理多种类型数据（如文本、图像、音频等）的深度学习模型，通常由多个子模型组成。这些子模型可以同时接收来自不同数据源的信息，并从中提取有用的特征，然后将这些特征合并在一起，最终得出预测结果。在自然语言处理和计算机视觉等领域，多模态模型已经广泛应用。例如，Facebook 开发的 CLIP 模型可以同时对图像和文本进行分类，Google 的 MIXER 模型可以处理多种语言，并能够从多种文本来源中学习，Microsoft 的 UNIMO 模型可以同时处理文本和图像，以生成对话和故事情节。

多模态模型拥有两种能力：一个是寻找到不同模态数据之间的对

应关系，如将一段文本和与之对应的图片联系起来；另一个是实现不同模态数据间的相互转化与生成，比如根据一张图片生成对应的语言描述。[①] 这种跨越模态实现不同模态之间的转化与生成的能力也已被运用于营销领域。例如，2023 年 3 月 15 日，可口可乐制作了一则创意广告，该广告运用人工智能 Stable Diffusion 技术完美还原了世界名画艺术展，并实现了多个世界名画的动态表现，帮助可口可乐寻找到了新的创意营销突破点。

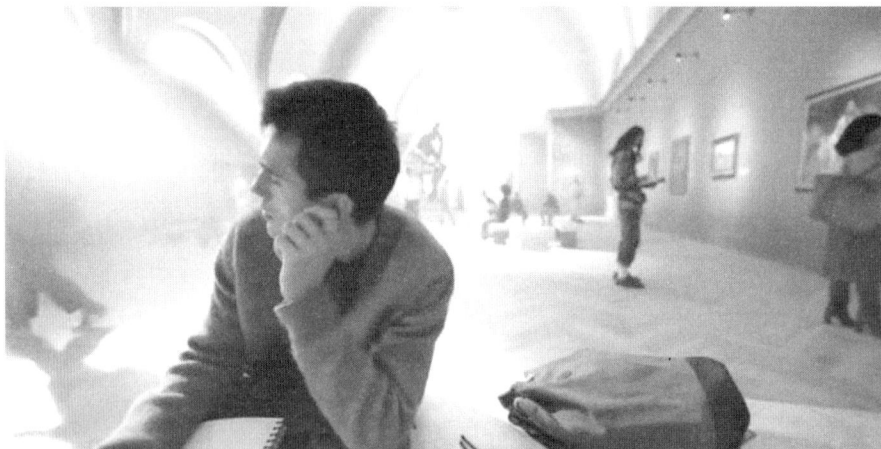

图 4-2　AI 生成可口可乐广告

图片来源：网易新闻

　　多模态模型对图像、视频、语音等多种模态信息的运用可以帮助企业从多个维度来分析和理解信息，从而更深入地了解用户需求和兴趣；此外，多模态模型还可以帮助企业更好地进行内容创作。企业可以利用多模态模型生成更加多样化的创意内容，从而吸引更多的用户关注。

---

① 中国信息通信研究院. 人工智能生成内容（AIGC）白皮书 [EB/OL].(2022)[2023–05–10].
http://www.caict.ac.cn/sytj/202209/t20220913_408835.htm.

二、AIGC：算据、算力、算法发展背景下内容生产新范式

算据、算力、算法不仅是数字经济核心技术，同时还是推动人工智能发展的三驾马车。而在当下，算据规模与算力水平不断提升，算法模型逐步完善，巨量的数据、复杂的算法以及高水平的算力催生出生成式 AI 这一新人工智能形势，也进而产生出 AIGC 这一可应用于营销领域的内容生产新样态。

1. AIGC 1.0—3.0：由实体孪生走向自主生成

（1）AIGC 1.0 时期：使用硬件进行的人工智能算法加速运算

AIGC 发展的第一阶段在 20 世纪 80 年代，也被称为 AIGC 1.0 阶段。在这个阶段，人们开始使用专用硬件来实现人工智能算法的加速运算，这些专用硬件通常被称为人工神经网络（Artificial Neural Network，ANN）加速器或者智能卡。

AIGC 1.0 阶段的发展是由于当时的通用计算机并不能够满足人工智能算法运算的需求，导致这些算法的运行速度非常缓慢。为了解决这个问题，人们开始探索使用专用硬件来进行人工智能算法的加速运算，从而提高运算效率。

在这个阶段，研究人员主要探索了两种不同的专用硬件——基于数字信号处理器（DSP）的智能卡和基于专用芯片的 ANN 加速器。这些硬件设备能够加速神经网络、遗传算法、模糊逻辑等一些常见的人工智能算法。例如，ATMEL 公司就生产了一个名为"AVR Neural Network Coprocessor"的芯片，用于加速人工神经网络的训练和推理。

然而，AIGC 1.0 阶段的硬件设备通常比较昂贵，而且缺乏统一的标准，这使得它们难以广泛应用。此外，这些硬件设备只能用于特定的场景，缺乏通用性。这一阶段主要是探索使用专用硬件来加速人工

智能算法的运算，为后来 AIGC 的发展奠定了基础。但同时，AIGC 1.0 阶段也存在一些问题和限制，这使得人们开始思考如何使用通用计算机来实现人工智能算法的高效运行。

（2）AIGC 2.0 时期：重点转向软件，但仍难以进行直接内容生产

AIGC 的第二阶段，也被称为 AIGC 2.0 阶段，始于 20 世纪 90 年代中期，并一直持续到 21 世纪初。在这个阶段，人工智能技术得到了快速发展，特别是基于机器学习的算法，如神经网络、支持向量机和决策树等。与 AIGC 1.0 阶段专注于使用专用硬件加速人工智能算法不同，AIGC 2.0 阶段的发展重点转向了软件。随着通用计算机的性能不断提升，人们开始探索如何在通用计算机上实现高效的人工智能算法运行。

在 AIGC 2.0 阶段，出现了一些重要的技术突破和理论创新，如反向传播算法、卷积神经网络、深度学习等。这些技术的发展促进了 AIGC 技术的进一步应用和发展，使人工智能算法在诸如图像识别、语音识别、自然语言处理、智能推荐等领域得到广泛应用。

同时，随着互联网的兴起，数据的获取和存储成本大幅降低，大规模数据集的建立和使用成为可能，这也极大地促进了机器学习算法的发展。此外，出现了一些开源的人工智能算法库，如 TensorFlow、Caffe、Theano 等，使得开发者能够更加方便地使用和实现机器学习算法。

AIGC 2.0 阶段的另一个重要发展是云计算技术的出现。云计算提供了可扩展的计算和存储资源，使得开发者可以在云上部署自己的人工智能应用，同时也提供了大规模数据存储和处理的支持。云计算技术的出现极大地促进了 AIGC 应用的发展，使人工智能技术在商业应用中得以广泛应用。

总之，AIGC 的第二阶段主要集中在软件技术的发展和应用，使机

器学习算法得到广泛应用。同时，云计算技术的出现也为 AIGC 应用提供了更加可扩展的计算和存储资源。这一阶段的发展为 AIGC 的第三阶段奠定了坚实的基础。

（3）AIGC 3.0 时期：AI 自主性增强，涵盖更多应用领域

AIGC 的第三阶段，也被称为 AIGC 3.0 阶段，始于 21 世纪初并持续至今。在这个阶段，AIGC 的发展逐渐向着更加广泛和深入的方向拓展，涵盖了更多的技术和应用领域。

首先，AIGC 3.0 阶段的一个重要特征是数据驱动。随着大规模数据的普及和应用，数据成为 AIGC 发展的重要驱动力。机器学习算法的发展需要大规模数据集的支持，同时，AIGC 应用的开发也需要大量的数据支撑，如自然语言处理、计算机视觉、语音识别等领域。因此，AIGC 3.0 阶段的发展重点是如何更好地获取、存储和处理数据，如何在大规模数据集上实现高效的人工智能算法。

其次，AIGC 3.0 阶段的另一个重要特征是多模态和跨模态人工智能。传统的人工智能技术主要针对单一数据类型，如文本、图像、语音等。但是，实际应用中往往需要同时处理多种数据类型，如视频、音频、文本等，这就需要多模态人工智能技术的支持。同时，跨模态人工智能技术也成了研究的热点，例如将图像和文本进行联合学习，实现更加准确的图像识别和自然语言处理。

同时，AIGC 3.0 阶段的发展还包括更加深入的人机交互和智能化。随着 AIGC 技术的发展和应用，人机交互也得到了更加深入的探索。例如，在智能家居、智能医疗、自动驾驶等领域，AIGC 技术需要与人类进行更加自然和紧密的交互。此外，智能化也成了 AIGC 3.0 阶段的一个重要目标，例如在智能制造、智能物流、智能金融等领域，通过应用 AIGC 技术实现智能化生产和服务。

最后，AIGC 3.0 阶段的发展还包括新型人工智能技术的研究和应用。例如，基于深度强化学习的人工智能技术，将机器学习和决策控制相结合，实现了在复杂环境下的自主决策和行动。

2．前沿能力：内容生成、多模态融合与认知交互

（1）内容生成：文字、图像、视频、音频文本自动生成

AIGC 的内容生成能力指的是利用人工智能技术，自动地生成各种形式的内容，包括文字、图像、音频、视频等。这种技术主要依赖于自然语言处理、计算机视觉、语音识别等领域的研究成果。

在文字内容生成方面，AIGC 可以生成包括新闻、评论、小说等在内的各种类型的文本。与人类生成的文本相比，AI 生成的文本并不逊色，甚至在一些特定场景下，生成的文本更加流畅、准确。例如，在一些金融领域的报告中，AIGC 已经能够生成高质量的投资报告、评级报告等，极大地提高了工作效率。在图像生成方面，AIGC 已经可以生成逼真的图像，包括风景、动物、人物等各种类型的图像。这些图像可以在虚拟现实、游戏、电影等领域得到广泛应用。在音频和视频生成方面，AIGC 已经可以生成逼真的语音、歌曲、音乐等，并且已经开始在智能语音助手、在线教育等领域得到应用。

（2）多模态融合：实现不同形态数据的转化与整合

AIGC 的多模态融合能力指的是其可以将不同形式的数据（如图像、文本、音频、视频等）进行融合和整合，从而得到更加丰富和深入的信息。具体可分为以下几个方面：

在文本与图像融合方面，AIGC 可以通过将图像内容与文本进行联合处理，从而实现更准确和丰富的图像描述。例如，在图像标注任务中，AIGC 可以同时考虑图像的视觉信息和文本的语义信息，从而生成更加准确和详细的标注结果。

在语音与文本融合方面，AIGC 可以将语音信号转化为文本形式，并结合其他文本数据进行联合处理。例如，在语音识别任务中，AIGC 可以结合语音信号和文本信息，从而提高识别准确率。

在多模态数据的融合和整合方面，AIGC 可以通过将不同形式的数据进行联合处理，从而实现更加深入和全面的分析和推理。例如，在人机对话系统中，AIGC 可以结合语音、文本、图像等多种数据形式，从而实现更加智能和自然的对话交互。

目前，AIGC 的多模态融合能力已经取得了一定的成果，但在如何处理多模态数据的异构性、如何进行跨模态的信息传递等方面仍有不足。

（3）认知交互：通过感知推理，实现与人类自然、智能交互

AIGC 的认知交互能力主要体现在自然语言处理、计算机视觉、语音识别、情感计算等方面，AI 通过感知、分析和推理等手段，与人类进行自然、智能的交互。

在自然语言理解方面，AIGC 可以通过自然语言处理技术，对人类语言进行理解和分析，并且能够进行语义推理和推断。例如，当用户在人机对话系统中提出一个问题时，AIGC 可以理解并解析该问题，并给出相应的回答。

在计算机视觉方面，AIGC 可以通过计算机视觉技术，对图像、视频等进行感知和分析，并且能够进行物体识别、图像分类、目标跟踪等操作。例如，在智能安防领域，AIGC 可以通过图像识别技术，实现人脸识别、车辆识别等功能。

在情感计算方面，AIGC 可以通过分析人类语言、语音、面部表情等多种信息，对人类情感进行感知和分析，并能够进行情感识别、情感分类等操作。例如，在心理健康领域，AIGC 可以通过语音情感分析

技术，对用户的情感状态进行分析和判断，并给出相关的建议和治疗方案。

3. 技术叠加：AIGC 与元宇宙、NFT、Web3.0 的组合应用

（1）AIGC+元宇宙：实现更加自然的人机交互，提供技术支持

AIGC 和元宇宙的结合，可以实现更加智能和自然的人机交互，并且为元宇宙的构建和运行提供强有力的技术支持。具体而言，AIGC 可以通过以下几种方式与元宇宙叠加：首先，AIGC 可以与元宇宙中的虚拟人物或者其他用户进行智能对话交互，实现更加自然和智能的交互方式。例如，当用户在元宇宙中遇到一些困难或者需要指导时，AIGC 可以通过智能对话系统，为用户提供相应的建议和指导。其次，由于元宇宙涉及大量的多模态数据，如语音、图像、视频等，AIGC 可以通过多模态数据分析技术，对这些数据进行感知和分析，并能够进行语音识别、图像识别、情感分析等操作。这种方式可以实现对元宇宙的多种数据进行自动化处理和分析，提高元宇宙的数据处理效率和质量。最后，AIGC 可以为元宇宙中的虚拟角色提供智能化服务，例如为虚拟角色提供自然语言处理、图像识别等技术支持，使虚拟角色能够更加智能和自然地与用户进行交互。总而言之，AIGC 可以为元宇宙的构建和运营提供智能化的技术支持，使得元宇宙的交互方式更加自然和智能化，同时也可以为元宇宙的数据处理和分析提供支持，提高元宇宙的效率和质量。

（2）AIGC+NFT：赋予智能化和自适应能力，提升 NFT 价值

AIGC 与 NFT 的叠加会为 NFT 赋予更加智能和自适应的能力。这主要体现在以下三个方面：首先，AIGC 可以通过智能化的方式与 NFT 进行交互，例如为 NFT 赋予智能对话、智能推荐等功能。这使得用户在购买 NFT 时，可以通过与 AIGC 的智能对话系统交互，获取更多关

于 NFT 的信息和建议。其次，AIGC 可以通过自然语言处理、图像生成等技术为 NFT 生成内容，例如生成 NFT 的说明、介绍、背景等信息。这些内容可以为 NFT 增加更多的价值和吸引力。最后，AIGC 可以对 NFT 所包含的数据进行分析和处理，例如对 NFT 的交易历史、价值变化等进行分析和预测。这些分析结果可以为 NFT 的持有者和买家提供更多的决策依据和价值评估。可见，AIGC 与 NFT 的叠加可以为 NFT 赋予更加智能化和自适应的能力，从而为 NFT 的持有者和买家带来更多的价值和体验。

（3）AIGC+Web3.0：实现更多智能化应用场景，带来高效、安全、智能的互联网体验

Web3.0 是一种新一代互联网技术，而此时 AIGC 与 Web3.0 的技术叠加旨在创建去中心化、安全、隐私性强的互联网环境，可以实现更多的智能化应用场景：首先，智能合约作为 Web3.0 的核心概念之一，可以在去中心化的区块链网络上执行自动化的交易和协议。而此时 AIGC 的加入则可以帮助智能合约识别和处理复杂的数据，以实现更高级的智能合约功能，如预测市场趋势、风险管理等。其次，Web3.0 的另一个关键特性是去中心化身份验证。而 AIGC 可以帮助区分不同的身份信息，并通过图计算来建立身份之间的联系和关联，从而实现更准确和安全的身份验证。再次，Web3.0 还可以创建去中心化的社交网络，而 AIGC 可以帮助分析社交网络中的关系图谱，识别关键人物和群体，从而实现更智能化的社交网络应用，例如推荐更符合用户兴趣和偏好的社交内容。最后，AIGC 可以帮助分析市场数据和趋势，并根据智能合约的内容和执行情况，预测市场价格的波动和趋势，从而帮助投资者做出更明智的决策。

4．应用场景：AIGC 在出行、运动、车内、搜索、虚拟场景中的应用

（1）AIGC 应用出行场景：提供智能化、高效化和个性化的出行体验

AIGC 应用于出行场景可以帮助用户实现智能路径规划，AI 可以通过分析历史出行数据和实时交通状况，预测最佳出行路径和时间，并根据用户的偏好和需求，推荐最适合的出行方式，如步行、骑行、公共交通或驾车；AI 可以帮助交通管理部门分析实时交通状况，预测交通拥堵和事故风险，并自动调整交通信号灯和路线规划，以缓解交通拥堵和提高交通效率，实现实时交通管控；AI 还可以根据用户的历史出行数据和偏好，为用户定制推荐个性化的出行服务和活动，并通过分析用户出行历史数据和天气状况，预测可能出现的安全风险和事故情况，从而提供实时的安全预警和建议，以避免安全事故和提高出行安全性。

（2）AIGC 应用运动场景：提供个性化、健康化和社交化的运动体验

AI 可以根据用户的运动历史数据和偏好，为其设计个性化的运动计划，并根据用户的运动表现和身体状况，不断调整和优化运动计划，以达到更好的运动效果和健康目标。在运动过程中，AI 还可以帮助分析用户的运动数据和身体指标，对用户的运动状态和健康状况进行实时监控，并提供个性化的运动建议和改进方案，以提高用户的运动效果和身体健康。在运动之外，AI 还可以帮助分析运动社交网络中的关系图谱和用户兴趣偏好，提供个性化的运动推荐和社交服务，促进用户之间的交流和互动。同时对于专业运动员而言，AI 还可以帮助分析历史比赛数据和赛事场馆的特征，并对比赛结果和赛事趋势进行预测，而后根据数据分析结果，提供个性化的比赛策略和改进方案，以帮助用户取得更好的比赛成绩。

（3）AIGC 应用家庭场景：提高居住者生活质量与便利性

AIGC 可以用于智能家居系统，以帮助家庭自动化设备更好地响应用户的需求。例如，智能家居系统可以使用 AIGC 来识别家庭成员，并自动调整家庭设备，如灯光、温度、音响等。AIGC 还可以帮助联网设备更好地连接和协作。例如，智能电视可以使用 AIGC 技术自动检测和连接其他设备，如音响、投影仪等，从而提供更好的用户体验。此外，AIGC 可以应用于家庭安全监控系统，帮助监测家庭中的行为和事件。例如，智能摄像头可以使用 AIGC 技术来识别和区分家庭成员和陌生人，提高家庭安全性。最后，AIGC 可以应用于家庭中的聊天机器人，帮助居住者更好地交流和娱乐。例如，聊天机器人可以使用 AIGC 技术自动理解和回答用户的问题，提供更好的服务体验。

（4）AIGC 应用搜索场景：帮助用户更快速、高效地找到所需内容

AI 可以帮助用户实现智能搜索引擎，通过分析用户的搜索历史和兴趣偏好，提供个性化的搜索结果。例如，在用户搜索"旅游"时，AI 可以通过分析用户的地理位置、历史搜索记录和社交媒体信息，提供相关的旅游景点、酒店、美食等信息。而在传统的搜索方式以外，AI 可以帮助用户实现图谱搜索，即基于知识图谱的搜索。通过将知识图谱中的实体、属性和关系建模为图形结构，AI 可以帮助用户快速查找相关实体或属性，例如，在用户搜索"太阳系"时，AIGC 可以通过知识图谱中的星球、卫星、行星带等实体和它们之间的关系，提供相关的信息和图像。最后，AI 可以帮助用户实现推荐系统，根据用户的兴趣、偏好和历史行为，推荐相关的信息或资源。例如，在用户搜索"科技新闻"时，AIGC 可以通过分析用户的历史搜索记录和社交媒体信息，推荐最近的科技新闻、科技博客、科技论坛等。

（5）AIGC 应用虚拟场景：增强虚拟世界智能性与交互性

AIGC 可以用于创建虚拟角色动画，使角色具有更逼真的动作和行为。它可以根据环境和角色之间的互动，自动地调整角色的动作和行为。同时，AIGC 可以用于改进虚拟场景的渲染，使其更真实、更具生动感。通过使用 AIGC 技术，可以为场景中的每个对象添加更多的细节，以便更好地模拟真实世界中的物体。AIGC 还可以通过识别人的语音和姿势，帮助虚拟角色更好地与人互动。例如，虚拟角色可以通过识别人的手势和语音命令来执行不同的操作，以增强虚拟场景的真实感与交互性。

三、人工智能新突破：生成式 AI 浪潮下的互联网营销技术

当前移动设备广泛普及、触达消费者的渠道和内容日渐丰富，"触达"却更加艰难。用户原本碎片化的注意力进一步被稀释，流量成本高昂，用户心智和消费行为更加复杂、难以预测，传统的漏斗理论失效，投入难以获得高回报。过去营销业一直尝试采用机器学习、自然语言处理等技术来进行数据分析和预测，制定更有针对性的营销策略，这是从渠道层面解决营销信息触达的传授连接问题。而过去一年大热的生成式 AI 则是进一步提升了营销内容生产的速率，这也是当前营销领域最为突出的技术突破。

（一）互联网营销领域的重点技术应用

1. 文案（slogan）、策划方案等文本营销技术：ChatGPT、文心一言等

2022 年 11 月底，OpenAI 公司发布 ChatGPT 聊天机器人；2023 年

2月，微软宣布推出基于 ChatGPT 模型的必应（Bing）搜索引擎和 Edge 浏览器；2023 年 3 月中旬，OpenAI 公司发布 GPT-4 模型。2023 年 3 月 20 日，百度公司发布文心一言模型。大语言模型的发展表明，人工智能正在向"类人化"方向迅速发展，大语言模型凭借其深度阅读和识图能力，出色地通过专业考试并完成复杂指令，对过去人类所独有的"创造力"发起强有力的挑战。

大语言模型的发展率先对互联网营销领域产生强烈冲击，技术革命下生产力的提升变革传统行业，催生新的职位，对于互联网营销领域来说，利用人工智能辅助办公，提升工作效率成为保持自身竞争力的重要保证。4 月 11 日，知名营销公司蓝色光标与微软商业化广告达成核心代理战略合作；4 月 12 日，蓝色光标华东区总部运营采购部表示将无限期全面停止创意设计、方案撰写、文案撰写等相关外包支出，遏制核心能力空心化趋势，全面拥抱 AIGC。①

以 ChatGPT、文心一言等为代表的大语言模型的应用有效减轻互联网营销工作者的创作压力，其具备较强的文本生成能力，如品牌故事、视频脚本、广告文案、营销方案等文本撰写。笔者通过构建一个虚拟品牌"粤食潮汕"，运用 ChatGPT 生成了关于该品牌的品牌故事、广告文案。

示例如下：

品牌故事提示词：你是一个文案策划，我们是一家以潮汕牛肉火锅为特色的餐饮连锁品牌，秉承潮汕特色美食传播到全国，乃至全球的愿景，主打"写字楼旁边的养生火锅"，提倡高品质、慢生活、新鲜

---

① 张峥，王纯.科技圆桌派｜蓝色光标全面停用文案外包 GPT 开抢广告行业饭碗？[EB/OL].（2023-04-13）[2023-05-10]. https://www.thecover.cn/news/kIVHe5o3 DqqH90qSdq8Jkw.

美味的餐饮理念，品牌名称为"粤食潮汕"。帮助我们的潮汕火锅品牌写一个品牌故事，让消费者对我们的品牌有一个感性的认识。

> **你是一个文案策划，我们是一家以潮汕牛肉火锅为特色的餐饮连锁品牌，秉承潮汕特色美食传播到全国，乃至全球的愿景，主打"写字楼旁边的养生火锅"，提倡高品质、慢生活、新鲜美味的餐饮理念，品牌名称为"粤食潮汕"。帮助我们的潮汕火锅品牌写一个品牌故事，让消费者对我们的品牌有一个感性的认识。**

> 粤食潮汕，一家将潮汕美食文化传承至全国的餐饮品牌。
>
> 我们的故事始于潮汕这个充满生机和活力的地方。这里的美食文化源远流长，自古就有"鲜、嫩、软、滑、鲜"五大特点，尤以牛肉火锅为代表。潮汕人对于食材的讲究、对于烹饪技艺的精湛以及对于美食文化的热爱，一直是我们粤食潮汕的灵感来源。
>
> 为了让更多人能够品尝到正宗的潮汕牛肉火锅，我们将潮汕的美食文化传播到全国各地。我们的团队经过多年的打磨和探索，深入研究潮汕牛肉火锅的烹饪技艺和食材选配，最终创造出一道独具特色的潮汕牛肉火锅，以及更多潮汕特色美食。我们采用"写字楼旁边的养生火锅"的概念，提供高品质、慢生活、新鲜美味的餐饮体验，让消费者在繁忙的都市中，也能够感受到潮汕人的生活方式和热情。
>
> 我们的品牌名称"粤食潮汕"，蕴含了我们对于传统文化的敬意和对于美食文化的热爱。我们希望通过我们的品牌，将潮汕美食文化传承下去，让更多的人品尝到正宗的潮汕牛肉火锅，感受到潮汕人的热情和生活方式。
>
> 在粤食潮汕，我们注重每一道菜品的制作工艺和食材的选用，力求做到新鲜美味、健康养生。我们始终秉承"以客为尊"的服务理念，为每一位客人提供贴心的服务，让他们在享受美食的同时，感受到家的温暖和舒适。

图 4-3　ChatGPT 生成的"粤食潮汕"品牌故事

图片来源：网络

广告文案提示词：你是一个"粤食潮汕"品牌的广告文案策划，我们是一家以潮汕牛肉火锅为特色的餐饮连锁品牌，秉承潮汕特色美食传播到全国，乃至全球的愿景，主打"写字楼旁边的养生火锅"，提倡高品质、慢生活、新鲜美味的餐饮理念，品牌名称为"粤食潮汕"。帮助我们的潮汕火锅品牌写五条广告文案，让消费者对我们的品牌有一个感性的认识。

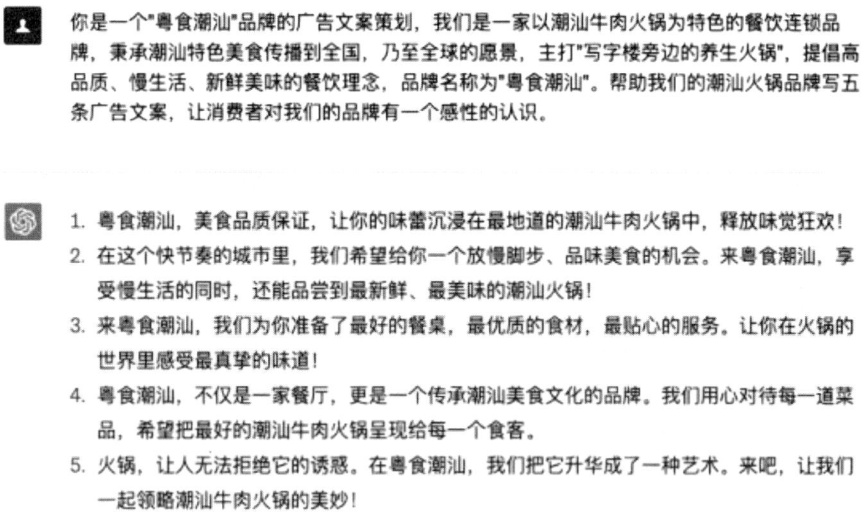

你是一个"粤食潮汕"品牌的广告文案策划，我们是一家以潮汕牛肉火锅为特色的餐饮连锁品牌，秉承潮汕特色美食传播到全国，乃至全球的愿景，主打"写字楼旁边的养生火锅"，提倡高品质、慢生活、新鲜美味的餐饮理念，品牌名称为"粤食潮汕"。帮助我们的潮汕火锅品牌写五条广告文案，让消费者对我们的品牌有一个感性的认识。

1. 粤食潮汕，美食品质保证，让你的味蕾沉浸在最地道的潮汕牛肉火锅中，释放味觉狂欢！
2. 在这个快节奏的城市里，我们希望给你一个放慢脚步、品味美食的机会。来粤食潮汕，享受慢生活的同时，还能品尝到最新鲜、最美味的潮汕火锅！
3. 来粤食潮汕，我们为你准备了最好的餐桌，最优质的食材，最贴心的服务。让你在火锅的世界里感受最真挚的味道！
4. 粤食潮汕，不仅是一家餐厅，更是一个传承潮汕美食文化的品牌。我们用心对待每一道菜品，希望把最好的潮汕牛肉火锅呈现给每一个食客。
5. 火锅，让人无法拒绝它的诱惑。在粤食潮汕，我们把它升华成了一种艺术。来吧，让我们一起领略潮汕牛肉火锅的美妙！

图 4-4　ChatGPT 生成的"粤食潮汕"广告文案

图片来源：网络

ChatGPT 等文本生成类 AI 对互联网营销领域的赋能不只适用于面向消费者的前端内容，同样适用于面向营销人员的后端内容，例如，品牌活动策划、宣传视频脚本等前期准备工作的文本生成。

示例如下：

活动策划提示词：你是一个活动策划师，我们是一家以潮汕牛肉火锅为特色的餐饮连锁品牌，秉承潮汕特色美食传播到全国，乃至全球的愿景，主打"写字楼旁边的养生火锅"，提倡高品质、慢生活、新鲜美味的餐饮理念，品牌名称为"粤食潮汕"。帮助我们的潮汕火锅品牌在五一劳动节策划一场线下活动，活动预算十万元，活动地点在北京，活动时间是五一劳动节当天，本次活动旨在让消费者对我们的品牌有一个感性的认识。

非常荣幸能够为您的潮汕火锅品牌"粤食潮汕"策划五一劳动节的线下活动。为了让消费者对您的品牌有一个感性的认识，我建议以下活动方案：

1. 主题：潮汕火锅文化之旅
2. 活动时间：五一劳动节当天
3. 活动地点：北京市中心某商场或公园
4. 活动内容：

   （1）潮汕美食展示：在活动现场摆放潮汕火锅特色食材和烹饪工具，向参加活动的消费者介绍潮汕火锅的特点和制作过程，让他们了解和品尝正宗的潮汕美食。

   （2）互动游戏环节：设置潮汕火锅相关的互动游戏，例如猜火锅食材、拼火锅配料、火锅文化问答等等，通过游戏加深消费者对潮汕火锅文化的了解和印象，增强品牌的知名度和亲和力。

   （3）厨艺表演环节：邀请潮汕火锅大师在现场进行烹饪表演，展示潮汕火锅独特的制作技巧和传统文化，让消费者近距离观看，感受火锅文化的魅力。

   （4）品牌互动体验：设置品牌体验区，展示品牌的文化、理念、产品和服务，提供免费试吃、优惠券发放、拍照打卡等互动体验，吸引消费者积极参与，增强品牌的影响力和美誉度。

5. 活动预算：

   （1）场地租赁和布置：2万元
   （2）潮汕美食展示和食材采购：2万元
   （3）互动游戏和礼品准备：1万元
   （4）厨艺表演和专业人员费用：3万元
   （5）品牌互动体验和营销宣传：2万元
   （6）其他杂费：总共不超过2万元
总预算为10万元，可以根据具体情况进行调整。

希望以上活动方案能够得到您的认可，如果您有任何问题或建议，请随时与我联系。

图 4-5　ChatGPT 生成的"粤食潮汕"活动策划（因篇幅原因，省略提示词）

图片来源：网络

宣传视频脚本提示词：你是一位宣传片导演，我们是一家以潮汕牛肉火锅为特色的餐饮连锁品牌，秉承潮汕特色美食传播到全国，乃至全球的愿景，主打"写字楼旁边的养生火锅"，提倡高品质、慢生活、新鲜美味的餐饮理念，品牌名称为"粤食潮汕"。帮助我们准备一个宣传片脚本，要求画质精良、内容丰富，标明分镜头。宣传片的重点是宣传潮汕火锅品牌，宣传片预算十万元。本次活动旨在提升消费者对我们品牌的感性认知。

开场镜头
镜头慢慢从上往下，展现大楼的外观，出现品牌名称"粤食潮汕"悬挂在大楼门口。

镜头切换至室内，客人一进门就能感受到温馨的氛围，服务员热情地迎接客人并引导客人入座。

第一部分：品牌理念
1.1 镜头切换至厨房，展现我们使用新鲜的潮汕牛肉和各种食材制作火锅的场景，强调高品质的食材和新鲜美味的味道是我们品牌的核心价值。
1.2 展现摆放整齐的菜单和精致的餐具，强调我们品牌推崇的慢生活、精致生活的理念。

第二部分：火锅美食
2.1 展现我们火锅的特色菜品，包括潮汕牛肉、新鲜海鲜、绿色蔬菜等等，突出宣传我们的潮汕牛肉火锅是养生火锅，为消费者提供健康的饮食选择。
2.2 展现客人品尝美食的场景，融入音效，让观众感受到美食的诱人香气和口感。

第三部分：服务体验
3.1 展现我们贴心的服务场景，包括服务员的热情服务、桌面清理等等，强调我们品牌提供舒适愉悦的用餐环境和周到的服务。
3.2 展现客人在享用美食时的轻松愉悦的场景，同时加入笑声和欢声笑语，让观众感受到我们店铺的温馨和欢乐。

结尾镜头
镜头切换至客人在餐桌上享受美食的场景，出现品牌标语"潮汕特色，新鲜美味"，强调我们品牌的特色和核心价值。
最后出现品牌logo，宣传片结束。

预算分配
制作费用：5万
场地租赁费用：1万
演员、道具、服装等费用：2万
后期制作费用：2万

宣传片制作要求：

1. 视频画质要精良，声音要清晰。
2. 宣传片内容要丰富，切换画面要流畅自然。
3. 分镜头

图4-6 ChatGPT 生成的"粤食潮汕"宣传视频脚本（因篇幅原因，省略提示词）

图片来源：网络

不止于品牌故事、广告文案、活动策划、宣传视频脚本撰写等文本生成类工作，以 ChatGPT、文心一言等为代表的大语言模型将进一步改变互联网营销领域，从营销活动的创意支持、营销活动的前期策划、面向消费者的广告文案等角度深度影响营销活动的全流程。

对于互联网营销工作者和消费者而言，基于大语言模型的文本可能无法满足广告主、品牌方的高层次、复杂性需求，这就对大语言模型和用户的提示工程能力提出了更高的要求，未来 AI 技术进步和 AI 营销人才的出现将进一步变革互联网营销领域。

2. 海报、设计图等图片营销技术：Midjourney、文心一格、Stable Diffusion 等

2015 年，首个用于艺术创造的机器学习应用 DeepDream 问世，AI 艺术开始走向大众视野；2021 年至 2022 年，文生图应用取得突破性进展，图片画质迅速提高。就底层模型而言，2022 年前，以 GAN（生成性对抗网络）模型为主，随后以 Diffusion 模型为主，Diffusion 模型以其交互便利、生成高速等特点降低产品使用门槛，通过多个文生图软件的公测，成功引爆社交媒体上关于人工智能对图片生成的赋能，成功实现文生图应用的消费端落地。如今，Midjourney、文心一格、Stable Diffusion 等生成式 AI 创作的图片画质清晰，富含艺术气息，极大缩短图片生成速度，甚至用户可以自行选择图片生成速度和质量，生成时间越长，图片画质越高清。

2022 年 3 月问世的 Midjourney 是一款 AI 绘画工具，可以结合不同的艺术风格与镜头语言，通过文生图的形式在一分钟内产出图片。2022 年 8 月，Jason Allen 使用 Midjourney 生成的《太空歌剧院》（*Théâtre D'opéra Spatial*）在科罗拉多州的一场美术比赛中获得数字艺术一等奖，人们对 Midjourney 的关注达到顶峰。2023 年更新的 V5

版本让 Midjourney 及其作品成功出圈，如之前爆火的"中国情侣"图片。Midjourney 等文生图应用的用户群体广泛，不仅包括 C 端的个人爱好者，而且包括 B 端的创意设计师、工业设计师、NFT 从业者等设计人才。

以 Midjourney 等为代表的文生图应用对互联网营销领域冲击显著。产品设计师、海报设计师、游戏原画师、自媒体工作者、企业的广告创意与宣传部门等都是其用户群体。此类文生图应用以图片生成高速度、图片创意多元化等特点为互联网营销工作者减轻工作压力，为互联网营销降本增效。

4 月 10 日，"# 飞猪 AI 广告引发热议 #"登上微博热搜，话题累计阅读量超 1.5 亿，讨论次数超 1.3 万。国内旅游出行服务平台飞猪在上海、杭州两大城市投放了一组由人工智能创作的海报，展现由 AI 设计的国内外旅行目的地，图片风格各不相同。

图 4-7　旅游出行服务平台飞猪投放于上海、杭州的部分 AIGC 图片

图片来源：网络

AIGC 已然跨越文本生成领域至图片设计领域，飞猪投放于上海、杭州的地铁站广告已经开始运用 AIGC 生成内容，与此同时，飞猪手机 APP 等网络接口同步呈现 AIGC 广告，从线下到线上的破圈营销证明人工智能已然应用于专业营销创意领域。飞猪平台借助生成式 AI 这一热点话题，投放于流量高地——城市地铁，飞猪 AI 海报引发用户关注，"# 飞猪 AI 广告引发热议 #"等相关话题在微博发酵，进而实现微博、微信等渠道的接力传播与破圈传播，实现话题的聚拢讨论，实现极佳的营销效果。

对于互联网营销活动而言，图片设计主要有两点需求——出图快、出图好。AI 设计的图片在出图快层面完胜人类设计师；在出图好层面，AI 设计海报的能力已然超越广大普通设计师的能力层次，或许在创意、美观等角度无法媲美最顶尖的设计师，但是 AI 在极大程度上降低了图片生产与品牌传播的门槛，AI 突破了资源使用与整合上的能力局限，赋予广告主和品牌方在理论上以一种社会平均线之上的品牌传播能力，将进一步改变"酒香也怕巷子深"的营销窘境。

结合飞猪投放的 AI 创意广告，AI 在构图设计和元素堆砌层面具备较高的能力水平，例如在景点选择上，海报所呈现的国家和城市都是旅游攻略上的知名景点，如内蒙古的满洲里套娃酒店、贵阳天硐地心秘境、西藏珠峰大本营等知名景点。飞猪 AI 创意广告通过呈现人们耳熟能详的景点唤起人们的记忆点，通过展现不同国家和地区的本土特色促进消费者的情绪唤醒，进而激发消费者的旅游冲动。该广告还具备突出特征——色彩鲜明、风格奇幻，这是 AI 营造情境体验的重要手段，但是在高频次、高曝光的情况下很容易引发消费者的审美疲劳。消费者能否准确捕捉海报重点应该是海报设计的核心与关键，例如在贵阳天硐地心秘境海报上，AI 着重体现喀斯特地貌、山川元素、色彩搭配，但是该景点的宣传海报应该着重突出人类对未知与陌生世界的探索，不同于地表的地心世界的独特魅力，从而通过海报唤醒消费者的深层次心理冲动。

AI 对营销领域的图片设计产生强烈冲击，短期之内，AI 尚且无法完全取代广告公司，AI 广告的出图快固然重要，但是出图好是基于市场潮流的把握与预测，进而实现对消费者心理的精准定位，在此基础上完成高质量的营销海报，这对 AI 技术对市场潮流与消费者画像的把握和人类设计师的提示工程能力提出了更高的要求。

3. 短视频、宣传片等视频营销技术：Stable Diffusion、GEN-2、剪映等

人工智能对营销领域的变革并不局限于文案策划和图片海报层面，对视频领域同样如此。毋庸置疑，人工智能是 2023 年的重要风口，技术革命赋能诸多产业实践领域，触及产业全链条。股市作为市场的晴雨表，对引发市场变化的变量极为敏感。抛开科技板块的涨幅不谈，在二级市场的影视领域，长期处于低位的传媒板块个股普遍迎来 30%—50% 以上的涨幅。上海电影、光线传媒、华策影视、万达电影等涉及 AIGC（人工智能生成内容）相关布局的公司均迎来一轮疯涨，其中，上海电影的股价涨幅一度接近 220%。万达电影表示公司正在密切关注人工智能在影视与游戏制作等领域的应用，光线传媒正探索人工智能在动画表演、场景生成、布光渲染等方面的应用。与此同时，爱奇艺、腾讯视频、优酷、芒果超媒等长视频平台正在发力 AIGC 领域。

AIGC 对视频领域的变革将贯穿影视创作的全链条，相较于真人视频，目前 AIGC 已经逐步应用于动画短片。今年年初 Netflix 发布一支总时长约为三分半钟的动画短片《犬与少年》，这是 Netflix、小冰公司日本分部（rinna）和 WIT STUDIO 共同创作的首支发行级别 AIGC 动画作

品，该短片讲述了一个小孩与一只机器狗重逢的故事。不同于传统动画短片制作方式，《犬与少年》采用 rinna 开发的 AI 辅助背景进行制作，简化从导演分镜表到产出设计图的工序环节，将手工着色的设计图上传至 AI 生成背景，再通过 AI 对背景图进行优化，进而通过 AI 技术绘制完整动画场景。《犬与少年》作为首支发行级别的 AIGC 动画作品，在剧情、画质等多个方面达到较高水准。

图 4-8 《犬与少年》剧照

图片来源：Netflix（经笔者自行整理而成）

相较而言，海外影视产业体系相对成熟，在垂直领域运用 AI 创新能力较强，海外大部分厂商较早结合 AI 技术优化视频内容生产流程。例如，2020 年推出的 Filmustage，借助 AI 技术分解电影剧本、生成场景信息、创建拍摄时间表等；Runway 发布文字生成视频模型 GEN-2 等。

将视线转移至中国，2023 年 3 月 22 日，光线传媒发布动画电影

《去你的岛》的首张 AI 制作海报，该海报是由一位不会绘画的人通过 ChatGPT、MidJourney V5、Stable Diffusion 制作，并表示 AI 将深度参与到该项目的制作过程中。在动画电影《去你的岛》官宣海报的右下角特别指出该海报是由 AI 制作，正如飞猪在地铁站投放的 AI 生成海报，现阶段运用 AI 技术生成的图片视频也是一种新颖的营销手段。《去你的岛》利用 AI 生成海报进行营销，唤起消费者对未来由 AI 参与生产的动画电影产生期待，产生较高的话题热度与良好的营销效果。

图 4-9　动画电影《去你的岛》官宣海报（本海报由 AI 制作）

图片来源：网络

　　AI 技术对影视领域的赋能如何影响营销领域呢？可口可乐延续"Real Magic"理念，运用"实拍 +3D+Stable Diffusion（通过文本输入生成图像的人工智能技术）"制作一支极具创意的视频广告 *Masterpiece*。可口可乐全球创新战略主管 Pratik Thakar 认为该广告表达可乐就是故事本身的寓意，通过串联不同时代、不同地区、不同种类的艺术品，最终为主角带来活力，展现品牌理念"Real Magic"的真谛——人因交流而创造无数精彩瞬间。[①] 可口可乐公司在推出 AI 参与制作的 *Masterpiece* 创意广告后发布 Create Real Magic 竞赛，邀请消费者使用 GPT-4、Dall-E2 模型进行 AI 创作，获胜作品将有机会登陆纽约时代广场与伦敦皮卡迪利圆环的大型广告展板。

图 4-10　可口可乐创意广告 *Masterpiece*（基于实拍 +3D+Stable Diffusion）

图片来源：网络

---

① 可口可乐最新创意广告 *Masterpiece* 让名画动起来！同推"Create Real Magic"限时 AI 绘图竞赛平台 | La Vie[EB/OL]. [2023-04-23]. https://www.wowlavie.com/article/ae2300355.

AI 技术的快速迭代必然推动营销技术的革新，未来的宣传片、短视频等营销手段的成本将进一步降低。2023 年 3 月 20 日，Runway 发布视频生成模型 GEN-2，作为市场上第一个公开可用的文本生成视频模型，GEN-2 的工作模式包括文字生成视频、提示词 + 图片生成视频、图片生成视频、风格化模式、故事版模式、蒙版模式、渲染模式、自定义模式。① 视频营销技术对视频生成 AI 和 AI 营销人才提出了更高的要求，伴随视频生成式 AI 的技术进步和 AI 营销人才提示工程能力的提升，视频营销成本、视频营销画质、视频营销风格等方面将获得显著提高。未来，视频生成式 AI 在产品宣传片、游戏宣传片、短视频等多个营销实践领域将得到更广泛的应用。

（二）生成式 AI 浪潮下的互联网营销特征

1. 生成式 AI 对互联网营销又一次重大的赋能赋权

生成式 AI 变革内容生产范式，是对互联网营销的又一次重大的赋能赋权。互联网的诞生是对营销的第一次赋能赋权，突破了营销传播渠道的限制，赋予广告主、品牌方等主体以传播渠道与能力，基于社交平台和短视频技术的进一步普及，广大营销主体具备建立自主网络营销的渠道与平台，突破了传统话语表达的精英霸权，极大降低了营销信息传播的"门槛"。但是互联网对营销领域的第一次赋能赋权有其局限性，营销主体的营销内容生产依然受限于专业营销机构、广告公关公司等。对于广大营销主体而言，其并不具备专业营销内容生产能力，需要借助营销领域专业技术人才的辅助，方能实现社会平均水准

---

① 朱珺，吴晓宇. 解析 GEN-2：视频生成式 AI 新突破 [EB/OL]. [2023-04-23]. http://stock.finance.sina.com.cn/stock/go.php/vReport_Show/kind/search/rptid/734017032945/index.phtml.

之上的营销内容生产。

生成式 AI 的出现是对互联网营销的又一次重大的赋能赋权，突破了资源使用和整合上的能力局限，在文本营销内容、图片营销内容、视频营销内容生成层面赋能广大营销主体，使它们至少在理论上可以一种社会平均水准之上的品牌价值表达及资源动员能力进行社会性的营销内容生产和营销信息传播。ChatGPT、Midjourney、Stable Diffusion 等新一代智能互联技术，令广大营销主体能够跨越"营销能力沟"的障碍，有效地按照主体的价值诉求、品牌理念激活和调动海量的外部资源，形成准确、丰富、完善的价值创造和价值表达能力。这是营销领域在数字化和智能化加持下的重大启蒙，是营销领域活力重启的关键。

2. AI 营销的兴起与新职业的涌现：AI 营销人才——营销领域的提示工程师

生成式 AI 对互联网营销的又一次重大的赋能赋权促进 AI 营销的兴起与新职业的涌现。AI 营销意指运用生成式 AI 技术完成营销任务，AI 营销人才意指具备一定提示工程能力，能够运用生成式 AI 完成营销内容生产的营销人才。以 ChatGPT、Midjourney、Stable Diffusion 等为代表的生成式 AI 将进一步实现人类的自由度的扩张，使人类从繁杂的机械性、重复性劳动中释放，更多地投入创新性内容生产中去，实现真正意义上的微粒化个体激活。依托 AIGC 的文案撰写、插画师、虚拟数字人、营销策划师等新兴职业大量出现。[①] 近日，知名公关公司蓝色光标宣布无限期全面停止创意设计、方案撰写、文案撰写等相关外包支

---

① 张智雄，曾建勋，夏翠娟，等 . 回应 AIGC 的信息资源管理学人思考 [J/OL]. 农业图书情报学报，2023（1）：4-28.

出，遏制核心能力空心化趋势，全面拥抱 AIGC。这也印证了 AI 营销的兴起趋势。

对于广大营销主体而言，AIGC 只能满足其浅层次营销需求，难以满足营销主体的定制化、高层次、多样性需求。AI 营销人才——营销领域的提示工程师（prompt engineer）应运而生，通过专业素养和数字素养弥合了营销主体的高层次需求与 AIGC 之间的能力沟，实现完全意义上对互联网营销的赋能赋权。例如，对于营销主体而言，任何一个工作人员利用 ChatGPT、文心一言等生成式 AI 都可以生成广告文案、营销策划等文本，但是这样的营销内容可以满足广告主、品牌方的高层次、定制化、多样性需求吗？很显然，答案是否定的。对于产品设计、海报设计等图片生成领域而言同样如此，只有在 AI 营销人才具备一定提示工程能力的基础上，Midjourney 等生成式 AI 才能产出符合营销主体需要的内容。此外，还需要 AI 营销人才对模型随机生成的内容针对品牌价值诉求进行微调，才能最终满足营销主体需求。由此可见，AI 营销兴起是互联网营销的新趋势，与此同时，AI 营销人才应运而生，两者协同发展才能真正实现对市场潮流和消费者画像的精准把握。

3. AI 营销：一种新的营销噱头

AI 营销本质上是一种新的营销噱头。独立设计师品牌 LABELHOOD 蕾虎在第十五届先锋时装艺术节以"春风抒阔 Blowing in the Breeze"为主题，特邀创意人 Macci Leung 共同推出首个 AI 创意主题视觉。蕾虎作为一个走向未来的独立设计师品牌，使用 Midjourney 绘制春风，从人工智能角度为理解和呈现东方的写意美学贡献 AI 力量，为中国设计师时装的创意性表达增添一丝丝风的自由、轻盈能量。

3 月 30 日，新消费品牌钟薛高在上海年度发布会上推出新品

"SaSaa"系列。与以往的产品宣传不同，这次在定价层面的激进策略似乎并不符合钟薛高的"雪糕刺客"身份，"SaSaa"系列并未突出其 3.5 元的低价，转而强调其 AI 属性，甚至戏谑道："隐隐约约有听说我司创意总监可能失业，因为 # 钟薛高 SaSaa# 来了！""SaSaa"系列的营销实践将 AI 属性内蕴其中，钟薛高官方微博对其描述为"一款名字是 AI 起的，包装是 AI 设计的，口味是 AI 建议的，最重要的是魂儿都是 AI 给的产品：Satisfy and surprise any adventure，任何冒险都能够带来满足和惊喜！"AI 营销作为一种新的营销噱头，以新颖奇特的形式、高质量的营销内容引爆话题讨论，实现了良好的产品破圈传播效果。

4 月 1 日，支付宝联合 Gurulab 创始人、广告导演、艺术家赵伯祚发布一则 AI 营销短片《支付往事》，运用 AI 讲述了中国支付历经钱包、互联网、二维码、移动手机的转变，再到展望未来的万物互联。赵伯祚解释发布节点时称"之所以选择在愚人节发布，是为了规避一些风险，因为我们还不知道大家对 AI 创作的接受程度"[①]。

伴随 AI 创作的大火，越来越多的企业开始兴起 AI 创作、AI 营销需求，越来越多的 AI 营销内容开始进入互联网，甚至引发热议。作为一种新的营销噱头，AI 营销内容的出现与快速发展一方面彰显消费者对反常态营销内容的关注，另一方面也更意味着 AI 技术、AI 营销人才、AI 营销内容的逐步完善。

4．AI 营销促成互联网营销领域的生态级变局

未来已来，伴随 AI 广告进入常态化阶段，AI 营销将变革营销逻辑，

---

① 茶小白 .AI 广告的想象力，能帮品牌"省一个亿"？ [EB/OL]. [2023-04-24]. https:// www.thepaper.cn/newsDetail_forward_22650665.

促成互联网营销领域的生态级变局。首先，AI 营销将极大程度提升内容产出效率与降低营销成本；其次，AI 为营销内容提供创意支撑；最后，AI 营销进一步影响传播过程与营销效果。

（1）AI 营销将极大程度提升内容产出效率与降低营销成本

AI 营销提升内容产出效率与降低营销成本是 AI 创作的核心优势。在文本营销技术上，ChatGPT、文心一言等模型依据营销主体的价值理念与营销诉求，生成符合需要的文本内容，在相对零成本的人工基础上，节省大量时间成本；在图片营销技术上，Midjourney 等模型可以充分利用现有素材和图库内容迅速满足营销主体诉求，甚至 1 秒生成图片；在视频营销技术上，伴随技术进步，视频生成 AI 将极大缩短营销视频拍摄的长周期，降低人力成本支出，进而实现更完善的剧情叙事与画质呈现。

（2）AI 为营销内容提供创意支撑

AI 具备超强的营销内容创作能力，能够减轻营销工作者的基础创造工作和重复性工作。以 ChatGPT、Midjourney 为代表的生成式 AI 在迅速生成内容的基础上提出了很多意想不到的创意，为互联网营销主体和营销工作者提供了新的创意，结合营销主体和营销工作者深耕行业的洞察与定位能力，进一步推动互联网营销发展。

（3）AI 营销进一步影响传播过程与营销效果

围绕互联网营销全流程，伴随着 AI 营销对传播过程和人际交互的渗透。针对不同消费群体，营销主体面对 AI 生成的大量营销内容进行筛选和调整，最终投入互联网营销领域。AI 的介入将消费者需求前置，基于消费群体的趣缘、信源偏好，完成内容筛选，以富含非理性因素的风格创作符合消费群体的营销内容，提升营销效果。AI 营销以动态模式影响传播过程与营销效果，最终实现真正意义上的精准营销。

四、新趋势：人工智能技术浪潮下的互联网营销新动向

（一）互联网营销进入深水区，人工智能技术扮演"核心序参量"

从 1997 年第一个互联网广告诞生之日算起，中国互联网营销已经走过 20 多年。梳理 20 多年的发展我们可以发现，互联网营销市场规模获得了高速增长，在这期间，技术的更新与迭代成为其发展基石。新技术正在以新的连接、新的标准和新的尺度构造新的互联网营销环境，人工技术在深度参与进程中扮演着"核心序参量"。系统科学认为，"核心序参量"是具有"革命性"的，系统的改变总是从它开始，而它的变化又总是支配着其他子系统的变化。在人工智能技术逐步推动互联网营销巨大作用下，其内在核心驱动因素也在发生重大改变。网络营销时代到智能营销时代的变化以人工智能技术对互联网营销的参与、界定和驱动为标志。

在第一阶段，人工智能技术参与互联网营销的发展。人工智能技术带来了流量的增长，开始参与到互联网营销之中，技术的发展使得更多用户参与到互联网营销环境，带来了新的流量池，这一阶段是粗放发展阶段。

在第二阶段，人工智能技术开始界定互联网营销的发展。人工智能技术的发展带来了"以数据为驱动"的核心概念，互联网营销开始以数据为标准，数据开始界定互联网营销的策略制定、效果优化以及未来发展的方向，这一阶段互联网营销从跑马圈地开始精耕细作。

在第三阶段，人工智能技术开始驱动互联网营销的发展。互联网营销发展第一阶段的驱动因素是流量，第二阶段是数据，而第三阶段是人工智能。在发展的过程中，人工智能技术并不是仅仅成为人工的

辅助，更多情况下是代替人完成决策和创作，开始凸显更大的价值。

随着互联网营销进入深水区，在增速放缓、竞争升级、巨头生态的大背景下，未来互联网营销发展深刻呼唤并拥抱人工智能技术。互联网营销发展过程中需要解决的问题一直是效率和效果的问题，而在其中技术却起到了关键性作用。人工智能技术在数字营销中的应用，将呈现在互联网营销的各个环节之中，用户洞察、策略生成、创意生产、智能投放、效果强化以及再营销等环节都离不开人工智能技术的驱动，从而让互联网营销更加智能、更加高效。人工智能技术所依赖的大数据、算法和算力等要素已经形成规模效应，元宇宙技术也逐步被各大互联网企业青睐，AI+ 营销的叠加效应将会产生巨大的社会发展价值。

（二）AI 技术突破性迭代，释放行业新机遇

2022 年底，新一轮 AI 技术掀起新的互联网营销浪潮，即将带来生产效率的变革，生成式 AI 助推产业创新和发展，互联网营销领域将迎来新的发展机会。

AIGC 从内容生产层面将实现跨模态转化，文字、图片、视频、代码等内容在技术的加持下迎来了智能生产、效率提升、降本增效的新机会，进而实现精准匹配、动态预测用户需求、大范围推荐传播等。AIGC 能通过内容自动化的生成，打破营销全链路中人工生产内容效率较低这一短板所带来的限制，真正意义上实现营销全链快车道、全链自进化，从而大幅提升迭代效率。QuestMobile TRUTH 中国移动互联网数据库 2023 年 3 月数据显示，AIGC 在移动社交、移动视频、移动购物典型 C 端应用场景月活跃用户规模超 10 亿人，这也表明未来 AIGC 在互联网营销领域的发展潜能巨大，也将会为互联网行业带来新的发展风口。

AIGC 为企业营销开源节流，实现从效果广告到精准投放。伴随着数字技术的不断发展，千人千面的精准营销已经成为行业共识，而无论是传统营销还是 Web3.0 背景下的数字营销，广告主所期待的都是最大限度提高 ROI。而 AIGC 的参与将为精耕细作带来新的发展机会。生成式人工智能具有全流程、多模态的特点，它不仅可以实现互联网营销投放的全流程效果升级，还能实现用户触达、用户反馈智能优化策略。与此同时，人工智能更懂用户，它不仅可以分析用户短时使用行为，还能处理用户更为长期的行为，计量单位从月进化为年，实现万亿规模参数升级。

伴随着应用级产品的持续推出，国内对于 AIGC 的关注度持续增高，国内互联网公司也正在加快布局大语言模型进度。例如 2023 年 2 月 10 日，京东云宣布将推出产业版 ChatGPT——ChatJD 智能人机对话平台，聚焦零售和金融领域；3 月 16 日，百度公司推出"文心一言"；4 月 7 日，阿里云上线聊天 AI"通义千问"；4 月 9 日，360 宣布开发人工智能产品矩阵"360 智脑"落地搜索场景……。可以说在 AIGC 的驱动下，在 Web3.0 的数字空间里，AIGC 将继续引发下一场营销革命。

（三）从量变到质变，AIGC 赋能互联网营销新发展

腾讯研究院在《AIGC 发展趋势报告》中指出，AIGC 作为当前新的生产方式，已经率先在传媒、电商、影视、娱乐等数字化程度高、内容需求丰富的行业中取得新发展，而未来其在互联网营销领域也将释放巨大潜能。

1. 从 ChatGPT 看人工智能革命，AIGC 将赋予企业和消费者新价值

2022 年底，美国人工智能研究公司 OpenAI 开发的聊天机器人 ChatGPT 迅速成为全世界热议的焦点。先进的技术带来新的生产力，

ChatGPT 的出现将用户体验升级到了新的层次。而伴随着人工智能技术在互联网营销的各行业、各环节的持续性渗透，营销方式、营销流程、用户触点、用户反馈等环节和渠道被重塑。

在这种趋势下，互联网营销企业将不断扩充自己的解决方案，以满足不同行业和场景的需求。

对于面向消费者的互联网营销企业来说，借助 AIGC B2C 场景的运营质量或许能够有很大提升。人工智能技术的发展重塑了营销的方式，最为明显的表现就是营销延展、渠道多元。AIGC 技术的落地、5G 场景的落地、IoT 的广泛普及使得信息交互会继续分散。而 AIGC 技术的渐趋成熟将会加强各类媒介的开放性、打通信息壁垒和渠道壁垒，实现消费场景、消费流程的全覆盖与用户体验的深度交互。

当与消费者之间的连接顺利形成后，AIGC 可以根据营销企业的诉求形成相关营销内容，也可以直接将对话式 AI 能力集成到自身智能客服和互动对话的交互场景中，为消费者带来更好的互动形式和服务体验。AIGC 营销技术将致力于提供多元、多样、多层次、多互动的用户体验，提高用户参与度和忠诚度，从而增加品牌黏性和用户转化率。

2. 从高效生产到精准优化，AIGC 将带来新的营销提升方案

AIGC 颠覆了传统的工作生产效率，借助持续的互动体验进而获取信息来优化产出，而 AIGC 应用在未来营销中有三类提升方案。

第一类，对话式互动生成营销内容。互联网营销人员可以向聊天机器人提问，得到相关性高、应用性强的营销策略文案，通过交互训练进行持续优化和调整。在未来的应用场景中，互联网营销企业可以利用 AIGC 的应用型文本特点，针对不同类别的用户群体、不同定位的营销场景、不同的产品类型，来产出个性化营销内容，为用户带来个性化的交互和服务体验。

第二类，个性化智能客户服务。AIGC 将在用户标签场景上赋能，通过问答互动，抓取用户标签，完成用户打标流程。借助 AIGC 的能力，通过用户标签和聊天偏好进行后续用户维护，在调研、推广、营销落地等环节进行内容产出与互动，企业借助智能客服实现服务效率的提高和满意度的提升。

第三类，智能聊天答疑的数字员工。智能客服的出现是互联网营销发展过程中具有跨越性意义的一步。基于机器人流程自动化（Robotic Process Automation，RPA）技术的"数字员工"，在 AIGC 赋能下可以直接被投放到社群内部进行使用，通过文字、语音、视频等多种形式与用户智能互动和应答，并根据用户发出的信息，进行语音回复或者视频回复。在这个过程中，数字员工与用户是双向学习的过程，两者在双向互动过程中实现优化。在金融、教育等行业，数字员工在标准化答疑上将释放巨大的潜能。

关于 2022 年走红的元宇宙，AIGC 的到来也为其带来了新的发展，为元宇宙新基建打下基石。一方面，生成式 AI 在交互、仿真、编程技术等方面解放了生产力；另一方面，AI 内容生产促进了 Web3.0 世界数字内容的积累，让去中心化更加现实落地。诚然，技术发展正在全面改变移动互联网的发展轨迹，数字经济越发深入人们生活。技术是手段，核心是体验，互联网营销传播的本质一直没变，但借助技术却可以达到"1+1>2"的效果。AIGC 浪潮涌动之下，有危机亦有机遇，我们需要准确把握 AIGC 浪潮下互联网营销的新转向，重新认知智能互联时代下技术变革为互联网营销带来的新机遇，厘清互联网营销结构空间中多主体的自组织特性，进而深刻把握互联网营销的机制重建，实现互联网营销全要素的价值重构。

第二部分

创新篇

第五章 互联网平台营销创新

● **本章提要**

在政策、企业和市场层面共同努力下，互联网平台营销需寻求创新性的增长方式。具体来看，内容、社交、电商等各大平台已经成为人们生活中不可或缺的组成部分。然而，随着用户数量的爆炸性增长，这些平台也开始面临越来越严峻的竞争压力。在内容平台方面，由于平台对创作者的扶持力度下降，导致内容资讯业务陷入瓶颈期，同时"唯流量论"的观念逐渐退潮，内容开始向存量竞争方向发展。此外，随着 AIGC 技术的不断发展，或将引发内容生产力变革。在社交平台方面，越来越多的品牌把社交聆听纳入营销策略中，同时平台也开始聚焦于亲密好友的关系聚合，将"熟人社交"作为新的发展趋势。在电商平台方面，全链路分析用户的决策路径和探索除广告外的新变现模式成为平台发展的重点。总的来说，这些平台所面临的挑战与机遇都非常复杂，如何通过内外部的可持续实践来应对不确定性，将是未来互联网平台营销的重要策略。

● **本章营销热词**

存量竞争；社交聆听；精准营销；轻熟人社交；虹吸效应；品牌资产

213

一、内容平台

（一）平台降低对创作者的扶持力度，内容资讯业务陷入瓶颈

随着中国互联网市场的成熟和普及率逐渐饱和，2022年互联网及内容用户规模逐渐触顶，网民、视频、直播用户规模的增长进一步放缓。在这种情况下，内容资讯业务面临瓶颈，原因包括用户增长放缓、创作者市场竞争加剧、内容同质化严重、平台盈利压力增大以及监管政策影响。

为应对这些挑战，平台降低对创作者的扶持力度，这主要表现在平台减少了补贴、降低了分成比例等方面，让大量中小账号主体变现困难。取而代之的是，平台转而关注用户留存、活跃度以及优质内容的生产。同时，创作者需在竞争激烈的市场环境中寻求差异化，提高自身的竞争力和创新能力。在这个过程中，政策监管、平台和创作者之间的协同与平衡将成为推动内容资讯业务持续发展的关键因素。根据第51次《中国互联网络发展状况统计报告》，互联网及内容用户规模增长逐渐趋缓，尤其是网民、视频和直播用户规模。数据显示，截至2022年6月，网民规模同比增长率降至3.4%，网络视频（包括短视频）用户规模同比增长率约5.7%，增幅越发有限。这表明中国互联网市场正逐渐趋于成熟，用户数量增长的空间有限，需要更加关注用户的深度挖掘和精细化管理，以提升用户体验和增强用户黏性。

1. 平台降低对创作者扶持力度的原因

在当今互联网行业的竞争中，各大平台都在努力争夺市场份额和用户关注，这导致平台之间的差异化越来越小，从而加剧了平台之间的竞争。为了在竞争中占据优势，平台需要降低成本并提高效益，因此平台纷纷削减对创作者的扶持力度。这样做不仅可以降低平台的成

本，而且可以让平台更加关注自身的核心业务和用户需求，从而提高平台的整体竞争力。

早在 2016 年，papi 酱凭借 40 多条原创视频成功获得 1200 万元的首轮融资，并因此成为热门话题。这启示了各大平台在互联网内容创作领域的潜力，随后各大平台都投入了大量资金和资源支持内容创业，采用各种百亿计划、现金补贴和流量激励等方式扶持内容创作者，这标志着内容创业迎来了"黄金时代"。但是随着互联网大环境的变迁，人口红利下降，平台难以再采用这种"入不敷出"的补贴方式扶持内容创作者。例如，在 2019 年推出青云计划后，今日头条吸引了众多创作者的关注。然而，随着时间的推移，青云计划早已被取消，其他平台如一点号、快传号、大风号等也大多无法为创作者提供充足的收益分成。这主要有以下两方面的原因。

一方面，广告收入是平台和创作者的重要收入来源。但是随着用户对广告的抵触情绪上升，广告效果逐渐减弱，使得平台的广告收入下滑。虽然近年来有原生广告、贴片广告、中插广告等将广告与内容无缝融合的广告形式，但是这些手段在时间的推移之下也难免让用户感到缺乏新意和创意。因此，广告收入的下滑也间接影响了平台对创作者的扶持力度。在这种情况下，平台需要探索更加创新的商业模式，以提高广告的效果，增加广告收入，并保持对创作者的扶持。

另一方面，政府对互联网行业的监管越来越严格，尤其是对内容资讯类平台的监管，例如在抖音平台上，法律法规不允许创作者随意从事宣传商业广告等行为，这也导致平台需要投入更多资源应对监管风险，间接让平台在对创作者的扶持力度上降低权重。尽管监管政策的加强可以保障平台的健康发展和用户的权益，但是对于创作者而言，也带来了更大的变现困难与不确定性。

2．内容资讯业务陷入瓶颈的表现

首先，内容同质化严重。随着互联网的发展，内容资讯平台的数量和用户规模不断增加，市场竞争越来越激烈。在这种情况下，许多平台为了抢占用户流量，追求更高的点击率和曝光量，往往倾向于推出大量相似的内容，以期达到更高的用户点击量和广告收入。这样的做法导致许多平台出现了内容同质化的问题，各家平台所提供的内容大同小异，缺乏创新性和差异性。另外，许多平台没有自主的原创内容或者不愿意付出更多的成本去开发独特的内容，而是采用低质量的内容抄袭和复制，这样的行为不仅违反了知识产权法律法规，也降低了整个行业的创新性和品质。此外，为了获取更高的曝光和收益，一些平台还采用低俗内容吸引用户，给用户带来不良影响。总之，这些表现表明，内容资讯业务陷入了瓶颈期，需要加强创新和品质，提高平台的独特性和差异化，以满足用户需求，维护整个行业的良性发展。

其次，随着互联网的快速发展，内容资讯平台的盈利模式变得越来越单一，主要依赖于广告或者直播收入。而收入模式的单一性催生许多问题。首先，随着用户对广告的抵触情绪上升，广告的效果逐渐减弱，平台的广告收入也可能随之下滑。其次，内容资讯平台如果只依赖广告收入，可能会过度追求点击率和浏览量，而不注重内容的质量和用户体验，这也会对平台形象和用户黏性造成损害。因此，为了实现可持续发展，内容资讯平台需要积极寻求创新，拓展多元化的盈利模式。例如，平台可以探索付费内容、电商等多种新的盈利模式。付费内容模式可以在保证内容质量的前提下，吸引那些愿意付费获取高质量内容的用户，为平台带来稳定的收入，电商模式则可以将平台的流量和用户关系变现，通过为用户提供优质的商品和服务，进一步提升平台的用户体验和用户忠诚度，从而实现双赢。概言之，单一的盈利模式在内容资讯平台的可持续发展过程中是不可持续的。内容资讯平台需要不断探索和创新，拓展多元化的盈利模式，从而实现可持续发展。

最后，内容质量下降等问题。在内容资讯领域，平台的生存与发展离不开用户对内容的认可和信任。然而，随着市场竞争的加剧，许多内容资讯平台为了追求快速发展，可能会过度追求快速发布和更新内容，导致内容质量下降。例如，为了追求点击率和访问量，一些平台可能会使用"炫酷"的标题或夸张的内容吸引用户，但实际内容与标题不符甚至充满谣言和不实信息。这种现象可能会让用户逐渐失去对平台的信任，降低用户黏性，进而影响平台的可持续发展。此外，平台在面对新的竞争对手时，为了保持市场份额和用户，也可能会追求快速扩张和增加内容量，但忽略内容质量的提升。这种做法可能会导致平台的内容质量下降，用户流失率增加，最终影响平台的收入和发展。因此，内容资讯平台需要加强对内容质量的把控，注重内容的深度、广度和真实性，通过提升内容质量来赢得用户的信任和支持。同时，平台需要遵守相关规定和法律法规，维护信息真实性和客观性，保护用户的合法权益，实现可持续发展。

（二）"唯流量论"退潮，内容走向存量竞争

在互联网发展的初期，"唯流量论"成为许多企业和平台的主导思想。这种理念认为，流量是互联网行业的核心竞争力，只有不断吸引更多用户访问，才能为企业带来更多的商业价值。然而，随着互联网市场的不断成熟和用户需求的日益多样化，单纯追求流量已经不能满足企业发展的需求。相反，过度追求流量可能导致内容质量的下降、

平台生态的恶性竞争和用户体验的降低。因此，"唯流量论"已逐渐退潮，内容市场正走向存量竞争。

在此背景下，内容平台正积极探寻新的"增量"，以加强其自身的竞争优势。例如，微信系、抖音系、百度系、淘宝系等平台正在积极推进内部互联互通，以实现跨平台的无缝连接。越来越多的内容平台开始意识到主动搜索的价值，并通过联动"已有需求的主动搜索"和"创造需求的被动推荐"，促进用户行为路径内部闭环的形成。不仅微信、支付宝等平台，抖音、快手等平台也纷纷发力开放平台，通过小程序等形式引入更多生态伙伴，以更轻量化的投入形式补充和丰富平台生态。这些举措有助于平台优化用户体验，提高用户留存率和活跃度，从而增加平台的收益和价值。

在"唯流量论"退潮的大背景下，企业需要从用户需求、用户体验和内容质量出发，以应对存量竞争的市场环境。

1. 多样化满足用户需求和用户体验

在当今的存量竞争市场环境下，企业不再只关注流量的获取，而是更加注重提升内容质量、满足用户需求，以提高用户黏性和满意度。这一趋势的原因在于，用户需求的多样性和个性化程度不断提高，使得企业需要更加精细地了解用户，以便为其提供更加符合需求的内容和服务。为了实现这一目标，企业需要从用户需求出发，深入了解用户的兴趣点、消费习惯和行为特征。通过运用大数据、人工智能等技术手段，对用户数据进行深度挖掘和分析，企业可以更好地理解用户，为其提供更加精准、个性化的内容。例如，通过对用户的浏览记录、搜索记录、购买记录等数据的分析，企业可以了解用户的兴趣偏好、消费能力、购买习惯等信息，从而为其提供更加符合需求的产品和服务。

此外，企业还需要注重内容的创新和优化，提高内容质量和用户体验。在提供符合用户需求的内容的同时，企业需要保持内容的差异化和独特性，以区别于其他竞争对手。新榜基于优质营销洞察，梳理出了 OPERA 内容策略方法论。该方法论认为，叫好又叫座的内容应该具备五大能力，包括场景、人设、兴奋点、共鸣和行为。例如，著名的消除小游戏《羊了个羊》，虽然只是一款普通的游戏，但官方介绍称其通关率不到 0.01%，被誉为"史上最难玩的游戏"，这极大抓住了用户的兴奋点。游戏规则非常简单，玩家需要消灭所有图案方块才能胜利，但其实质却不止如此。游戏页面上方有各种重叠的方块，下方有七个空位，玩家需要在每个回合中选择三个方块，将它们放在下方的空位中。如果成功消除方块，则有机会获得高分，否则空位会被占满，直至游戏失败。《羊了个羊》极具挑战性，玩家需要不断尝试和摸索最佳策略，并具有上瘾性，让玩家沉浸其中并乐在其中，这种互动性和个人成长感增加了玩家的投入感和忠诚度。

因此，企业可以通过不断创新、优化内容，以及与用户进行互动、反馈等方式，持续提升用户体验和满意度，提高用户黏性，进而加强品牌的竞争力。这需要企业运用大数据、人工智能等技术手段，深入挖掘用户数据，为其提供更加精准、个性化的内容和服务。

2. 企业应重视内容质量，持续创新和优化内容生产方式

在存量竞争的环境下，用户对于内容质量的要求越来越高，因此企业需要通过引入优质创作者、加强内容策划和审核等手段，确保所提供内容的质量和多样性。以新能源汽车产品为例，品牌宣传需要更注重以生活场景需求为导向。传统的行业术语，如"百公里／小时"的车速已不能满足用户需求，而应将产品的特点和价值表述得更具体、生动。例如，宣传时可以强调新能源汽车的低碳环保特性，打动更多

关注环境保护的用户；或者突出车辆的舒适性和安全性，吸引更多注重乘车体验和行车安全的用户。总之，品牌宣传需要深入了解用户需求和生活场景，将产品的特点和优势以更加个性化、真实可感的方式传达给用户。

对于企业来说，提升内容质量不仅仅是为了满足用户需求，还能够提高用户黏性和满意度，从而增加用户留存率和转化率。在内容竞争激烈的环境下，企业需要不断创新和优化内容，才能在市场中脱颖而出。同时，不断提升内容质量的发展空间。因此，企业需要重视内容质量，不断优化内容生产和推广方式，为用户提供高质量的内容体验。

（三）AIGC 将引发内容生产力变革

随着人工智能和大数据技术的飞速发展，一个新的概念——人工智能生成内容（AIGC）正逐渐崛起。AIGC 或将引发内容生产力的变革，给传统内容产业带来深刻影响。

1. AIGC 作为出海短视频营销的落地场景

在 ChatGPT 引领下，硅谷已经涌现出 600 多家 AIGC 公司，这些公司正在推动聊天机器人、AI 数字人、视频合成等 AIGC 应用的发展。这同时也让营销领域的竞争日趋激烈，企业需要快速响应市场变化并调整营销策略，以保持竞争优势。然而，传统的营销内容生产方式往往需要大量的人力、时间和财力，难以快速高效地满足市场需求。AIGC 技术是一种基于人工智能技术的内容生成技术，它可以在短时间内生成大量营销内容，包括广告文案、社交媒体帖子、博客文章等。相比传统的人工撰写方式，AIGC 技术可以极大地提高营销内容生产的效率。营销团队可以利用 AI 生成的内容，快速地响应市场变化，并及时调整营销策略，从而在市场竞争中占据有利地位。

例如，万兴科技宣布推出名为"万兴播爆"（Wondershare Virbo）的 AIGC "真人"短视频出海营销工具。该工具集成了多国籍 AI 数字人功能和上百套专业级场景化模板，用户无须外籍演员出镜，只需要几分钟即可创作国际化短视频。此外，该产品提供了丰富的模板，可以选择与出海营销相关的带货种草、口播讲解、打折促销、产品介绍等场景，省去大量找素材的时间和成本，即可轻松创作 AIGC "真人"出海营销短视频。这解决了以往视频创作中需要投入大量人力和物力的问题，极大地提高了创作者的创作效率，同时也显著降低了成本。据估计，使用万兴播爆进行视频创作，创作者预计可以节省 80% 以上的预算，只需几元成本就能生成一个营销视频。

相对于 toC 产品，企业级 AIGC 客户更有创新性，并且付费能力和意愿更强。同时，出海短视频营销市场的需求和痛点在 toB 应用中变得更加明显，这也让 toB 成为 AIGC 的最佳落地场景。

2. 加速千人千面时代到来，提升品牌的创作能力

早在移动时代，个性化营销已经成为趋势，品牌根据不同的需求制定不同的营销策略。但是传统的内容生产方式以 OGC、PGC、UGC 为主，耗费人力且产出不稳定，整体生产效率低。除此之外，随着音频、视频、AR、VR 等各类内容形态的不断丰富，品牌也需要与时俱进地规模化产出相应的高质量内容素材。基于此，品牌需要与时俱进地制定千人千面的营销方式，才能更高效地吸引用户。在这种背景下，AIGC 通过对海量数据的分析和学习，能够自主生成内容或辅助内容生产，从而为品牌创作出水平不低的内容，成为解决千人千面沟通时代内容供需不平衡或内容匮乏的途径之一。

例如，Midjourney 在几个月时间内成为广为人知的 AI 生成模型，

它使用文本提示来创建图像，能够在几秒的时间内生成一张图片，有人怀疑这种 AI 创意生成对营销人员的创意工作会造成威胁。而这些忧虑并不是凭空产生的。一度被视为人类独有的艺术创造力，现在可能会被 AI 赶上。在美国科罗拉多州博览会的艺术比赛中，一幅名为《太空歌剧院》的作品被评委们层层挑选后，最终被确定为金奖作品。然而，这幅作品并非由人类创作，而是由一位游戏设计师使用 AI 绘画工具 Midjourney 完成，这引发了艺术界的争议。借助 AIGC 技术，Midjourney 可以在短时间内生成大量高质量的营销内容，降低了成本。同时，AIGC 技术可以不断根据用户反馈和行为数据进行优化，使内容创作更具针对性和实效性。

图 5-1　由 Midjourney 生产的产品设计图

图片来源：Reddit 用户 DressMetal

在 Midjourney 之前，阿里妈妈曾经推出了"AI 智能文案"产品，其生产能力已经达到了每秒 20000 条。该产品结合了淘宝、天猫的海量优质内容和自然语言算法，能够根据商品自动生成高品质的文案。

这款产品具备三项核心能力，即高度模拟人写文案、自由定义字数以及实时在线样本学习。通过使用这款产品，品牌可以更高效地撰写符合其营销语境的文案，提高商家的营销效率。对于品牌营销人员来说，有了这些工具的辅助，其工作模式也发生了大幅度改变。例如，写一篇文案变成了做一道选择题，人类从机器生产的多条文案中选出最适合的一条，生产效率大大提高。这样的模式将创意变成了类似公式一样的"推导"过程，从而使"创新"变得更加稳定和可靠。

二、社交平台

截至 2022 年 12 月，中国网民规模达 10.67 亿，互联网普及率达 75.6%[①]，其中社交媒体用户人数占全体网民的 95.13%[②]，社交媒体市场规模持续扩大，越来越多的人沉浸在网络世界和大量使用社交媒体，"全民社交"时代也催生着社交媒体平台生态的快速变革。一方面，微信作为超过 13 亿人都在用的国民社交 APP 领跑社交赛道，视频号营销生态日渐丰富，呈跑步姿态强势启动商业化，商业潜力持续释放；另一方面，抖音、微博、快手用户活跃度稳居前列，在用户黏性方面极具优势，而 B 站、小红书、知乎则从圈层用户入手，由内向外实现破圈式发展，成为互联网社交媒体平台的第三流量梯队。同时，搜索引擎不再是用户进行产品搜索的首要之选，社交媒体成为产品搜索的热门平台。而且伴随着元宇宙的出圈和 AIGC 技术的爆发，新一轮社交范式

---

① 中国互联网络信息中心 .CNNIC 发布第 51 次《中国互联网络发展状况统计报告》[EB/OL].[2023–03].https://cnnic.cn/n4/2023/0302/c199–10755.html.

② 科握 .2023 中国社交媒体平台指南 [EB/OL].[2023–03].https://kawo.com/cn/2023 中国社交媒体平台指南 .

的转移正在推进。

（亿元）

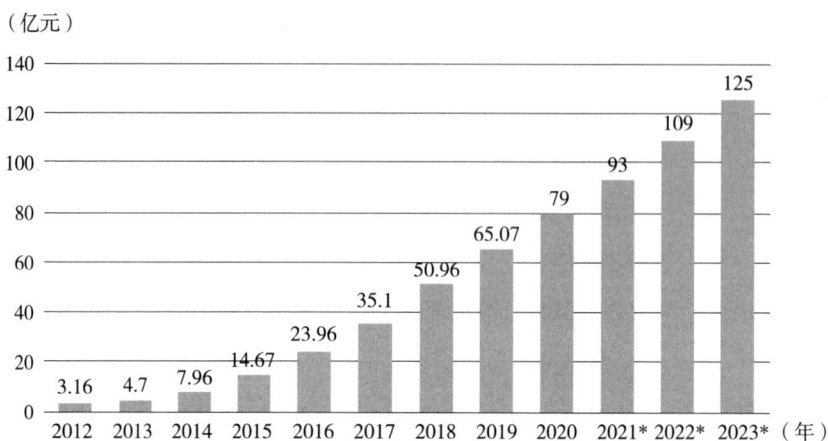

图 5-2   2012—2020 年中国社交媒体广告收入预测至 2023 年

数据来源：远瞩咨询 2022 年中国社交媒体分析研究

（一）更多品牌将把社交聆听纳入营销策略

随着全球范围内企业和线下消费者的数字化转型，社交平台成为"连接社会"的重要载体，交际互动沦为一场加速的信息交换，社交

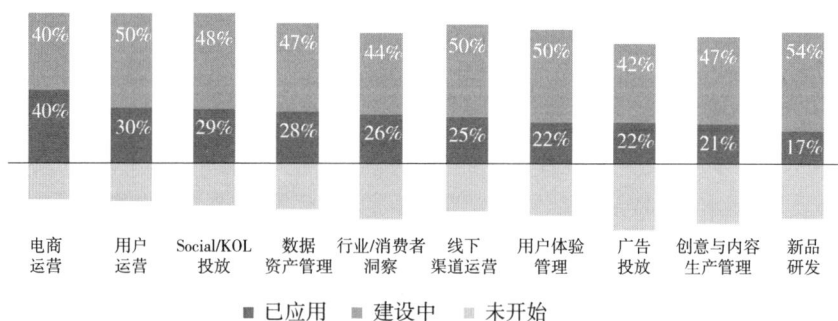

图 5-3   2022 年广告主营销数字化程度

数据来源：秒针营销《2022 中国数字营销趋势调研》

平台营销的发展也面临着新的机遇与挑战，企业主开始寻找更具有竞争性的营销策略。而当下尤其是青年人"趣缘消费"兴起，对产品附加的情绪、社交等价值更加看重，与之伴随的便是更多品牌选择把社交聆听纳入营销策略。

1. 社交聆听助力品牌时刻保持活力

社交聆听（Social Listening）即在社会化媒体数据中提取有价值的信息，也称作客户之声（Voice of Customer，VOC）。主要在两个方面助力品牌保持活力。

（1）高效生成消费者洞见，揭示品牌健康状况

传统上，许多品牌依靠市场调研来获得客户洞见，调研虽然很全面，但存在反馈接收速度慢、制定市场研究成本高、样本数量有限且偏差较大等局限性，对于瞬息万变的市场趋势来说无疑是极为致命的缺点。伴随着算法、大数据等互联网技术的不断发展，社交媒体成为一个收集未过滤反馈的好地方，更多的品牌开始将社交聆听作为一种长期战略纳入社媒营销策略中来。社交聆听可以挖各个市场之间的潜在联系，它可以将大量在线言论和相关数字数据转换为可量化见解的技术，为企业当前品牌形象做个全面"体检"，实时掌握互联网上的企业口碑动向，及时发现影响企业形象健康值的潜在风险，为企业公关争分夺秒，为塑造良好品牌形象保驾护航。通过社交聆听还可以锁定相关的品牌和产品，并发现它们产生关联的原因。品牌运营者通过深入挖掘社交媒体内容背后的数据，从消费者那里获取更直接的产品反馈信息，以此获得宝贵的依据。例如，美国冰激凌品牌 Ben & Jerry's 利用社交聆听，结合天气数据找到了消费者的"冰激凌购买规律"。发现消费者更喜欢待在室内吃冰激凌和狂欢。这一数据的发现将有助于他

们在不同天气之下调整广告支出和营销计划。^①

图 5-4　美国冰激凌品牌 Ben & Jerry's

图片来源：网络

（2）提升行业洞察力与市场竞争力，实现品牌精准营销

一方面，社交倾听可以通过分析行业内的话题标签或讨论，帮助企业尽早发现行业趋势，更好地了解市场走向，动态地适应行业与市场。另一方面，社交倾听也可以助力企业尽早发现自身存在的潜在风险并同时监控竞争对手的状况，比如通过分析用户使用情境中的核心诉求、影响用户选择的关键要素、用户集中反馈的产品缺陷、与竞品对比的主要差距等发现自己品牌的市场情绪、快速识别竞争对手新产品的市场反应。进行这种分析能够带来巨大的商业价值，可以清晰量化评估活动对用户认知和竞争态势的影响，推动以消费者为中心的创

---

① 品牌方舟. 从品牌视角切入"社交聆听"：如何时刻保持品牌活力？[EB/OL].(2022–04–19) [2023–05–06]. https://www.ae1234.com/article/article/1587.html.

新研发，识别产品质量问题，有助于品牌制定精准营销策略，做出更为切实可行的商业决策，实现"倾听—影响—建立关系—出售"的营销链条。例如，作为在全国 3000+ 商超设有专柜的五谷磨房，结合社交聆听分析消费者的潜在需求及爆发萌芽期的品类，在此基础上开发出来的年轻化的新品成为五谷磨房探索的第二增长曲线。

2．社交聆听也具有一定局限性

（1）数据的规模与质量影响营销效果

社交聆听实际发挥的作用取决于数据来源的规模与质量，但在实际应用过程中，数据过于重复集中，无法筛选重要的消费者洞见，其中还夹杂着大量的虚假信息。想要获得真实可靠的数据从而助力商业决策绝非易事，需要使用多种自然语言识别系统和其他的先进技术，从而自动有效地分析社交媒体账户及其内容。为用好社交聆听这张"寻宝图"，企业首先需要评估当前的能力，包括数据访问能力和数据分析技术能力，同时估算由此带来的业务价值，如果不能单独展开社交聆听，可以寻求专业社交数据分析公司的帮助。此外，还要警惕产品信息的准确性偏差，比如某些消费者只是为了获得商家红包而发布吹嘘某些产品的言论等，深入分析这些消费者在线言论与数据源之间的细微差别，挖掘出消费者真正喜欢的产品特质，有助于品牌将这些特质作为未来产品的核心功能和主要宣传方向。还需要注意，这些数据是通过消费者在社交媒体上对品牌、产品、服务的体验和互动内容创建的，这是一个丰富且全面的洞察力来源，但品牌也需要考虑随之而来的弊端。这包括单词拼写错误、口语术语和语言表达差异，甚至是解析每个表情包的意图。随着 AI 学习机器和自然语言处理技术的发展，在清理、过滤和分析内容时了解这些数据，将成为创建品牌价值和改变市场规则的关键。此外，不同平台的用户言论产生的结果也相去甚远，例如 Twitter 与 Reddit 等论坛上的用户风格和讨论内容就相差很大。品牌需要分析并锁定不同平台上相同口味或需求的用户，有的放矢、精准营销。

（2）数据隐私问题可能带来麻烦

以 WeChat、Facebook 为代表的社会化媒体对当代社会生活方方面面的渗透力越来越大。TikTok 等社交媒体渠道现在正作为搜索引擎发挥作用，算法越来越复杂，为用户提供更好的结果。"以隐私让渡换取个性化推荐"是算法推荐的交易法则，社交聆听的数据收集分析可能涉及用户的隐私问题。品牌企业在施展社交聆听营销策略的同时需要平衡好消费者所能接受的个人数据被收集的程度，并确保对于用户的数据进行合法的处理和保护。此外，在技术改进方面，区块链技术是保障用户数据安全的关键手段之一，可以通过把数据存储在分布式节点上，并使用密码学技术进行加密和验证，来保障数据的安全性和可信性。同时，由于区块链的去中心化特性，可以避免单点故障和数据泄露等问题。因此，目前区块链技术被认为是一种非常适合保障数据安全的技术。在涉及数据隐私问题时，数据保存和使用方应该加强内部管理，建立完善的数据管理机制，加强安全审计和漏洞修复，遵守相关法律和规定，增强法律合规意识。

（二）从"陌生人社交"转向"轻熟人社交"，聚焦于浅层亲密好友的关系聚合成为平台发展的新趋势

过去十年，智能手机和移动互联网的普及，加速了人类社会的"数字化迁徙"，彻底改变了每个人的生活方式。首先是"陌生人社交"遍地开花，陌生人社交软件层出不穷，但是近年来，微时代的移动互联正在形塑一种全新的社交方式与社交生活。这种社交方式可以被称为

"轻熟人社交"。轻熟人社交基于微时代的移动互联技术而产生。在互联网发展阶段中，用户生产内容（UGC）是社交媒体发展的重要阶段，极大地满足了用户的多元化需求和个性化体验。经过了前期的积累与混战，社交媒体营销现在已经到了拼品牌社交资产的时代，品牌在影响者营销和 UGC 合作上花费更多资金，因为在如今的社交平台上，用户相比品牌更信任人，更喜欢生动真实和有机的内容，正如 Enfluence 营销工作室的创始人兼首席执行官 Katelyn Rhoades 说："品牌展示其真实一面的最佳方式是利用用户生成的内容和挖掘有影响力的营销，而没有过度制作的交付物。"一些作为营销中介的人，比如小红书的种草官、各类带货主播等关键意见领袖，因为其个人的魅力结合内容输出，通过以"人 + 内容"为核心的社交，提供给用户像家人朋友一样懂自己消费心理和情感诉求的品牌，与其粉丝群体在社交媒体上建立了广阔的社交连接网络，成为品牌营销的关键环节。这些都推动着陌生人与熟人的界限逐渐模糊，共同进入轻熟人社交的范畴之中。

而作为短视频社交平台王牌的抖音则先下一城，抖音逐渐从一种娱乐方式变成一种社交方式，未来还可能会成为一种生活方式。一方面，抖音上线了视频通话功能，互关的好友之间可以进行视频通话，且抖音视频通话的附加功能更多，更贴合年轻用户对颜值及娱乐属性的追求。抖音的聊天界面，除了视频通话外，还有表情、语音、红包等功能。另一方面，抖音还灰度内测了"连线""熟人"功能，通过"轻熟人社交"，"互关亲密度高的好友 + '有缘分'"的陌生人，共同建立起抖音好友圈。依托抖音的高日活、高在线时长，在站内形成完整社交链。有内容做基础，保证了用户的在线及时长；有熟人社交打头阵，养成了用户的使用习惯；有强刺激性的未知性社交，增加了用户的使用期待感，进一步夯实用户对这种"轻熟人模式"社交的兴趣。而且抖音平台凭借社交属性的加成，也能在算法推荐＋社交推荐双重助力下，进一步优化推荐逻辑，提升用户体验，可谓达成双重收获。同时，Facebook、Instagram、YouTube 和 Snapchat 等都推出了相应的功能，提供一种与亲密朋友保持联系的更好的方式，以留存用户的注意力。

（三）社交新期待：对个体价值的关注回归

根据推特博主 Olivia Moore 的统计，2022 年登顶过美国苹果公司 APP Store 下载总榜的 APP TOP3 均为社交产品，分别为主打真实社交的 BeReal、TikTok 和让年轻人互吹"彩虹屁"的 Gas。其中，BeReal 和 TikTok 的霸榜天数占到全年的 39%——这无疑说明了社交产品在互联网领域的持续力[①]。与此同时，下一个社交时代的闪光点——个体价值正在脱颖而出。随着 Z 世代越来越成为青年的主体，他们拒绝甚至反感一切毫无边界感的黏稠化人际关系，更加重视自我价值，对个体的精神追求有着更高期待，希望在创建的虚拟世界中寻找到快乐和自我实现感，在个体关联中成就群体，同时在群体互动中成就个体。不同于 Web2.0 时代的社交产品，一个基于 Web3.0 技术的开源社交平台 Mastodon（常被称为长毛象）一夜爆红。和强调中心化的前者相比，后者则以彰显着一种价值主张的核心，即用户为中心。用户想沉淀高质量社交关系的前提是找到志同道合的人，这背后恰恰是技术、数据在支撑。摄像头的使用推动了图片社交和短视频社交，麦克风和扩音器的使用创造了音频社交，算法的进步则驱使社交产品配对精准的流量，链接共性的圈层。以 Soul 为例，就解决人与人连接需求而言，Soul 在

---

① 碧根果.2023 年，我们对"社交"还有多少期待？[EB/OL]. [2023–01].https://36kr. com/p/2074397153770631.

行业中较早使用 AI 技术，基于兴趣图谱和社交画像让用户建立更高质量的连接，在实时视频场景中引入 3D Avatar 技术，达成多人互动的效果，借助群聊派对等游戏化设计让用户沉浸在平台互动、娱乐，满足年轻人审美、分享欲和"人设"需求。此外，从普通用户的平均点赞、评论数等可以看到，不同于微博等平台的流量主要向头部关键意见领袖（Key Opinion Leader，KOL）集中，像 Soul 这样的新一代社交平台开始注重每个人的个体价值展现，让每个普通用户的内容发布后都能有及时、高质量的反馈，从而使其能获得关注感和归属感。继 Soul 之后，一些平台也在用户连接和互动方面展开多样化技术应用。

抖音开始小范围内测"兴趣匹配"功能，试水基于短视频内容的兴趣社交；此前，百度推出了一款主打语音匹配玩法的社交 APP"嗨圈圈"，被外界认为是语音版的 Soul，引发众多关注。纷至沓来的社交参与者们往往会瞄准不同圈层与场景的个性需求，试图在各个"小而美"的垂直类社交上精耕细作，例如，让用户以"数字身份"产生更加真实、优质的互动体验，构建以用户为主体的网络生态。百度、网易、小米等也分别在校园社交、直播社交、婚恋社交上发力，天下秀集"区块链＋身份体系＋沉浸互动＋兴趣社交＋品牌商业"为一体，荔枝 FM 玩起"告白电波＋数字藏品"，爱聊、觅伊、他趣等小众社交软件在用户匹配和互动上走差异化路线等。

同时，元宇宙社交时代的到来表明，当技术、互联网环境不断变化带来新的社交基础设施，注重"人"的价值和体验依旧是满足用户需求的最大公约数，个体价值的彰显将带来巨大的商业化想象空间。未来，元宇宙将把所有独立的生态连通、结合在一起，组成一个完整的虚拟空间，由平台、用户共同创建和运营。虚拟空间内存在众多与人交互相关的场景，并带来在服务业、商业和工业等领域落地的可能性。华泰证券在研报中指出，根据 Soul，社交元宇宙将具有虚拟化身、社交资产、沉浸感、经济体系和包容性五大特征，在元宇宙中，线上"第二身份"的构建将使不基于现实关系的社交成为主流社交方式之一。AR/VR 等设备和技术则将为元宇宙社交实现传播的场景建构，助力社交平台形成沉浸式场景化。用户可以在社交空间中打造"创作者经济"模式，形成元宇宙社交平台经济体系。着眼于更加开放的元宇宙远景，能够从内驱动平台开放自我边界，通过向广大的用户共享平台生态的生产资料和生产工具，最大限度地挖掘用户创意。过程中，通过个人价值的实现，平台得到商业化发展的同时也能提升经营效率。可以说，强调沉浸感、归属感，用户可以在元宇宙虚拟空间中获得独一无二的数字身份，以流量普惠为基础，提升信息交互的效率、自由度，这便是全球市场对于下一代社交的期盼与发展方向。虚拟形象、沉浸体验、共创体系……。Soul 在持续探索这样的新型社交，为此，Soul 团队自主研发了灵犀系统（基于平台用户站内全场景画像的智能推荐系统）及 NAWA 引擎（集 AI、渲染与图像处理于一体的集成化 SDK，提供 AR 视频技术、基于多模态感知与驱动的交互技术和基于重建的虚拟形象技术，能够输出包含 Avatar 表情驱动、美颜美妆、卡通化等数十种图像处理与 2D/3D 渲染能力的引擎），这些底层技术成为 Soul 迈向下一个社交阶段的基础设施。

三、电商平台

（一）全链路分析用户的决策路径，数据驱动广告效果升级

在 2022 年，电商平台产业得到了持续发展。根据 CNNIC 发布的第

51 次《中国互联网络发展状况统计报告》，网络零售继续保持增长，成为推动消费扩容的重要力量。数据显示，截至 2022 年 12 月，我国网络购物用户规模达 8.45 亿，较 2021 年 12 月增长 319 万，占网民整体的 79.2%，增长率为 0.004%，用户群体扩张已逐渐趋于饱和；国内网购用户增长停滞大大提高了网购平台的获客成本，加剧了网购平台间的竞争压力，这促使了电商平台的营销转型升级。

随着传统电商流量成本不断提高，去中心化电商发展迅猛，依靠基于数据驱动的搜索、精准推荐进行购买大大提高了用户在平台的黏性。进入互联网广告时代，数据科学正驱动决策，面对广告效果的不确定性，技术的进步让营销从玄学走向科学。

2022 年是电商数字营销发展之年。作为一种新的营销手段，电商数字营销逐渐成为企业在新经济形势下的重要战略。电商平台用户数据营销作为当下数字营销领域最重要的组成部分之一，正不断帮助电商平台以及品牌方发掘用户需求，帮助企业收集、分析和管理数据以实现用户价值最大化目标。与此同时，用户大数据的管理也进一步促进了电商平台通过对用户行为数据的挖掘、分析、处理和应用来实现对用户行为过程进行全链路优化和深度洞察，从而达到精准营销效果。

1. 以用户数据为导向的电商营销分析更加精准

电商用户数据平台的开发为分析用户的决策路径提供力量支持，以用户数据为导向，利用各种数据统计方法，分析用户行为、偏好、需求等数据，从而更好地实现精准营销，改善用户体验。越来越多的电商平台开始意识到用户数据驱动营销的重要性，开始在数据驱动营销领域加大投入，通过数据赋能营销增强用户平台体验感、加强品牌推广效果并提升用户黏性。

例如，小红书推出"种草值 TrueInterest"，通过将长时间阅读、收藏、分享、保存图片、正向或求购评论等 11 种用户行为和决策路径建模，并结合多模态内容理解能力，小红书构建用户种草模型，全链路跟踪用户种草的变化，让种草更可衡量、更可优化。通过对用户数据的统计分析，可以更好地了解用户的行为习惯、偏好和需求，建构实时化的内容推广模型。通过分析用户数据，平台或广告主可以更好地了解用户的特征和需求，从而实施更加精准的营销策略。相较于传统的数字营销与广告设计方式，以用户数据为主导的营销更加精准、便捷，能够具有更快的用户集群话题反应力。用户数据的实时更新能够使平台在短时间内获得用户的实际话题动向，并以此为基础为品牌方提供更精准的用户画像。从最初的"我喜欢你"，到现在的"我需要你"，时下流行的社交媒体化广告传递着一个信息：只有将用户数据和行为数据进行精准分析和洞察，才能真正实现广告效果的升级。

传统营销模式下，品牌方更多通过用户调研、市场调研等方式获得用户的消费行为和消费偏好信息，以此为依据进行投放和优化。这种方式虽然能够在一定程度上提高营销效率，但因为调研成本较高、样本数量有限等原因，无法对用户的全面情况进行准确分析和把握。同时由于互联网时代信息传播渠道增多、信息更加多元化等原因，传统营销方式越来越难以适应互联网时代的市场环境。

而基于用户数据驱动的营销模式可以对用户数据进行全链路分析和挖掘，从而对用户做出更加精准的洞察。通过对用户在平台上的全流程操作进行数据分析和追踪，能够为品牌方提供更为真实、有效的数据依据。

2. 以用户数据的全链路一体化分析使营销更贴合用户

全链路一体化的用户数据分析，使电商平台及相关广告商能够对用户数据进行多渠道、多触点的整合，从不同角度观察用户行为，将用户数据进行有效的整合，以最快最全面地了解用户。以腾讯广告全平台为例，腾讯广告全链路数据中记录了从曝光、点击到转化、行动等关键行为，从这些行为中可以发现品牌在不同渠道上进行营销活动时所需要的不同指标，如曝光量、点击率、转化率等。

用户数据深度广度的提升与分析流程的进化带来的是平台对于用户数据分析方法的提升，以全链路一体化的用户数据分析作为分析方式的数字营销方式正逐渐趋于成熟。对于数字广告效果而言，数字广告的曝光量作为重要的指标用于衡量广告的投放效益。当广告投放到电商平台时，品牌通常会关注品牌在该平台上获得了多少曝光量；而当品牌投放到社交平台时，则会关注品牌在社交平台上获得了多少曝光量；当品牌投放到电视端时，则会关注品牌在电视端获得了多少曝光量。

阿里巴巴旗下用户数据分析平台阿里妈妈（Ad Analytics）通过建构用户的深度行为特征模型，以用户数据为导向拟合真实用户场景选择，以用户的选择决定提供什么形式、什么样的广告，达到"用户提供、用户选择"的广告营销效果。这种全新的数字营销方式强调了将用户放在营销过程中的核心位置，以个性化、客制化的营销推广方式达到广告推广的"千人千面"。广告商基于平台提供的用户链路数据，从用户端的广告曝光量、点击率、转化率、行动等不同维度可以发现用户对不同渠道上广告内容与内容形式的偏好。基于用户的数据为导向，使电商平台中的品牌及广告商能够"取之于用户并用于用户"，从产品设计、需求管理、生产配送的方面达到与用户需求的平衡。

3. "取之于用户，用之于用户"的数字广告内容设计方式

用户数据还指引了广告内容的生产和表现形式。以微博超粉为例，微博超粉以创新技术实现了广告投放的降本增效，涵盖了品牌商所需

的一站式广告推广服务。从广告形式适配、推广内容设计到提升转化效率、强化推广关注服务。微博超粉的出现加速了广告商的创意升级，伴随着平台创意端口的扩充，广告内容的推广形式也开始变得更加多样化、互动化，使品牌方或广告商的推广能够获得更多更强的关注度。

而在内容设计方面，以用户数据为导向的内容设计基于用户的关注话题、兴趣以及用户的关联标签，使广告内容走进用户的生活圈的广告内容设计形式开始逐渐成为广告主设计广告的主要指导方向。在当下的网络广告市场环境下，相比于过去广告商立足于品牌形象设计的需求，互联网的高速发展带来了新的一大批以网络推广为主要形式的新兴品牌，大量的互联网品牌、网红品牌以及小品牌对于知名度的需求超越了传统品牌、大品牌的形象设计需求。这迫使广告商需要加强广告的转化效率以提升品牌的知名度，将品牌与内容有效结合并提升推广效率成为当下品牌及广告主的主要需求。在需求的推动下，品牌与广告商在内容设计时，以用户数据为导向向用户提供内容。用户在电商平台、社交平台、内容平台中所生成的内容成为广告商设计推广内容的依托，用"用户的内容"提供"用户的推广"。

（二）平台建立自有内容流量矩阵，虹吸效应凸显

随着互联网的发展，平台在其中扮演的角色越来越重要。从早期的门户网站，到后来的视频网站，再到电商平台以及短视频平台，无一不在展示着互联网平台作为流量的入口承载着信息推广和关系连接的重要功能。而内容作为流量的主要承载者，平台和内容之间就形成了一种互相依赖、互相促进的关系。对于平台而言，内容为王已经成为行业共识。

平台中专注内容生产的 MCN 机构开始崛起。随着近年来网络直播

行业、短视频行业等网络内容行业的发展，MCN 机构运营管理模式越发成熟，MCN 在当下互联网平台的机制中已经形成了稳定的内容生产模式。头部机构通过大量的红人聚集使优秀的内容生产者能够快速高效并集中地提供生产内容。另外，赛马机制的竞争模式能够使内容生产者提升内容生产效率并引导内容生产者发掘内容以及推广形式，同时赛马机制能够以筛选确定潜力员工、爆款内容、优质账号，并围绕头部 IP 进行多元商业化。

品牌在互联网的营销从传统广告途径逐渐转向内容的营销，传统的开屏广告、标签投放已难以满足用户对于品牌理解的需求，因此越来越多的品牌开始向内容营销方向迈进，以内容创作的形式全方位展示产品、品牌形象、公司形象等。例如，华为在微博、B 站、快手等平台发布关于品牌旗下产品、品牌新闻等一系列品牌相关视频内容，在增强用户理解力的同时提升了用户对于产品的认知度。

目前，企业私域布局呈多账号、多平台、多类型、多团队特征。抖音数据显示，2022 年 9 月抖音企业号数量已经接近 1700 万，相较去年同期增长 67.8%；新榜观察认证公众号在抖音、快手、B 站、视频号平台的账号开通情况，发现有近四成的企业机构号是多平台布局。品牌利用网络平台自有用户池建立属于品牌的内容池。

另外，内容的生产开始向更高效迈进，内容生产者采用 AIGC 的方式，借助 AI 生成内容，提升内容生产效率。得益于全链路分析用户的决策路径，内容生产者能够基于用户的选择指导内容的生产。腾讯视频、爱奇艺、优酷三家头部视频平台均已开始布局 AIGC，并在不断完善 AIGC 生态。比如腾讯视频推出了"企鹅智酷"AIGC 平台，为内容创作者提供包括模型训练、内容生产、内容推荐和运营指导在内的全链路服务。爱奇艺则推出了"创作大脑"平台，为创作者提供 AI 创作能力、视频特效和音效等素材、模板工具和算法服务，还能根据创作者的需求进行 AI 创作。在 AIGC 的加持下，内容生产者能够基于用户需求提供更多的内容，在电商平台中如淘宝短视频中产品对比评测、产品使用体验、产品实用技巧等，这些内容的创作提升了品牌产品对平台用户的吸引力；在抖音、快手等短视频平台，内容创作者更是能够借助 AIGC，将用户兴趣点与平台优质内容进行结合，以更好地满足用户需求。以 B 站为例，通过推出的 UP 主橱窗功能，用户可以直接在所关注的 UP 主介绍主页中浏览产品，并且能够一键链接至不同的电商平台，使内容生产与产品推广得到进一步有机结合。此外，抖音在小程序中还推出了"抖小铺"功能，创作者可以通过该功能制作更多优质作品，并同时向平台用户推广产品。

（三）平台广告之外的新增长模式越发凸显

对于电商平台以及其他的社交平台、内容平台来说，在过去的几年中全球的疫情深化了互联网平台的营销影响力，迫使各类平台向内容营销转型。如今，庞大规模的线上用户重新活跃起来，社交平台也在重新思考其广告变现模式以应对用户回归现实带来的广告收益下降的问题。以网络直播带货为例，根据 CNNIC 第 51 次《中国互联网络发展状况统计报告》，截至 2022 年 12 月，我国网络直播用户规模达 7.51 亿，较 2021 年 12 月增长 4728 万，占网民整体的 70.3%；其中，电商直播用户规模为 5.15 亿，较 2021 年 12 月增长 5105 万，占网民整体的 48.2%。但另一方面，网络直播电商行业增长却逐渐放缓，2018—2021 年直播电商行业人均年消费额为 296.95 元、1775 元、2822.58 元、4639.68 元。2019 年人均年消费额增速最快，为 497.74%，之后几年增速变化不明显，相对应的是 2022 年直播电商行业企业规模达 1.87 万家，同比增长 17.61%，增速也在不断下滑。当下的电商经营模式与以往有所不同，对于社交的依赖使广告变现开始变得特殊，其本质是一种基于社交关系的用户体验服务，用户通过"以内容为中心"的方式获得相应的服务或商品。因此，越发高昂的营销成本与逐渐放缓的消费支出令众多平台开始思考除了广告以外的其他变现方式。

1. 新技术下新领域电商发展

随着 2022 年元宇宙概念的提出，元宇宙及一系列如 NFT、数字藏品、元宇宙游戏等相关概念受到广泛关注，越来越多的互联网企业以及平台开始向元宇宙领域不断探索，新的数字技术或数字平台作为互联网发展蓝海仍具有充足的发展空间。以 Roblox 为例，该公司在网络营销下行的整体环境中逆势增长，在 2023 年第一季度营收 6.5 亿美元，与上年同期的 5.371 亿美元相比增长 22%；在用户方面，Roblox 第一季度的平均日活跃用户（DAU）为 6610 万，同比增长 22%，用户参与时间为 145 亿小时，同比增长 23%。在元宇宙方面的布局为 Roblox 提供新的增长风口，Roblox 就在其平台上正式推出了两个面向开发者的 AI 工具，希望借此将玩家的想象力转变为现实。

另外，游戏作为未来互联网一大增长点，对于电商产业发展具有重要价值。人民网金报指出，2022 年中国客户端游戏市场实际销售收入 613.73 亿元，同比增长 4.38%；47.2% 的用户近年购买过周边产品，其中超 50% 用户每年购买 3 次以上。游戏作为新的网络消费增长点，成熟的网络虚拟物品交易进一步促进了游戏行业的增长，游戏和电商的结合将会产生新的变现模式。而对于电商平台而言，游戏与电商结合更多的是一种游戏化场景的搭建，这给整个生态都将带来全新的变革。以抖音为例，抖音电商创作者中心中专门设有"游戏"专区，并提供相关专业工具帮助创作者搭建出更加丰富、更有趣味、更贴近真实生活的游戏化场景。可以说，这对于整个抖音电商生态来说都是一次全新的升级。

"游戏 + 电商"的营销模式，游戏与电商的结合还处于尝试阶段，这一结合会带来哪些新的变化以及给整个电商生态带来怎样的改变还需要时间来验证。但可以肯定的是，游戏与电商结合是一次新的变革，对于整个电商行业来说都具有重要意义。

2. 拓展本地服务与地区市场

2022 年，根据财报和测算数据，GMV 超过或接近万亿规模的电商平台共六个，分别是淘宝 / 天猫 8.3 万亿、京东 3.47 万亿、拼多多约 3.3 万亿、美团 1.6 万亿、抖音约 1.5 万亿、快手约 0.7 万亿，而六大平台的用户增速正在逐渐放缓，平台用户数量趋于饱和，中国电商行业从 2022 年开始进入激烈的用户存量竞争阶段。在互联网红利见顶以及流量见顶的大背景下，电商平台通过改变自身商业模式来寻求新的变现方式已经成为一种必然。德勤 Eicher 在调研电商行业市场低迷与饱和度趋合问题时提出，开拓新的市场、打造细分市场能够有效缓解市场萎缩带来的收益下降。

以淘宝、京东为代表的电商平台以及抖音、快手为代表的综合性短视频平台为例，平台均针对用户需求发展本地化电商服务。2023 年 2 月，天猫商家后台平台发布通知，新增同城配送发货方式，支持多运力呼叫并展示物流详情，商家可以从蜂鸟即配、闪送等即时配送平台选择本地物流配送服务，也可以联系其他平台骑手或商家自行配送，满足用户即时收货需求，进一步提高了电商平台的货物交易效率。电商平台以巨大用户量为基础，发展从 B 端本地经销商、本地服务商到 C 端用户的完整销售链路。本地化服务售卖的思路拓宽了电商平台的售卖范围，打开了新的电商交易市场。电商平台对本地服务的售卖也加强了地区市场的交易流动性。相比于过去的"电商 + 快递",本地化服务售卖使传统电商的三到五天的交易周期缩短至一天以内。

而另一方面,以拼多多为代表的电商平台发力农村市场,以"农业数字化"为目标,加强对农业电商的投入;2021 年,拼多多升级"新品牌计划",在 2021 年至 2025 年扶持 100 个产业带,定制 10 万款新品牌产品,带动 1 万亿元销售额;并形成"农人 + 平台"的电商营销模式,凭借拼多多平台流量优势,为工厂、农户、手工业者提供数字设计、品牌包装等全方位服务支持并进一步提高农业产品市场活力。

3. AI 加持下发掘用户需求空间

随着互联网平台的不断发展,用户体验被认为是平台使用效率的重要评价标准。良好的用户体验能够提升用户在平台的使用效率,对于电商平台来说,互联网平台缺乏对于现实商品的良好映射,这导致了人们在电商橱窗页面中难以寻找到满意的商品或对于商品的规格抱有疑虑。对此,在 2020 年左右,以 AR、VR 等为代表的虚拟空间技术应用于电商橱窗浏览中,淘宝、京东等平台借助虚拟现实技术展示商品。

与此同时,随着技术的进一步提升,电商平台开始与智能家居联动,形成系统性算法,增强用户的个性化体验。以抖音电商智能家居为例,2022 年家居家电和 3C 数码行业 GMV 同比增长高达 134%,货架场景 GMV 同比增长 212%,2022 年 12 月店铺橱窗日均 PV 近 1 亿。对于决策周期长的产品,抖音电商提出的解决方案为利用系统性算法以及对用户数据的全链路分析,把握用户的具体需求。例如,近年来消费者对于家居仪式感和居家氛围渲染的追求促进了电商平台中香氛机、唱片机、投影仪等能够满足用户需求价值产品的销售。

如今,无论消费电子还是家居生活产品,越来越多的消费者会多方面考虑，理性消费。随着内容营销的增加，消费者对于商品的了解越发充分，消费者越来越知道他们需要什么。伴随而来的是传统电商行业主打性价比的品牌正逐渐失去优势，如何满足消费者个性化的需求成为未来电商营销以及品牌产品设计主导方向。

在用户需求的主导下，不仅品牌方针对产品做出了改变，电商平台针对用户的搜索需求也产生了变化。"人"始终是核心，电商平台期望通过新技术的引入以提升用户搜索的效率，以"人+AI"的模式帮助用户更快速地决策。例如，Expedia 等旅游营销公司借助 ChatGPT 为用户提供搜索意见及旅行方案，Bing 在引入 ChatGPT 后大大增加了用户对于商业产品的搜索量。以 ChatGPT 为代表的 AI 能够根据网络开源方案以及用户大数据为单个用户推荐合适的购买意见，有效提高了人们对于电商产品推广的接受力。

四、平台营销特征与趋势

（一）营销挑战：AIGC 涉足营销，低风险快速模仿模式让原创内容处境更艰难

目前，AIGC 技术的代表产品 ChatGPT 在全球范围内掀起了一股热潮，仅用了两个月就实现月活用户破亿，成为历史增长最快的消费者应用之一，成为 AI 圈的新"顶流"。在全世界范围内，AI 竞赛围绕着 ChatGPT 已经展开，国外科技巨头谷歌、微软等以及国内企业百度、京东、阿里等也已经纷纷加入。

在营销领域，生成式 AI 已经成为视听行业提高剧本创作效率、加速内容生产的重要工具，同时还能提升剪辑、后期制作水平，带来个

性化推荐和智能审核等方面的降本增效，有助于研发新内容和别致的交互体验，给整个营销环节也将带来革新。具体来看，生成式 AI 技术可以帮助影视行业完成三维场景、虚拟人物的搭建，为影片生成更多的个性化封面图以实现内容推荐的个性化，还可以通过对话能力实现更精准的剧目搜索和剧情问答等交互式功能。

例如，2023 年 1 月 31 日，Netflix 宣布与日本小冰公司的分部 rinna 以及 WIT STUDIO 合作制作的 AIGC 动画短片《犬与少年》正式公开。这是首个采用 AIGC 技术辅助的发行级商业化动画片。该动画短片的场景制作采用了一种新的流程：首先手绘场景，然后经过一次 AI 生成和二次 AI 生成，最后再由人工进行修改和润色。简而言之，这种制作流程将动画背景制作中烦琐的第二步和第三步完全交由 AI 操作，人工只需要在最初的创意和最终成稿阶段介入即可。这一创新的制作方式将为 AIGC 在生产制作领域的应用提供新的思路和契机。

AIGC 能够在短时间内生成大量内容，有效提高营销效率，但是也带来了一些负面影响。首先，由于 AIGC 可以轻易模仿成功的营销策略，市场上可能出现大量相似的营销内容，导致创意和原创性的缺失。在这种情况下，品牌可能会陷入同质化竞争，难以脱颖而出。同时，原创内容创作者面临更大的挑战，因为他们需要付出更多的努力来创作出独特且具有吸引力的内容，以在竞争激烈的市场中获得关注。

此外，AIGC 试水营销可能导致道德和法律问题。一方面，在模仿过程中，AIGC 可能会侵犯他人的知识产权，引发版权纠纷；另一方面，AIGC 输出的绝大多数内容很可能无法受到版权保护。AI 在创作领域的应用日益增加，其中有些作品只需要使用几个关键词作为提示，就能快速批量生成。当然，也有些 AI 画作需要经过更复杂的创作过程。其中一幅印刷画作在国家艺术博览会的竞争中获胜，引发了关于版权问题的争议。对于这类作品，作者表示他花了数周时间完善提示词（prompt），并手动编辑、完善作品，这表明他有相对较高的智力参与度，能在一定程度上避免对原版权作品的侵权。一位计算机科学家Giorgio Franceschelli撰写了关于人工智能版权问题的文章，认为欧盟对于这类案件的裁决尤其重要，需要衡量人类的投入程度。

为了避免这些问题，企业和营销团队在使用AIGC时需要注意遵守相关法律法规，尊重他人的知识产权，同时也要保护好自己的版权。虽然AIGC试水营销带来了许多便利和效率提升，但它也给原创内容创作者带来了更大的挑战。在利用AIGC技术进行营销时，企业和营销团队需要充分权衡其优缺点，并始终关注创意和原创性，以确保在竞争激烈的市场环境中保持领先地位。

（二）营销机遇：通过新兴技术实现商业结构化增长

伴随着数字土著的增多，品牌的营销方式也需要更有创意，例如代表着个性、自我、独一无二的NFT，能够更好地迎合Z世代用户，为品牌赋能。星巴克与Polygon合作推出Web3体验活动——星巴克奥德赛（Starbucks Odyssey），其将为美国的合作伙伴和星享俱乐部会员提供赚取、购买NFT的机会和"身临其境"的咖啡体验。星巴克是首批将NFT与忠诚度计划进行大规模整合的公司之一。

在2022年11月，Meta旗下Instagram针对NFT开发了新的NFT工具包，创作者们将能在Instagram上制作自己的NFT，并将其出售给平台内外的粉丝。该工具包基本覆盖了整套流程，从NFT的创建，到NFT的展示和销售，创作者可以根据NFT售卖的价格获得5%或更多的分成。

对于用户方，NFT作为具有数字价值的数字藏品具有充分的不可替代性。对于用户数字内容的发展来说，这种 NFT 的创作能够提升用户在平台中的内容价值。例如，Nike 发布的 SWOOSH 区块链平台，用户可以建立收藏，在游戏或其他身临其境的体验中，将其展示、交易或将 Nike 虚拟创作转变为可穿戴设备。在过去的平台中，用户的内容以广告推广或凭借关注数量作为内容的价值衡量标准，而 NFT 技术的存在能够使用户或内容生产者的创作内容价值得到进一步的提升。

对于品牌方，NFT 的发行亦是提升产品知名度的良好机会。在实体品牌逐渐"由实向虚"的过程中，数字藏品能够对单个产品赋予个体价值；在用户的客制化产品中，NFT 的存在能够让同质化的产品保持特殊性，例如《CS：GO》当中对于枪支皮肤的编号式售卖，大大提高了枪支皮肤本体的价值。对于品牌营销而言，NFT 是全新的机遇，让品牌能够以更新潮的形式触及更年轻的 Z 世代人群，助力品牌营销价值最大化，赋能品牌增长。

对于平台方，NFT 能够提升用户在平台中的交互体验与购买体验。例如，亚马逊计划于 2023 年 5 月发行与现实资产对应的 NFT，而不是像普通 NFT 平台一样局限于虚拟世界，在实体资产的拥有体验上增加了数字资产的所有权。此类 NFT 进一步简化了 NFT 交易购买流程与管理流程，用户只需要在平台注册一个账号就能够完成交易。对于平台方来说，NFT 对于信息内容的价值绑定能够提高平台的总体内容价值，不同于常规单一化市场，用户多样化的市场活跃度会高出很多。

在当下，国内平台与亚马逊等平台仍有较大差异。目前，国内平台的虚拟商品交易还仅借助先前的平台，而并没有将实体与虚拟真正结合，更多地扮演着营销的角色，早期入局的 NFT 产品 IP 也仅仅是发行独立的虚拟商品或用于扩展营销渠道，并未对 NFT 有更深入的发掘。

现如今，以 NFT 为代表的区块链技术正在助力互联网平台的营销发展，NFT 技术正在帮助用户能够更好地绑定用户生产内容，通过 NFT 及相关技术补足平台内容与内容、产品与产品之间的差异性。对于平台来说，NFT 及相关技术能在基础结构上为平台提供商业增长，它能够直接界定平台内容的价值，为平台内容创作以及内容变现提供更多可能性。

（三）营销策略：通过内外部的可持续实践来应对不确定性

疫情叠加经济周期让企业耗费了不少元气，但任何行业都是危机并存，那些熬过来的企业通过调整架构、优化供应链、控制成本、打磨产品等方式修炼内功，为的是在发令枪响起的那一刻能够率先起步。可持续性是一种非常重要的理念，要求企业制定的商业模式必须对环境、经济和社会具有可持续性。这些问题对满足市场、监管机构和政府要求越来越重要，同时也是消费者关注的核心问题。许多品牌注重可持续性，从广义上而言，这是打造经久不衰的品牌的关键。当下，可持续性和公平性对消费者而言仍然十分重要，可持续业务实践也成为品牌保持领先文化趋势的杠杆。平台企业要做到：1）不要退缩。尽管在经济不稳定时期，减少可持续性方面的投资可能十分诱人，但营销人员应继续投资，用长远眼光看待社会经济对可持续性的需求。2）内部发力。营销人员可将可持续性融入产品或服务的整个生命周期，从而提高效率，同时通过客户精准定位提升品牌价值，持续推动增长。3）团结一致。营销能够并且应当在企业内部可持续性问题上发挥主导作用。营销人员擅长讲故事，将大家凝聚在一起。营销人员应利用这些技能，在内部可持续性实践中率先垂范。

就平台企业内部来说，需要在提高内部营销实践的可持续性、推广更具可持续性的产品和服务、建立长期可持续性承诺等方面优先准备。

还可以通过发起全员共创，鼓励独辟蹊径等策略激发企业的创造力。

就平台企业外部来说，企业平台在面对潜在经济衰退时，可以通过以下可持续性方法实现危机应对：

1. 积极寻找商业结构化增长，加速向新数字技术或平台（元宇宙、人工智能、社交平台、增强现实和数字货币）迁移

数字平台和技术为营销提供了众多用例和优势。设计良好的数字平台可以打造简约的用户体验，提升平台用户黏性，同时获取宝贵的客户数据。利用这些数据可获取机会，通过提供更好的个性化服务和减少摩擦，提升客户忠诚度、满意度和终身价值。例如，实施人工智能等数字化技术可以让员工将精力集中在需要创造力的任务和解决问题上。同样，使用机器学习执行数据分析可以为平台企业提供见解。数字技术投资还可以显著降低持续运营成本。它可以优化现有业务流程并降低成本，如设备维护、物流和交付、能源消耗、人力资源支出、客户支持支出等。同时，采用系统或算法（如数据平台和机器学习），提升客户个性化体验。新兴平台和系统将第一方客户数据与地理、社会政治，甚至天气和气候数据相结合，协助首席营销官从更大规模的数据源中获得对客户行为和偏好的新洞察。营销人员可从个性化的演变中直接获取数据，借此详细了解驱动消费者行为的因素，预测客户购买或流失的可能性，或者预测客户的终身价值。

2. 拓展新的市场，细分市场或地区

平台营销应提前进行充分的市场调研，顺应需求升级要求，创新营销模式，深耕细分市场，拓展发展空间。区域市场往往意味着市场拓展的广度，这时需要考虑产品可复制性和规模化的门槛。如果区域市场内的几个国家有一定的相似性，产品可以用相似的逻辑推进布局，那么区域市场是值得考虑的，其受目标市场潜力、产品能力、团队配

置、合规门槛、地缘政治影响。具体而言，企业将产品或者服务销往海外时，首先要考察目标市场的规模和潜力，包括该区域国家的 GDP、人口结构和当地竞争对手的布局情况。其次，企业还应评估好自家产品能力，有了明确的产品定位，才能更准确地分配所需付出的成本和精力，合理进行资源配置。再次是团队能力，不光要考虑市场销售人员语言、营销推广渠道资源等，财、税、法和供应链物流灵活程度也至关重要。同时，合规门槛也是出海企业越发关注的重点，譬如贸易合规、税务合规在不同市场有较大差异，欧美与新兴市场的规则透明程度不同，相应地，企业的资源策略分配也不同。最后，地缘政治的重要性也不容忽视，目标国家的政策环境、产业鼓励方向等也是决定出海目的地的重要因素。而在区域内的国家市场，企业运作的深度是实现品牌力的关键。无论在哪一个国家，品牌都要在达到一定规模后，不断优化策略，摸清当地消费者的消费习惯、支付偏好等，才能在当地用户中强化品牌感知，逐步建立起品牌力。而区域性乃至全球性的品牌力，往往是众多国家市场中品牌力聚合的结果。

3. 落实精益化增长，重视渠道精准化，挖掘平台养分

精益营销就是要求营销步步为"赢"，每一次营销动作都要有收获。这些收获中既包含 ROI、市场占有率、GMV 等销售回报，也包括认知资产回报，也就是需要市场部将获得的各种营销和市场经验，通过复盘、试错、优化、再复盘的正向循环，确保增加营销"效率"，而不是像以往粗暴地用流量换销量。同时，重视利基市场精准化，有助于与竞品创造差异化的生存空间；用户画像的精准化，容易更高效地营造好感，创造品牌记忆。作为门槛越来越低的个性化 AI 服务，机器算法、机器写作和绘画将会被广泛应用到精细化传播中来；与此同时，对品牌方内容营销的策略与执行力的要求，也将越来越高。

4．品牌资产是硬通货，要注重盘活、优化

品牌资产，是品牌感知与消费者态度的中介机制。在新的市场形势和竞争格局下，对于2023年的品牌主来说，品牌资产才是真正的硬通货：可以赋能传播，让传播内容与传播方式有着整合的底色，提高传播效能；可以赋能渠道，让渠道商和终端消费者更有信心、更愿意选择。

品牌资产要如何盘活、优化？首先要树立清晰可靠的品牌形象，形成鲜明的品牌个性，易于受众识别、记忆。其次要有效传递产品质量与品牌价值，客户的感知价值，是顾客满意度最重要的影响因素，而顾客满意度又影响到品牌忠诚度；同时，要通过多层面沟通，构建有效的品牌联想，拓展品牌资产的内涵和外延。最后要特别重视顾客参与，这是品牌资产形成和提升的重要前提。品牌要通过人性化的直接互动、奖励等方式保持顾客黏度，强化他们的忠诚度，并且从中培育出真正属于品牌方的KOC、KOL。

第六章　互联网营销传播创新

● **本章提要**

随着互联网存量市场竞争不断加剧，电商平台和品牌商家纷纷探索营销创新之路，力求突破日益显现的流量瓶颈和内卷困境。本章将依据互联网营销传播创新涵盖的主要范畴，从广告营销、人员推销、网络促销、公共关系营销四个方面梳理相关市场现状、总结发展特点和揭示存在的问题。最后，分析当前互联网营销传播逻辑，为从业者提供参考。

● **本章营销热词**

营销传播；互联网广告；人员推销；互联网促销；公共关系营销

一、互联网广告营销

我国互联网行业经历 20 多年的高速增长，现阶段已逐渐步入结构性调整与资源配置的优化阶段。基于 2022 年中国互联网广告数据报告提供的数据，2022 年中国互联网广告市场发展 20 余年来首次出现负增长：2022 年，全年广告收入 5088 亿元人民币（不含港澳台地区），较 2021 年出现一定程度的回调，同比下降 6.38%，减少 347 亿元①。市场大环境的逆向改变，与认知竞争时代越发紧张和有限的注意力资源，使广告市场不得不在风向下发生改变——视频广告成为主阵地、广告形式多样化发展、广告市场生态越发丰富，等等。

本节对 2022 年互联网营销市场的六种主流广告形式——搜索广告、电商广告、信息流广告、社交广告、创意中插广告和切片广告进行深入分析，呈现互联网广告营销市场最新发展动态。

（一）搜索广告

受到全球经济增速放缓、移动互联网流量增长见顶，投资者信心相对萎靡等诸多因素的影响，广告营销在 2022 年备受考验，营销创新变得越发困难。在整体下行趋势背景下，搜索广告凭借精准触达、形式多样、契合人们的使用习惯，成为数字营销领域的"黑马"，构成国内广告预算增长的重要组成部分。CNNIC 第 50 次《中国互联网络发展状况统计报告》显示，截至 2022 年 6 月，我国搜索引擎用户规模达 8.21 亿，较 2021 年 12 月减少 737 万，但仍占据网民整体的 78.2%。②

来自极光发布的调研显示，每一天用户会在 3.84 个平台进行信息搜索，有 41.7% 的用户会根据不同的搜索需求和内容需求选择适合的搜索平台。③搜索引擎依靠优质内容的搭建，达成在人和信息之间的极强交互，搜索广告也作为搜索引擎中的营收增量，逐渐嵌入用户的使

---

① 中关村互动营销实验室 . 2022 中国互联网广告数据报告 [EB/OL].（2023-01-13）[2023-03-30]. https://baijiahao.baidu.com/s?id=1754896505084749457&wfr=spider&for=pc.

② 中国互联网信息网络中心 . 第 50 次《中国互联网络发展状况统计报告》[EB/OL].（2022-08-20）[2023-03-30].https://www.cnnic.net.cn/NMediaFile/2022/0926/MAIN1664183425619U2MS433V3V.pdf.

③ 运营研究社 . 字节又出大动作，开始"抢"腾讯、百度的生意？ [EB/OL] .（2022-06-21）[2023-03-30]. https://36kr.com/p/1794368029523976.

单位：万人

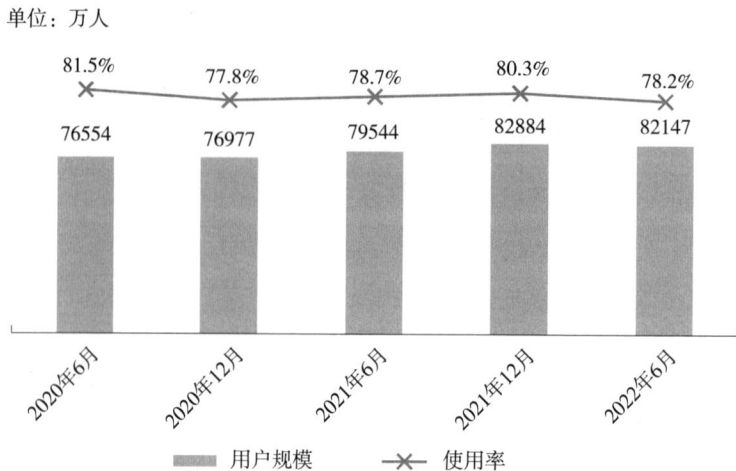

图 6-1　2020.6—2022.6 搜索引擎用户规模及使用率 ①

数据来源：中国互联网信息网络中心

---

① 中国互联网信息网络中心 . 第 50 次《中国互联网络发展状况统计报告》[EB/OL]. (2022–
08–20)[2023–03–30].https://www.cnnic.net.cn/NMediaFile/2022/0926/MAIN166418342
5619U2MS433V3V.pdf.

用行为。从数据来看，在广告收入整体负增长的背景下，搜索类平台连续四年在广告收入与市场份额两方面出现下滑，并且其市场规模在所有类别中较上年下降最多（下降 78.63 亿元，降幅 14%）①。但即便如此，从绝对市场份额看，搜索广告仍然牢牢占据市场前四的位置，搜索作为网民的一种刚需行为，仍然具有较强的广告市场吸引力，且搜索平台式微并不代表搜索市场的萎缩，新媒体时代，许多搜索需求已经叠加至垂直渠道。在此背景下，如何将用户的搜索转化为有效的消费成为创新点，基于此目标，各平台和品牌开启了多元化的探索。

---

① 中关村互动营销实验室 . 2022 中国互联网广告数据报告 [EB/OL] .（2023–01–13）
[2023–03–30]. https://baijiahao.baidu.com/s?id=1754896505084749457&wfr=spider&for=pc.

1. 内容生态下"启发式搜索"成新常态

当下，告别 PC 端时期百度搜索引擎的"一枝独秀"，搜索广告已然在各大平台成为内容生态的主流——腾讯、字节跳动、小红书等平台媒体逐步加大搜索投入。搜索模式也逐渐从曾经的搜索引擎跳脱出来，不断衍生出社交生态搜索、电商生态搜索、内容生态搜索等新样态。

引入用户行为的观察视角，用户已经从初步尝试，到如今能够娴熟地在内容生态中"边刷边搜边看"，"刷"与"搜"相互激发、相互促进，搜索和内容融为一体，自成闭环。因此，搜索起到了内容集成、深挖与延展的作用，让用户可以不断地拓宽信息获取边界，收获更沉浸式的内容体验。因此，"启发式搜索"异军突起，得到众多品牌与广告主的青睐，成为内容生态下的新常态。①

在逐渐丰富的内容生态中，受到一个又一个内容链的启发，各场景都有可能成为用户搜索行为的起点。从距离来看，无论是短视频、直播、热搜榜，还是评论区、创作区、商场，用户的兴趣可以随时被激活，产生新的搜索需求。在启发式搜索的模式下，搜索不再是单一的入口，而更像是一个新的"陪伴型"入口——用户有搜索需求时，点击右上角即可搜索，不需要反复地切换场景，整个过程体验更加流畅。

因此，启发式搜索于用户端的价值持续增高，不断刺激着用户内容需要和消费需求，而这也意味着品牌方新的投资和增长空间。启发式搜索所蕴含的营销价值，不再是传统意义上销售线索的收集，不再是一个个独立的点位，而是成为整合营销的关键枢纽，通过与品牌广告、信息流、达人、电商等多种营销方式的互通协作，逐步实现人群、

---

① 媒介 360. 启发式搜索营销，如何开启 2022 品牌生意关键增量？[EB/OL].（2022-04-16）[2023-03-30]. http://news.sohu.com/a/538371817_295833.

流量、场景的三向联动，助力各企业、品牌开启更实效、高效、长效、见效的营销新场域。

数据也印证了启发式搜索的新鲜价值。截至 2023 年 2 月，巨量引擎提出"启发式搜索"，用户从"浅尝辄止"到"需求明确"，抖音搜索月活量 5.5 亿多，单日视频搜索量 4 亿多次，57% 的用户在浏览 30 秒后产生搜索行为；小红书平台日均搜索查询量 3 亿次，45% 的用户会主动产生深度探索行为，日均搜索用户占比 60%，70% 以上的用户在搜索后 24 小时内回到浏览页面。就预算而言，2022 年广告主们预期预算增加的选择，巨量引擎搜索广告、小红书搜索广告、知乎搜索广告占据前三并超 80%，其中巨量引擎方面的取向高达 42.1%，彰显广告主对内容生态搜索广告的投入意愿十分强烈。[①] 消费者从"看"到"搜"，平台覆盖用户的全需求场景，内容叠加搜索高效影响用户决策，启发式搜索成为品牌方眼中的新流量。[②]

2. 搜索广告形式创新，不同玩法释放价值红利

伴随搜索广告的商业地位不断显现提高，其呈现形式也逐步创新升级，一方面，不同的玩法赋予用户更好的使用体验，促使其不断发生搜索行为，并在搜索界面得以驻足；另一方面，也使品牌方在流量池内获得了更好的展示机会，助力品牌营销价值提升。

第一，就搜索行为而言，平台创新发展"懒人搜索"模式，降低用户搜索成本阻碍。以小红书为例，搜索界面设置"猜你想搜"功能，根据用户的浏览行为和历史搜索记录猜测其感兴趣的内容，进一步减

① 媒介 360. 启发式搜索营销，如何开启 2022 品牌生意关键增量？[EB/OL]．（2022–04–16）[2023–03–30]. http://news.sohu.com/a/538371817_295833.

② 微博易.2023 年中国 KOL 营销趋势洞察报告 [EB/OL]．（2022–06–07）[2023–07–30]. https://roll.sohu.com/a/682842972_120953732.

轻用户的搜索压力。抖音更是在视频浏览界面设置"大家都在搜"功能，并在搜索界面以"猜你想搜"为引，将搜索行为发生度高或与用户自身浏览行为更加匹配的内容或产品，直接推送至用户面前，营销边界随之不断拓宽。

第二，消费者"边搜边看"，社交媒体价值不断攀升。以小红书为例，其作为年轻人的"生活方式社区"，灵感营销推出了 KFS 内容营销组合策略，即 KOL（创作者）优质内容引爆 +Feeds（信息流广告）精准触达提效 +Search（搜索广告）强化搜索拦截的核心策略组合，实现"浏览场 + 搜索场 + 消费场"一体化，遵循用户浏览与决策逻辑，能够让优质内容借势商业产品，更精准地触达用户、影响决策、卡位转化。[①]

第三，抓准"主动搜索"，让品牌营销玩出新意。2022 年，"# 千万别搜 #"话题词在抖音引发热议，充满悬疑感的视频、海报，以反向种草的思路激起用户叛逆情绪，成功勾起用户主动点击"放大镜"的搜索行为。用趣味诙谐的方式呈现本显枯燥无味的搜索内容，反而激发了"不让搜，偏就搜"的猎奇心理，提升抖音"边刷边搜，搜出新意"的用户认知[②]。举例来看，VIVO 品牌设置"# 千万别搜 VIVO#"等话题，但却在用户搜索后出现屏幕彩蛋，不仅与新品推广做了衔接耦合，更以满屏效果带来强烈的视觉冲击。在 VIVO 的彩蛋中，放大镜旋涡变成"VIVO 新机蓝"，并通过抓拍的交互设计，使其新机的拍摄功能亮点被无限放大，达成良好的营销效果。可以说，丰富的玩法和内容不仅

---

① 每日财经快报 . 小红书灵感营销之——KFS 内容营销组合策略解读 [EB/OL] .（2022–11–17）[2023–07–30]. https://baijiahao.baidu.com/s?id=1749717002325816596&wfr=spider&for=pc.

② 凤凰网 ."千万别搜"事件破圈，抖音"边刷边搜"掀起营销新风潮 [EB/OL].（2022–06–24）[2023–07–30]. https://tech.ifeng.com/c/8H5KFNy4gKJ.

承接了用户的巨大兴趣，更打造了品牌的超强声量。

3. 多场景和链接作用，为全域营销提供强有力支撑①

第一，长期占位。搜索广告在纷繁复杂的海量流量中，可以不断提升品牌的可见性，连接用户和品牌并沉淀粉丝，形成品牌的专属名片。用户在其他渠道（如开屏、信息流、内容营销等）被品牌触达后，可以随时通过搜索复现，而搜索广告是品牌方和广告主沉淀、积累粉丝的重要口径，数据显示，有 3% 对品牌感兴趣但未转变成粉丝的用户，会因为搜索复现在 7 日内转变为品牌粉丝。

第二，兴趣收口。高效的收口能力，能够实现高兴趣和高转化意向人群的承接，避免"种草"后流失。举例来看，抖音平台在用户回搜后，以投放搜索竞价广告的方式进行承接，其效果为：用户搜索后看竞价广告与搜索后看自然结果，竞价广告对品牌的后续转化有明显的正向增益，搜索广告逐渐成为品牌增量拓展的好帮手。

第三，热点破圈。仍以抖音平台为例，搜索广告可以联动挑战赛、全民任务等互动型产品，实现热点破圈，高效引流。例如，高姿防晒排列组合了"全民任务""星图达人营销""搜索广告"等模式，活动期间对应的品牌搜索热度明显提升，并为全民任务引流，其中有 12% 的全民任务参与用户来自搜索入口，助力用户主动参与。

在未来，搜索行为将更加普遍地嵌入网民的日常使用，搜索广告的发展潜力巨大，平台和品牌应抓住机遇，结合人工智能技术，不断催生新的营销创意，为用户提供更好的搜索结果和广告体验，带来了更多充满想象力的可能。

---

① 巨量算数. 搜索效果广告干货笔记 [EB/OL].（2023-07-27）[2023-07-30]. https://baijiahao.baidu.com/s?id=1772565785004372130&wfr=spider&for=pc.

（二）电商广告

电商广告是指服务于在线的市场目标，并致力于将用户引流至相应电商平台进行购买，为实现线上市场份额过程中所露出的营销广告。电商广告的投放可分为平台电商、垂直电商、折扣特卖和跨境电商，投放形式多样，常见的是通过长短视频、直播、图片、文本等方式实现，因其直接服务于商业目标的特殊性，多追求趣味性、简洁化与剧本化。谷歌数据显示，超过80%的消费者在做出购买决策之前，会选择先在网上进行相应的"研究"。[①]这证明，平台同样需要强大的价值输出来俘获消费者芳心。正向的平台品牌形态，自然可以吸引更多的有机消费，带来更高的客户留存率，也能让平台在面向各商家时，拥有更大的话语权和议价空间，这是拉动利润增长的最有力的杠杆。以"得物"为例，其垂直电商重点投放在腾讯广告、巨量引擎等主流流量平台，投放形式以图片广告和视频广告为主。无论得物或淘宝，其广告视频文案与文字文案多从"零元购""福利活动""他人推荐"等角度入手，以价格优势、朋友推荐等角度吸引用户点击浏览行为，并诱导其通过平台发生购买。

随着互联网技术的不断普及和发展，截至2022年12月，我国网络支付用户规模达9.11亿，较2021年12月增长781万，占网民整体的85.4%。同时，我国网络支付体系运行平稳，业务稳中有升。数据显示，2022年前三季度，移动支付业务1167.69亿笔，金额378.25万亿

---

① GoodSpy.2022Q1 独立站电商广告和营销洞察 [EB/OL] .（2022-08-16）[2023-07-30]. https://www.guanggaobao.com/newa/529/.

元，同比分别增长 7.4% 和 1.1%[①]。网络支付服务不断求创新、拓场景、惠民生，有力地支持了经济社会发展。在线支付用户的持续拓展与网络支付业务的迅速增长，使越来越多的商家开辟电商服务平台，并通过投放广告的形式，精确、高效匹配用户。《2022 中国互联网广告数据报告》显示，电商平台受累于整体市场趋势下行，市场规模出现 3% 的下滑，但下滑幅度小于整体市场下行幅度，因此，市场份额继续第六年实现增长，达到 38.12%，仍占据着广告渠道的头部市场份额。[②]

单位：万人

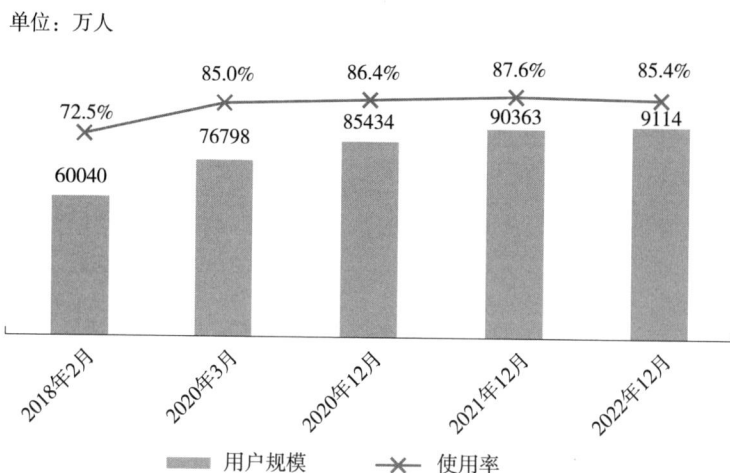

图 6-2　2018.2—2022.12 网络支付用户规模及使用率

数据来源：中国互联网信息网络中心

1. 高频次强曝光、场景化营销、精准触达的电商广告

电商广告具有高频次强曝光、场景化营销、精准触达用户的强

① 中国互联网信息网络中心 . 第 51 次《中国互联网络发展状况统计报告》[EB/OL].（2023–03–02）[2023–04–30]. https://www.cnnic.net.cn/NMediaFile/2023/0322/MAIN16794576367190GBA2HA1KQ.pdf.

② 中关村互动营销实验室 . 2022 中国互联网广告数据报告 [EB/OL].（2023–01–13）[2023–03–30]. https://baijiahao.baidu.com/s?id=1754896505084749457&wfr=spider&for=pc.

大优势。高频次强曝光在于电商广告可以大量地使用微博、微信、小红书等日活与地区渗透率高且同时带有社交属性的 APP 进行广告投送和商业引流，例如，得物 APP 经常以"博主分享"的相关形式将平台广告投放在小红书的内容中，拼多多 APP 也经常利用微博大 V 发布"优惠合集"等相关内容，将消费市场锁定在三线以下中小型城市，通过"百亿补贴"视频广告、"转发拼团"、"分享砍一刀"等不同的方式与玩法，精准触达消费的下沉市场，并将目标用户牢牢把控。

而电商广告的场景化营销是指不同的平台可以根据用户的身份以及所处的具体场景不同进行广告推送，利用场景思维，使广告更贴合用户的生活与需求，进一步刺激其额外购买需求。如抖音、快手、小红书等兴趣电商平台结合用户地理定位、浏览历史、消费记录等特征要素向用户推送符合其兴趣场景的电商广告。值得关注的是，2022 年全网"双十一"历年成交总额的增幅呈现出下降趋势，各平台的销售数据等均不如预期，也透露出电商广告发展的瓶颈和危机。电商广告如何突破现有困局，在巨大的流量池中为其所代表的电商平台争夺、占有一席之地，还需要做新环境下的新思考，以多形式和新思路走好破局之路，做好精准触达的"最后一公里"。

2. 电商广告破圈的新思路

当下，大量资本涌入电商赛道，面对巨大的流量池，平台想"抓人眼球"实属不易，须在形式和方式上不断创新。数据显示，电商直播发展日趋成熟，拉动企业营收。截至 2022 年 12 月，我国网络直播的用户规模达 7.51 亿，较 2021 年 12 月增长 4728 万，占网民整体的 70.3%。其中，电商直播的用户规模为 5.15 亿，较 2021 年 12 月增长

5105万，占网民整体的48.2%。①举例来看，知识直播带货破圈成为电商广告的新型引流方式，由新东方打造的"东方甄选"直播间将主播设置成情感向、知识向的"叫卖人"，并赋予商品独特解读，使其成为情感的、知识的寄托物，直播间的实时反馈不仅仅针对的是商品，也是人与人、人与知识、知识与知识之间的互动。除此之外，还有通过"神曲""洗脑"等吆喝方式博人眼球的达人直播间，明星主播通过不断重复洗脑的、快节奏的口号，达到魔性营销的效果。以上二者的爆火，为电商广告破圈提供了崭新的思路——具有独树一帜的风格才能在一片红海中脱颖而出、冲出重围。

3."小程序＋电商"或成发展新方向

当下，电商广告面临着内容同质化、客户转化率低、难以维护私域流量等诸多问题，电商广告推送有"跑马圈地"之嫌，粗放式的营销方式能够迅速积累起大量用户，却无法建立起用户黏度高的"私域流量"。腾讯发布的2022年第一季度财报显示，微信月活用户达12.88亿，微信小程序活跃账户突破5亿。②作为中国网民用户人数最多的APP，微信于2017年推出连接"人与场景"的轻量型小程序作为适用"利基市场"开发的应用性连接③，其能满足用户的即时跳转需求，弥补现阶段因电商广告跳转电商应用而损失的客户。因此，综合来看，"小程序＋电商"的组合为电商广告提供了高触达、高黏度、高时效的可能性，或成为电商广告未来发展的新方向。

---

① 中国互联网信息网络中心 . 第51次《中国互联网络发展状况统计报告》[EB/OL].（2022-03-02）[2023-04-30]. https://www.cnnic.net.cn/NMediaFile/2023/0322/MAIN16794576367190GBA2HA1KQ.pdf.

② 36氪 . 腾讯：一季度营收1355亿元，微信小程序日活突破5亿 [EB/OL] .（2022-05-18）[2023-04-30].https://aiqicha.baidu.com/qifuknowledge/detail?id=10045161425.

③ 喻国明 . 小程序：微信生态级应用的一次大扩容 [J]. 教育传媒研究，2017（05）.

（三）信息流广告

信息流广告又称 Feeds 广告，是指穿插在互联网资讯平台、好友动态、视听媒体内容流中的广告。信息流广告是互联网平台特有的广告形式，当下成熟的计算广告技术服务于广告主和用户两端，使信息流广告具有内容原生、精准定向、成本可控、效果可量化等优点。首先，内容原生主要是指其内容形式和前后的原生内容保持着一致性，避免破坏用户的内容消费场景，极大减少了用户对广告内容的回避。其次，信息流广告在大数据和推荐算法的加持下，基于用户数据准确定位用户意图和偏好，实现了千人千面式的精准推送，一方面降低了广告主的营销成本，另一方面提升了用户的广告体验。最后，用户反馈可通过用户在终端的操作行为直接测度，使得效果评估更加精确。信息流广告是在互联网潜能不断释放和广告主需要更加精准的广告投放方式背景下应运而生的一种智能推广的广告形式。

从计价方式看，《2022 中国互联网广告数据报告》显示 2022 年效果类广告的市场份额提升 2.09 个百分点，说明在整体经济形势收紧的大背景下，广告主对于广告类型的选择也更加务实，效果类广告得到更多青睐，广告主们更加看重广告效果而非广告覆盖面，营销费用补贴到了精准营销①，因此，"千人千面"的信息流广告在市场的整体危机中蕴含着新的增长点。近年来，我国信息流广告市场规模总体态势逐年增长，增速较为稳定，处于快速发展阶段，并逐渐超越搜索引擎广告成为付费广告的主流产品。

---

① 中关村互动营销实验室 . 2022 中国互联网广告数据报告 [EB/OL]. （2023–01–13）[2023–03–30]. https://baijiahao.baidu.com/s?id=1754896505084749457&wfr=spider&for=pc.

1. 智能传播不断提升信息流广告用户体验

随着人工智能技术的不断发展，其赋予信息流广告更多发展和想像空间。基于大数据的深度分析，信息流广告的推送与传达将更加精准，完美匹配用户的生活消费习惯，智能化赋能的广告营销战略，将极大地助益在效率与用户体验间达到巧妙平衡，进一步优化广告用户体验，并提高信息流广告的转化效率，如智能创意生产、智能数据洞悉、智能媒介传播、智能效果监控、智能定向投放等。

2. 广告内容将转向"以消费者为中心"

伴随着用户思维逐渐深入人心，信息流广告的内容也正面临着从"以产品观念为导向"向"以市场营销观念为导向"的观念迭新升级。换言之，未来广告宣传的重点将不会过多地宣传产品本身特性，取而代之的则是以用户的实际需求为出发点，再寻求广告本身内容的拓新。

3. 面临更加严格的广告审查

近年来，信息流广告因其不可忽略的市场影响力和极为广阔的触达能力，带来了法律政策上的诸多关注。分析来看，信息流广告在未来的发展将面对更严格的市场监督。国家市场监督管理总局印发的《假冒伪劣重点领域治理工作方案（2019—2021）》强调，要强化广告导向监管。信息流广告必须经过严格整顿，避免牵涉法律风险，不断提高正向的商业影响力和社会影响力，在优胜劣汰中，提升行业的整体品质和固有形象。

（四）社交广告

沿用《2020中国互联网营销发展报告》对社交广告的定义与范畴界定，社交广告是指根据广告主的诉求，在社交平台或其他存在社交关系链条场域中投放的广告。网络社交场域既包括社交平台这类大场域，也包括由流量主与粉丝间互动构成的小场域。随着社交属性成为互联网产品普遍追求的特性，社交广告的形式和特征也变得越来越丰富和复杂。

1. 微信平台社交广告逐渐成为主流

腾讯控股发布的 2022 年全年财报显示，腾讯社交及其他广告收入827 亿元。[①] 微信朋友圈广告拥有巨大的公域流量池和强曝光的特点，可以根据商家的预算和目标客户画像，定制广告推荐服务并提供广告曝光量、点击量、互动量、转化率和 ROI 等广告投放相关的追踪数据，仍为极具竞争力的广告形式。

从微信广告团队公布 2022 年度"用户最喜爱的朋友圈广告评选"结果来看，本年度前五名为：王者荣耀、阿斯顿马丁中国、小米手机、玛莎拉蒂中国、泰格豪雅。此外，天联广告和 L'Atelier China 分别获得年度创意代理和年度媒介代理第一名。由此可知，实力品牌的朋友圈广告通过强大的创意效果，在用户感知中表现更佳。其中，凯迪拉克广告等在广告形式上大胆创新，不仅注重内容质量、拍摄及剪辑风格等，还运用强烈的视觉冲击效果，辅以可以带来价值升华的主题文案，达成了情感共振般的传播效果。

随着微信公域流量向私域流量的导流和沉淀，商家通过建立微信社群和关注好友的方式积累了大量成交用户。基于品牌信任和复购需求，用户对商家在微信社群和朋友圈发布社交广告的回避情绪较低，接受意愿较高。商家投放优惠促销广告，销售转化率较高且无须单独付费，逐渐成为用户朋友圈最常见的广告形式。

---

① 腾讯控股有限公司 . 2022 年报 [EB/OL]. [2023-06-30]. https://static.www.tencent.com/uploads/2023/04/06/eac54c79c67d8a501bc4b65ff1718223.pdf.

2.各平台商业化 KOL 数量、风格不同，社交广告多元发展

首先，从各大平台商业化 KOL 的数量来看，其增长速度的程度不同，其中，小红书增量更优，抖音存量更大。微博平台 KOL 商业化进程较早，近两年来商业化 KOL 增长空间缩小，增长速度逐渐放缓；抖音平台商业化进程加快，商业化形态更加丰富，KOL 数量随之快速增长；快手平台商业化 KOL 数量增长最大，达人入驻快手寻求更多商业变现可能；小红书平台商业化发展稳步推进，商业化 KOL 数量和空间可期；B 站平台商业化发展与商业化 KOL 数量发展空间大，增速可观。[①]

单位：个

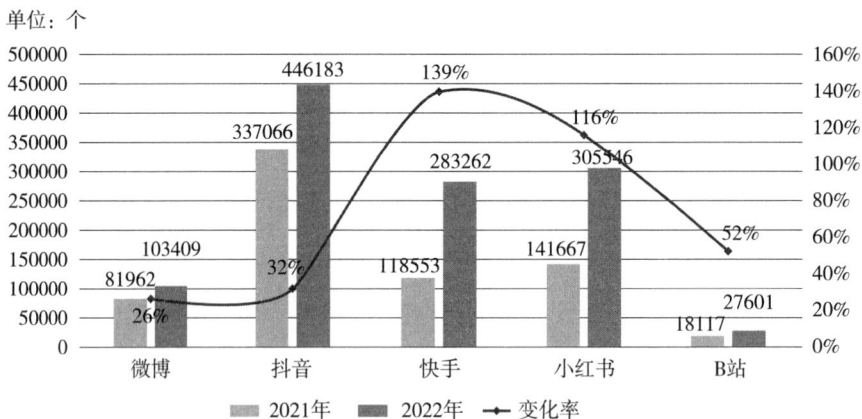

图 6-3　2021—2022 年主流社交媒体平台商业化 KOL 数量变化情况

数据来源：2023 年中国 KOL 营销趋势洞察报告

其次，以抖音和小红书平台为例，二者的 KOL 特征分化明显，社交广告逐渐向多元内容拓展。抖音是趣味、颜值 KOL 的聚集地，因致力于本地生活服务的推广，生活类 KOL 粉丝的增长速度最快，制作精

---

① 微博易.2023 年中国 KOL 营销趋势洞察报告 [EB/OL].（2022-06-07）[2023-07-30].
https://roll.sohu.com/a/682842972_120953732.

良、黏性强的社交广告赛道激发相关达人的良性竞争；小红书则聚焦时尚和美食等内容，女性向的标签明显，坚定"生于内容，长于交易"，加强转化闭环动作，通过社交广告向平台商城引流。

总而言之，用户注意力逐渐疲软，且对内容质量的要求持续提高，对商业广告的敏感度增强。社交广告因为特性，必须在内容供给端持续发力，在用户的阅读观看体验和品牌的商业推广效果之间达成平衡。

（五）创意中插广告

创意中插广告作为内生广告的核心，是最近几年植入式广告发展的新方向。经过几年的发展，逐步从近乎免费的广告资源成长为极具商业价值的平台型广告资源，直至2017年市场达到顶峰，但近两年，创意中插广告的市场规模受多方影响有所回落。

1. 市场现状：网剧增长乏力，综艺更加出彩

创意中插广告的原型最早出现在2006年的《武林外传》中，2013年《龙门镖局》的广告中出现了自制的剧情广告，每集中插入的广告让观众难以区分广告和正片。经过几年沉淀发展，2016年的《老九门》使创意中插广告正式进入大众视野，此后呈井喷之势占据广告市场。伴随着《老九门》《鬼吹灯》系列剧的热播，创意中插广告的市价攀升，到2020年的《怒晴湘西》中创意中插广告总价已达7350万元。2021年的《有翡》《赘婿》、2022年的《开端》《苍兰诀》等剧采用创意中插广告进行广告植入，品牌数从几个上升到几十个不等，其中，广告品牌"美柚""腾讯微视"还引起网民热议。但繁荣发展后，其就陷入内容创意同质化严重、人物形象与角色偏离严重、传播渠道有待拓宽等发展困境。

除网络剧外，创意中插广告还在综艺节目大放异彩。2018年大热

的《创造101》与相继出现的《创造营》《青春有你》等作为纯网综艺节目的代表，不仅带火了参赛选手，节目中的剧情式创意中插广告也为广告合作品牌赢得了大量流量。中插广告往往会选择广告主喜欢的艺人进行表演，能够获得中插也说明艺人在这个节目中很重要，这也是播出平台和广告商的双重肯定。在2023年播出的话题度较高的《乘风破浪的姐姐》综艺节目中，品牌方通过情景短剧的形式进行产品的卖点宣传，进而达到安利作用。如歌手陈嘉桦会在与其他明星的生活化对话中，询问对方是否喜欢吃饼干，并借机向其推荐德芙品牌的新品，达成综艺内容和广告效果的统一，在节目中自然而然地完成广告的植入，"润物细无声"。

2. 发展趋势：网络剧精品化下的高品质要求

网络剧的繁荣发展使得其对品质追求更加精品化。随着网络观众审美品位的提高，网络剧中的主演不再是名不见经传的新生代演员，而是替换为演技更成熟、口碑更好的实力派演员，如《隐秘的角落》中的秦昊、《沉默的真相》中的廖凡、《谁是凶手》中的赵丽颖等。网络剧的精致不仅体现在剧集本身，还体现在剧集中所出现的广告形式与内容上。例如，2023年的口碑网剧《漫长的季节》由范伟、秦昊等主演，豆瓣评分开分9.4分，同时伴随的是12集均有优质广告覆盖，共涉及7个品牌，遍布片头、中插与高光时刻，且广告内容更加细致、无声地与原剧情融为一体，从形式上巧妙且精心地设计应用于整个剧集的全过程，更好更高质量地呈现在观众的面前，潜移默化地影响观众对相关品牌的关注度。

3. 未来布局：技术助力中插广告用户体验

随着5G的商用以及人工智能、AR/VR/MR等技术的发展，未来创意中插广告将迎来新变化。第一，创意中插广告内容载体进一步延展。

随着内容的垂直精品化，创意中插广告资源将由头部内容拓展到其他等级优质内容。目前以剧集、综艺为主要投放载体，电影、动漫等视频内容在未来都将开放创意中插广告资源位，尤其是动漫的创意中插广告资源或将迎来较好发展。第二，利用人工智能技术助力创意中插广告的精准投放，未来可利用文字识别、图像识别等技术，根据视频的故事情节、人物情绪在适当的环节投入符合视频内容的广告，提高广告与内容的契合度，改善用户体验。第三，与虚拟现实等技术结合，适应内容产业数智化趋势，应用数字人制作与虚拟内容制播技术，探索面向元宇宙的 5 G+ 中插广告产品的形态，使用虚拟人在元宇宙世界中为产品推广演绎精彩剧情。

（六）切片广告

从概念上看，切片广告是指将广告空间分割成多个较小的矩形区域，在每个区域都可以单独投放不同的广告内容，从而实现多个广告同时呈现的一种广告形式。切片广告不仅可以提高广告展示效果和点击率，同时也可以更好地利用广告位和提高广告投放的精准性。随着短视频平台和直播电商的快速发展，切片广告拥有了更广阔的生长土壤。以"直播切片"为例，平台用户将自己录制的直播或其他长视频切割剪辑后，以短视频的形式生成和输出，在淘宝、抖音和快手等平台都有不少用户发布、传播的切片视频，但因平台自身定位不同，"直播切片"所展现出的逻辑也有所不同。在淘宝等一系列电商平台中，"直播切片"的内容大多来源于品牌店的直播，其作为一种内容的供给，可以帮助消费者更好地了解商品，并引导消费者缩短策略链路，尽快完成交易。然而，出现在抖音等短视频平台的"直播切片"，则更多是主播的自发行为，是其营销推广和产品分销的有效手段，他们用主播的巨大 IP 吸引流量，并通过"挂链接"等形式实现带货。

1. 市场现状："授权"与"分销"，持续扩张商业版图

目前来看，抖音、快手上出现了无数类似的直播切片号，其主页标明"编外人员"，并向用户指出"非主播本人，已获得官方授权，分享主播直播日常，直播间没抢到或者错过的好货可以点击橱窗购买"。在直播越来越卷之时，主播也开始进行精细化经营，扩大自己的生意阵地，授权野生玩家做直播切片实现直播内容的二次经营，在某种程度上实现了主播、直播切片号和商家的"三赢"。但对抖音、快手这样的短视频平台来说，本身是以内容核心吸引用户，并不算高质量的带货内容对平台并无益处，官方至今也并未下场，仍处于监管真空期。直播切片号的生意能做多久，能否成为直播下半场的运营新路径，还是一个未知数。

2. 存在问题：灰色地带的风险与危机尚存

由于切片广告多发生于用户的自发行为且领域尚新，属于法律政策监管的灰色地带，加之其能带来巨大的经济利益，因此切片广告暴露了其在未来发展中的明显问题。第一，流量逐渐匮乏，陷入同质化竞争。主播有着强 IP，但流量不是无穷无尽的，视频素材有限，跟风制作反而会激发观众的厌烦情绪，很多主播也逐渐暂停授权或者提高标准，一方面防止账号太多鱼龙混杂，另一方面也是保证被授权人的权益。[①]第二，直播切片本质是利用主播的信用为自己的账号背书，吸引主播的粉丝受众，其核心是将自己的账号流量建立在主播的账号和流量上，"牵一发而动全身"，一旦主播牵涉纠纷或风险指数增高，切

---

① 钛媒体.在抖音快手上做"直播切片"，月入十万？[EB/OL].（2022-07-03）[2023-07-30]. https://www.163.com/dy/article/HBCCUVBL05118O92.html.

片广告的发布者也将陷入信任危机。第三，平台尚未出手，游戏规则暂不明确。虽然抖音和快手等平台对切片广告的发布等有限制，会将其判定为"搬运""低质量"并做限流处理，但具体的判定标准和惩治规则等目前尚不明确，没有已经成型的规则，发布者和主播双方均属于"摸着石头过河"的阶段，切片广告的发展极不成熟。

实际上，电商直播和短视频的繁荣带来了"切片广告"的发展机遇，但具体如何落地、怎样执行还需要平台、品牌、用户等多方的碰撞与协调，才能逐渐走出一条有利可图并安全可靠的发展之路，使切片广告成为未来广告形式必不可缺的一环。

二、互联网人员推销创新

（一）网红经济：顺应时代，成就时代

学者喻国明认为，传媒产业的本质是影响力经济。无论是媒介内容还是广告，其本质都是通过特定的传播过程凝聚起相关的社会注意力资源，再把这种注意力资源转换为社会行动或消费层面的影响力。[①]随着技术的快速发展，人们加速步入脱域化生存状态，人们的各类经济生活被越来越多地搬上云端，在快速发展的网络时代，用户每天被海量的网络信息所覆盖，用户的注意力被切割成碎片，对于绝大多数信息或视而不见或充耳不闻，营销要抓住用户注意力的关键在于如何塑造自身影响力。除品牌自身所蕴含的文化、价值、理念等符号影响力外，在销售和转化方面，最能塑造和体现影响力的仍然是人本身。

---

① 喻国明，丁汉青，支庭荣，等.传媒经济学教程[M].北京：中国人民大学出版社，2018.

1. 网红经济是影响力经济的缩影

信任是交易的基础，关系产生连接，连接孕育价值，互联网以其天然的交互属性，孕育了社交媒体，为网红经济培育了丰沃的土壤。在人人都有麦克风的时代，全民网红可能并非意味着每个人都是网红，但互联网赋予了每个人都具备影响力的可能，正是由于这种可能性，在全面迈向数智化的互联网时代，网络信息的传播呈现了进一步的海量性与复杂性，营销环境也必然变得更加复杂多变。巨量引擎发布报告提出，营销服务进入"精攻"时代[①]，所谓"精攻"，实际上是对当下用户需求日益多元化、复杂化的一种及时应对，身处 4.0 时代的网红经济正是撑起"精攻"战略的重要支柱之一。

网红经济顺应了这一发展潮流，网红具有鲜明的个性特点及兴趣标签，粉丝往往对网红所秉持的价值倾向有着较强的认同感，网红通过持续的内容输出在自身粉丝群中不断塑造影响力。相比大环境，粉丝圈群内部的信息传递在价值与情感认同的作用下保持相对稳定，网红通过 IP 包装、内容运营及社群维系，能够培养出有一定凝聚力的"心域流量"，因此，网红营销能够在相对稳定的趣缘氛围中做出相对确定的营销决策，这为品牌主在瞬息万变的网络环境中，在"精攻"营销的策略制定上提供了一条捷径。品牌主需要做的是不断挖掘衔接目标粉丝群体特征的价值触点，推出能够打动该群体的内容创意，以将品牌的商业价值和粉丝的情感价值达成衔接。

2022 年品牌主广告投放预算普遍下滑，但数据显示，在 KOL 整体市场中，投放规模仍保持增长，虽然增速受经济环境影响有所下降，

[①] 巨量引擎，群峰伙伴，知萌 . 营销服务市场趋势洞察报告 [EB/OL].（2023–03–31）[2023–07–30]. https://www.sgpjbg.com/baogao/120498.html.

由 19.4% 降低至 7.5%[①]，但规模总量保持稳步增长，标志着网红经济整体发展逆势增长。

单位：亿元

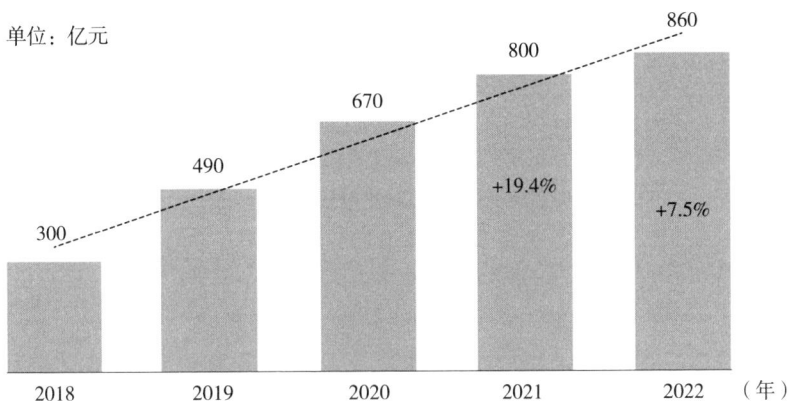

图 6-4　2018—2022 年 KOL 整体投放市场规模[②]

数据来源：克劳锐

2. 种草经济：社交搜索营销增长的新引擎

数字媒介通过连接与再连接，实现对于个体赋权与赋能的同时，也实现对于社会结构的去组织化。原先社会中具有明显层级与权力结构划分的科层制结构逐渐解体，个体逐步成为具有能动性的行为主体与社会基本构成要素。[③]主体性提升的主体从传统平面化的社会架构中脱离而出，成为一个个可以被看到的粒子。"微名人"的出现正是在这一社会结构演化的背景下应运而生的。仅从微博平台来看，截至 2022

---

① 克劳锐.广告主 KOL 营销市场盘点及趋势预测 [EB/OL].（2023-04-28）[2023-07-30]. https://www.topklout.com/#/home.

② 克劳锐.广告主 KOL 营销市场盘点及趋势预测 [EB/OL].（2023-04-28）[2023-07-30]. https://www.topklout.com/#/home.

③ 喻国明，郅慧.理解认知：把握未来传播的竞争重点、内在逻辑与操作路径 [J]. 编辑之友，2023（03）.

年底，微博月活用户达 5.86 亿，微博作者规模（1 万粉丝量以上）达 143.6 万个[①]。相比网络红人，微名人的粉丝量较少，但微名人和粉丝用户之间构成的相对较小的群体，有着更强的互动性，他们之间的连接相比网红与粉丝之间有着更强的联系。

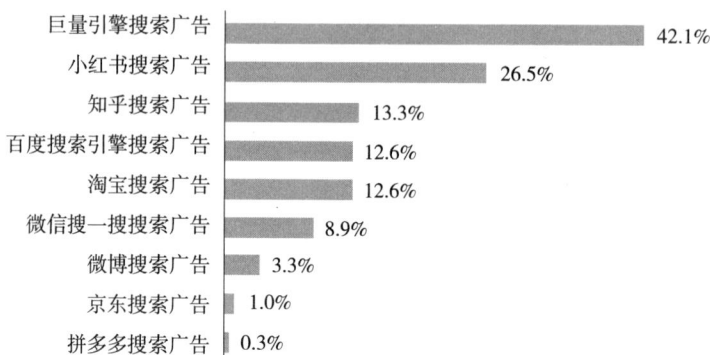

图 6-5　2022 年品牌主搜索广告营销预算变化净增加情况

数据来源：微博易

　　因此，即便声量较小，但微名人在圈群内部的影响力却不容小觑。不少用户对网红的过度包装和内容产品的策划痕迹开始产生厌倦，开始信任更具素人特点的微达人，倾向认为微达人分享的内容更具原生性，也更方便自身认知的嵌入。用户在作出消费决策时，被营销套路诱导的感觉变淡了，更倾向于认为是在平等的沟通下作出的决策，"种草经济"正是在此背景下诞生和发展的。所谓"种草"，是成功将一件事物推荐给他人的过程，是社交电商的典型营销模式。当下，社交搜索逐渐成为用户搜索信息的入口，有分析认为，社交搜索将跃迁为用

---

　　① 封面新闻.微博曹增辉：2023 年将专注于帮助大 V 提升变现效率 [EB/OL].（2023–04–15）[2023–07–30]. https://baijiahao.baidu.com/s?id=1763235712889219165&wfr=spider&for=pc.

户信息检索与消费决策的第一入口①，而种草经济的发展恰恰是以社交搜索为引擎，基于此种草经济走上了风口。对品牌方来说，微达人更低的营销成本使得种草营销成为品牌方的性价比之选，社交搜索成为品牌主眼中的新流量。

经过技术赋权，营销传播的参与主体泛化，逐渐进入"人人都是促销员"的时代，体验分享、消费测评等种草内容呈井喷式爆发，其中内容包含了真正素人的体验测评日志，也包括付费推广等内容，商品营销与社交分享的边界变得逐渐模糊。近年来兴起的达人探店是典型的"全民参与"式种草活动，数据显示，2022 年抖音生活服务博主超 1235 万人，累计发布探店视频超 11 亿个，掀起达人探店营销的热潮。有 72% 的商家邀请过达人探店，合作订单量同比增长 965%。②

但同时，种草经济的野蛮生长也带来了一定问题。由于种草博主的非专业属性，传播素养参差不齐，存在虚假流量、虚假宣传等问题。艾媒咨询在《中国种草经济行业发展状况与消费行为调查数据》中指出，过半的中国消费者容易被内容社区的素人分享种草，而有 72.4%的消费者表示受过虚假种草的影响，其中文旅领域，有 56.7% 的消费者表示真实景点与平台内容不符，47.2% 的消费者表示被种草的商品质量存在问题。2023 年 5 月，为进一步规范市场，市场监督管理总局在修订发布的《互联网广告管理办法》中，针对当下的"种草风"，凡是附加链接等购买方式的必须标注"广告"字样，避免种草帖的野蛮生长，敦促营销人员尊重消费者利益，种草经济正逐步走向规范化。

① 微博易.2023 年中国 KOL 营销趋势洞察报告 [EB/OL].（2022-06-07）[2023-07-30]. https://roll.sohu.com/a/682842972_120953732.

② 北京广播网.《2022 抖音生活服务数据报告》出炉 [EB/OL].（2023-01-16）[2023-07-30]. https://www.rbc.cn/shangxun/2023-01/06/cms1363337article.shtml.

（二）数字人再升级，数智化人员推销时代来临

互联网的飞速发展把商家、用户、渠道、内容、数据纷纷拉入云端，社会进入了更进一步的脱域化生存状态。脱域理论是英国学者吉登斯现代性理论体系中的重要组成部分，所谓脱域化，简单来说指人的工作、学习、生活及社会关系逐渐脱离现实物理环境和地域性关联，在网络时代的发展历程中，社会的脱域从信息的比特化开始，数字通路打通了地理距离的区隔，随着技术的不断迭代与融合发展，原本在网络中消失的身体逐渐以数字化的方式回归。对于营销而言，身体的回归是打造消费决策影响力的重要一环。

艾媒咨询《2023 年中国虚拟人产业发展与商业趋势研究报告》显示，中国市场中 88% 的消费者接触过虚拟人，其中 52.2% 的受访者接触过虚拟偶像，84.1% 的人群接触过虚拟主播，61.9% 的人群知道虚拟员工，国内消费者对虚拟人的喜爱程度评分高达 8.8 分，2022 年中国虚拟人核心市场规模为 120.8 亿元，同比增幅 94.2%，预计 2025 年将达 480.6 亿元；2022 年虚拟人带动周边市场规模为 1866.1 亿元，同比增幅 73.6%，保持着强劲的增长态势。除了元宇宙概念的带动，2022 年数字人快速发展的技术动因主要得益于三方面：首先是通信基建的快速建设，2022 年全国开通 5G 基站 231.2 万个，5G 终端连接数超过 6 亿；其次，CG、动作捕捉等技术的不断革新和发展，使得虚拟人的视觉呈现越来越完善；最后，随着 ChatGPT、文心一言等大型人工智能语言生成引擎的问世，虚拟人的智能化水平将实现质的飞跃，数字人和用户之间的沟通效率将大幅提升，数字人在过去的一年中得到了充分的升级和完善。目前，数字人在营销领域的主要玩法包括品牌代言、采访主持、产品测评、直播带货、内容创作等形式。

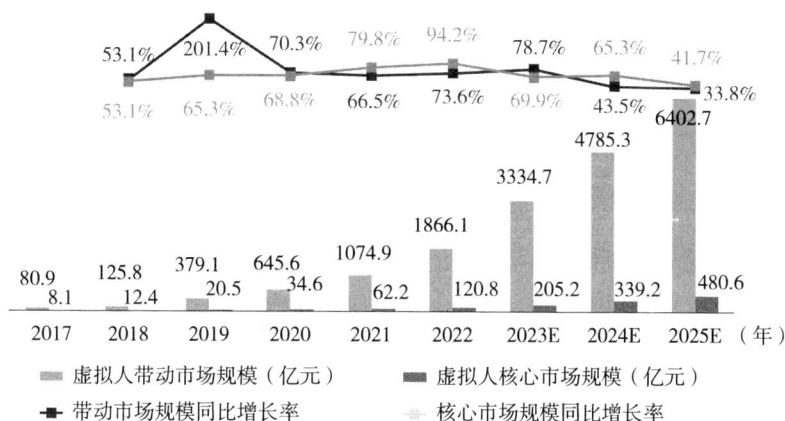

図 6-6　2017—2025 年中国虚拟人核心市场和带动市场规模 ①

数据来源：艾媒咨询

1. 身份型数字人助推品牌声量外扩

数字人通常分为功能型数字人和身份型数字人两大类。功能型数字人主要用于替代真人服务，通常完成相对简单的规定动作，如虚拟主播、机器人客服等。而身份型数字人具有明显的人格化、社会化特征，虚拟偶像就是典型的身份型数字人。近年来，虚拟偶像的受众日益增多，在流量变现、内容变现方面都有了很好的支撑，日益凸显的商业价值吸引越来越多的品牌打造自己的虚拟偶像为品牌或产品代言。

百度推出的虚拟偶像希加加是全球首个搭载 AIGC 的数字人，"她"诞生于百度云曦灵虚拟人平台，搭载的 AI 引擎可进行自主学习和思维迭代，同时具备视频剪辑、作画、歌舞、作曲等创作活动，目前粉丝超过 200 万，2022 年 4 月，希加加同麦当劳在大连、成都的裸眼大屏上完成了一波联动，引得现场顾客纷纷驻足，并在网络上引发热议。9

---

① 艾媒咨询 . 2023 年中国虚拟人产业发展与商业趋势研究报告 [EB/OL].（2023–03–31）[2023–07–30]. https://www.iimedia.cn/c400/92538.html.

月，2022 北京时装周打造中国首个"时尚元宇宙"秀场，希加加携手安踏领衔虚拟模特阵容，成功打造出了虚实结合的设计叙事风格，成为时尚圈和科技圈热议的焦点。

讯飞音乐于 2022 年 8 月推出虚拟歌手 Luya。8 月 29 日，Luya 携手上海音乐学院，正式进入"音乐工程系讯飞音乐联合研发中心"，开展 AI 融合音乐的相关创新探索。Luya 将主要以 AI 合成的音色参与歌曲演绎和表达，随着学习的深入，Luya 还将进一步延伸到 AI 辅助作词、作曲等领域，将 AI 与音乐结合产生的内容边界向外延展[①]。Luya 随即登上多个网络平台热搜榜，被《环球时报》《解放日报》等媒体专题报道。

2. 虚拟主播将再迎升级

虚拟主播入驻直播带货平台，但目前来看整体效果还远不及真人主播，从头部主播热度来看，快手头部电商虚拟主播关小芳粉丝量为 81.3 万，与真人主播存在较大差距，这和相关技术存在瓶颈息息相关，首先是虚拟主播的外形仍略显生硬，其次是智能化不足导致虚拟主播与用户很难有较深层次的互动性，给用户一种机械、呆滞、不协调的印象。虽然如此，但使用虚拟主播的商家数量仍在上升，因为虚拟主播在提高闲时流量利用率的同时，也节省了大量的人力成本。

随着 AIGC 相关技术的飞速发展，尤其是 ChatGPT 等应用的问世和普及，虚拟主播将迎来快速升级。一方面，AIGC 的升级将带动数字人的制作效能，提升数字人的生成周期的同时还可以进一步降低成本，数字人的可定制性也大幅提升。另一方面，数字人的内容输出也更加

---

① 艾媒网. AI 融合音乐创新探索，助力优质内容"出圈"[EB/OL].（2023–04–03）[2023–07–30]. https://www.iimedia.cn/c700/92597.html.

智能化，有望摆脱与用户生硬机械的对话现状，使交互性进一步提升。最后，AIGC 可加速推动虚拟主播自主完成直播运营，实现直播策划、数据留存、资源调配的智能化与自动化。届时，虚拟主播或将摆脱 24 小时无休的播报工具的功能定位身份，转而成为带有特定人设，具备一定交互情商的身份型主播。

3. 跨界与融合：数字人营销新玩法

随着数字人技术的不断提升和产业规模的不断扩大，数字人仅靠完成某项功能便能登上热搜的时代已经过去，着力打造 IP，从多角度切入建立品牌和用户的关系，积极开辟新领域、新玩法，是数字人不断创造更大商业价值的必经之路。

百度全能型数字人度晓晓在 2022 年做出了不少新颖的尝试，618 购物节期间，度晓晓联手一加手机，做起了数码测评人，以 "PGC+AIGC" 在全网搜集产品数据并生成测评视频，并通过推荐算法筛选目标人群精准触达，以达成种草的目的，并在测评内容中自动挂载商品链接，形成了 "内容生成—算法分发—落地转化" 的闭环流程。根据百度数据，此次联动曝光量接近亿级，咨询指数环比增长 101%，用户回搜率增长 214%。①度晓晓的测评实践为数字主体加入种草经济开启了先河，数字人有着更大量的参考数据及更强大的分析系统，可以在技术层面做到更高效、更专业。

2022 年 9 月，百度打造国内首档 Web3.0 沉浸式晚会，度晓晓担任歌会总策划，AIGC 承担了作词作曲、视觉呈现、明星选择、内容打造等全方位工作，并实现了数字人和真人的同台表演。其中 AIGC 歌曲

---

① 百度营销 . 一加手机 × 百度：度晓晓 AIGC 开创内容营销新模式 [EB/OL].（2023−04−11）[2023−07−30]. http://e.m.baidu.com/case/131.html?refer=1003.

《我们的 AI》表演中，充分融入了冠名商的商业元素，令观众耳目一新。本次活动完成了多重场景的跨界营销，将数字人与品牌元素融合在一起，直播两小时吸粉超 5000 万，开辟了数字智能时代商业营销新路径。

2022 年 11 月，新能源汽车品牌集度与国风虚拟人天妤达成协作，宣布天妤将作为集度 ROBO-01 探月限量版 NO.001 号数字车主。此次跨界合作将二者的元素进行了充分融合，融合了多项前沿科技、代表着高水平数字人技术的天妤，与集度所打造的全场景高阶智驾和沉浸式智能座舱体验的产品特色完美契合，加上火热的国风潮流元素，又在科技与文化方面充分制造了对撞元素，是一个成功的数字人赋能跨界品牌的案例，触达更广泛的受众群体，以充分的视觉冲击及想象空间，为新时代的年轻消费者带来了高阶的数智化体验。

三、互联网促销

本节聚焦于互联网促销，在介绍互联网促销发展现状的基础上，探讨了当前互联网促销的新动向，包括直播带货成为促销新常态、内容带货开启深度促销新局面、线上线下全域促销成为新趋势、盲盒成为潮流促销新亮点、促销效果评估由 GMV 向 ROI 和 CLV 转变。本节认为，在互联网促销内卷严重的当下，亟须突破以价格为主的促销瓶颈，不断创新促销形式，逐步向内容促销、全域促销发展，建构符合电商平台、品牌商家、消费者等多方长期利益的健康促销生态。

（一）发展现状

促销是指企业为激发消费者购买欲望，影响消费行为和扩大产品销售而进行的一系列宣传、说服、激励和联络等促进性行为，本质上可视作信息的传播和沟通活动。促销行为主要有广告促销、有奖销售与价格促销。与现实中相对单一、缺乏灵活性的传统促销手段相比，互联网可以承载更丰富的促销内容和形式，在传统电商和直播带货、短视频带货等新型电商的快速发展中展示了令人惊叹的强大效果，成为人们日常消费不可或缺的组成部分，对促进社会消费发挥积极作用。自 2009 年淘宝首次在 11 月 11 日举办"光棍节"促销活动以来，"618购物狂欢节""双十一购物狂欢节""双十二""年货节"等由电商平台打造的电商购物节已成为消费者们的文化共识，加上三八国际妇女劳动节、五一劳动节、六一儿童节、十一国庆节等法定节假日的主题促销，令消费者们感慨"每个月都有一次购物节"。随着电商竞争的加剧，平台和平台、商家与商家之间激烈拼杀，互联网促销也呈现出内卷加剧的趋势。在令人眼花缭乱的优惠花式玩法、"先涨价再降价"的打折套路和"超级秒杀""限时限量抢"的虚假宣传下，消费者不约而同感到疲惫与心累，简单与实惠成为大家共同的诉求。2022 年"双十一"结束后，天猫、京东平台首次未公布 GMV（交易总额）数据，天猫方面称交易规模与去年持平，京东方面称超越行业增速，创造了新的纪录。然而，全网"双十一"历年成交总额增幅呈现大幅下降的趋势，已然传递出传统电商面临增长瓶颈的显著信号。

这意味着，过去由互联网普及所带来用户增长的流量红利正逐渐萎缩，电商市场已由增量市场转向存量市场，以"展示＋优惠"为主的广种薄收的促销模式难以延续，未来将被精耕细作的深度促销模式取而代之，精准触达、优质内容、深度互动、场景构建、智能分析是其中的关键。随着社交媒体直播带货、短视频带货、拼购团购等新的电商模式快速席卷市场，以内容、兴趣、场景为优势的抖音、快手等平台加速崛起，竞争优势不断凸显，促销不再是简单的优惠信息传达，而是与兴趣、内容、社交、场景、情感等要素充分融合的消费体验。

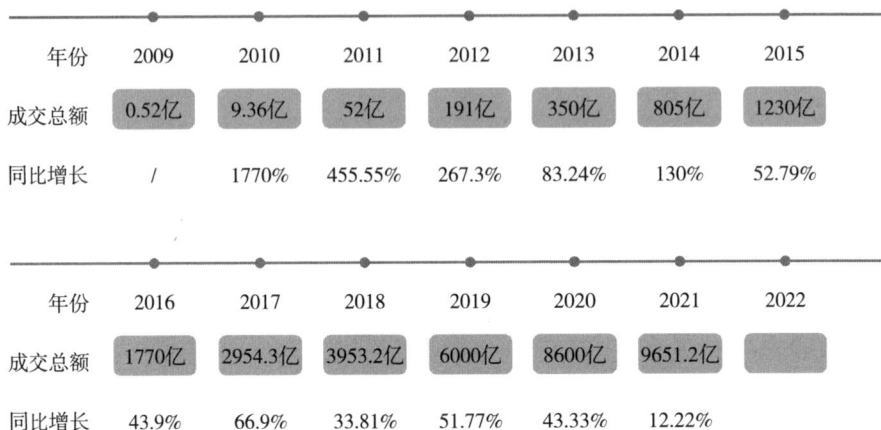

年份	2009	2010	2011	2012	2013	2014	2015
成交总额	0.52亿	9.36亿	52亿	191亿	350亿	805亿	1230亿
同比增长	/	1770%	455.55%	267.3%	83.24%	130%	52.79%

年份	2016	2017	2018	2019	2020	2021	2022
成交总额	1770亿	2954.3亿	3953.2亿	6000亿	8600亿	9651.2亿	
同比增长	43.9%	66.9%	33.81%	51.77%	43.33%	12.22%	

图 6-7　全网双十一历年成交总额变化①

数据来源：潇湘晨报

　　面对复杂多变的国际国内经济环境，消费者的消费观念趋于保守和理性，在平台和商家日益内卷的促销竞争下，商品低价进一步常态化，"全年最低""全网最低""宇宙最低价"等叫卖声早已失去了吸引力，互联网促销价格战逐渐进入困局。消费者渴望回归现实生活的新动向，为平台和商家提供新思路。"消费者在哪里，利润就在哪里"，面对激烈的线上存量竞争，平台纷纷开始加大对线下消费市场的开拓，通过整合线上线下市场形成全域消费闭环，挖掘更大市场空间。高效的促销不仅要获取消费者的注意力，更要争夺消费者的认知影响权。价格促销虽然可以带来可观的交易额，却让渡了企业的合理利润，甚

---

① 潇湘晨报. 双十一收官！京东、天猫发布最新"战报"[EB/OL]. （2022-11-12）[2023-07-30]. https://baijiahao.baidu.com/s?id=1749250592230771285&wfr=spider&for=pc.

至让企业陷入恶性的促销竞争当中，只有影响消费者认知的深度促销才能形成更符合企业健康发展的短期促销效果和长期销售生态。

（二）互联网促销新特征

1．直播带货成为促销新常态

直播带货天然具备促销属性，"秒杀""补贴""返红包"将主播、品牌方、用户置于同一促销场景之中，围绕货品形成高效互动，在促使销售快速达成的同时实现多方共赢。2022年也是直播带货的转型之年，浮躁而内卷的促销市场所暴露出的诸多问题倒逼品牌方和平台不断反思，越来越多的品牌方不再像过去那样简单依赖头部主播的巨大流量，而是更多地尝试通过品牌自播、与腰部和尾部主播合作直播，回归产品本身，深挖产品内涵，重构企业"人""货""场"促销生态。

2022年"双十一"期间，直播带货成为电商争夺主战场，品牌商家的多平台直播带货成为常态。[①]消费者在轮番上演的电商节和天天都有的品牌直播中发现，直播带货已成为品牌商家日常营销标配，商品低价已是常态，不同时间、不同平台上的商品优惠差别实际上很小。众多品牌商家在全网价格透明和商品价格见底的情况下，只能采取更换产品组合或变换赠品的方式吸引消费者。消费者养成了主动去品牌直播间寻找商品低价的购物习惯，直播带货已经成为品牌商家促销的新常态。

2．内容带货开启深度促销新局面

价格竞争在传统促销中起着十分关键的作用，但是价格竞争极易走入价格战的泥潭。市场经验证明，一旦行业陷入价格战，最终将损

---

① 艾媒新零售产业研究中心.2022年中国电商"双十一"消费大数据监测报告[EB/OL].（2022-11-16）[2023-07-30]. https://www.iimedia.cn/c400/90673.html.

害整个市场以及每一个商家的利益。我国零售市场目前总体处于供大于求的买方市场，从经济学角度来看，饮料、食品、美妆、洗护、服装等快消产品的同质化水平相对较高，以品牌商家叙事为主的产品卖点、广告宣传素材往往缺少吸引力，消费者更愿意聆听 KOL、KOC 关于感兴趣商品的使用体验并与之互动，驱动购买的因素更多来自用户兴趣、社交属性、特定功能、独特体验、使用场景、情绪情感、品牌文化等与消费者认知有关的内容属性。东方甄选在"双语带货""知识带货"后，又开启了"旅游式带货"新玩法。2023 年 4 月 15 日至 16日，东方甄选团队来到了浙江乌镇，一边游山玩水一边直播带货，在卖货的同时注重展示当地优美的自然风景、人文风光和非物质文化遗产，让消费者体验了一把"云旅游"，与此同时也收获了 1 亿元的销售佳绩。①2022 年 9 月 1 日的淘宝直播盛典上，阿里巴巴淘宝直播事业群总经理程道放表示，淘宝直播将进入"新内容时代"，淘宝内容化的新价值主张是"专业有趣的人带你买"，为优秀的内容创作者提供佣金、流量等全方位支持。更加注重消费者体验的内容促销成为互联网促销纵深发展的必然选择。

3. 线上线下全域促销成为新趋势

目前，消费者更加注重增加线下即时消费体验，此前专注于线上的平台、品牌商家不可避免地感受到危机与压力，并且在长期激烈的流量和价格竞争中，大多数平台和品牌商家都已遭遇发展瓶颈。线下经济复苏在为平台和品牌商家带来压力的同时，也带来新的市场布局思路，全方位深度整合线上线下促销内容的全域促销模式成为必然选

---

① 新榜有数. 东方甄选旅游式带货，单场销售额破亿 [EB/OL].（2023-04-19）[2023-07-30]. https://data.newrank.cn/article/article-detail/cd752e38c6204da6.

择。"本地生活服务"是平台进一步打通线下市场、形成消费闭环、深挖消费市场的最佳入口。艾媒资讯数据显示，2025 年本地生活服务规模将超 2.5 万亿元，其中，在线餐饮外卖市场规模达到 17469 亿元，生鲜电商市场规模达到 5403 亿元，互联网社区服务市场规模达到 3455 亿元。① 美团虽然凭借骑手即时配送服务占有独特优势，但抖音在内容创作生态、用户黏性、短视频媒介形态方面具有绝对优势，虽然目前外卖业务并未铺开，但是到店业务表现超出预期，有弯道超车之势。2022 年，抖音生活服务完成约 770 亿元 GMV，较年初定下的 500 亿元目标高出约 54%。② 根据《2022 抖音生活服务数据报告》，抖音本地生活服务覆盖 370 个城市，合作的线下门店超过 100 万家，本地生活相关短视频达 16.7 亿个，生活服务创作者超 1235 万，探店种草视频达 11 亿个。由此可见，抖音在本地生活服务业务的实力与巨大潜力。2023 年抖音将全年生活服务业务 GMV 目标定到了 1500 亿，而这一数字也已经超过了这个赛道领头羊美团到店酒旅业务全年交易额的三分之一。③ 越来越多的人在线下消费之前会通过线上内容平台寻找"种草"经验和优惠券，到店消费后又会将自己的消费体验分享到平台上，形成线上"种草"带动线下"打卡"，线下"打卡"返回线上"分享"的良性循环。线下商家也看到了内容电商在培育网红店铺、网红打卡地、探店引流方面的巨大能量，积极借力不同内容平台，寻找新的促销突破点。

---

① 艾媒咨询 . 2023—2024 年中国本地生活服务行业市场监测报告 [EB/OL]. （2023-04-11）[2023-07-30]. https://report.iimedia.cn/repo7-0/43340.html?acPlatCode=IIMReport&acFrom=recomBar&iimediaId=93469.

② 三易生活 . 抖音瞄准生活服务赛道，目前直指千亿级 GMV [EB/OL]. （2023-01-19）[2023-07-30]. https://m.163.com/dy/article/HRFSBPP70511BE1V.html.

③ 三易生活 . 抖音瞄准生活服务赛道，目前直指千亿级 GMV [EB/OL]. （2023-01-19）[2023-07-30]. https://m.163.com/dy/article/HRFSBPP70511BE1V.html.

4．"万物皆可盲盒"：潮流促销新亮点

盲盒，指消费者在购买前无法明确得知具体产品的商品盒子。盲盒并不是一种全新事物，最早可以追溯到日本的福袋，由商家将过剩库存或瑕疵品以超低价甚至免费的方式出售给消费者。当前盲盒的流行主要归功于泡泡玛特的成功运作，以人气爆棚的 Molly 盲盒为例，每个系列包含 12 个不同造型的娃娃，分为固定款、隐藏款和特别款，其中，隐藏款出现的概率仅有 1/144，特别款出现的概率则更低，充分利用了消费者的猎奇心理和赌徒心理，深受年轻人的喜爱，不仅验证了盲盒的价值，更推动盲盒促销模式成为一种代表潮流的促销新形式。机票、美食、美妆、饮品、生鲜等与潮玩无关的各行业领域都在推出各自的促销盲盒。近两年，飞猪、携程、去哪儿网和多家航空公司都推出了机票盲盒，最低 66 块钱、一般不超过 500 块钱就能购买机票盲盒，成功吸引了年轻用户的关注，但也存在着目的地冷门、限制条件多、实际成交率低、退款困难的尴尬问题。霸王茶姬奶茶盲盒宣称可以开出知名品牌的香水和口红、免费喝月卡等礼物，收获了线上线下大量流量。国际和国产美妆护肤品牌通常在特定节日推出限定盲盒，使消费者在得到实惠的同时接触到品牌全线产品矩阵，大大增加了消费者品牌复购概率，不失为一种成功的促销方法。

盲盒促销翻车的案例也比比皆是。2022 年初，肯德基携手泡泡玛特推出限定款盲盒，各大门店供不应求，网上竟然开始提供"代吃"服务，这种为了凑盲盒而导致大量食物浪费的行为被中国消费者协会点名批评。2023 年 4 月，飞猪网推出扔飞镖赢机票活动，网友发现 66 元只是参加活动的入场券，更令人难以接受的是不仅目的地，甚至连出发地都是随机抽取，让网友直呼太坑。时下盲盒暴露出的问题已引起市场监管部门的关注，2022 年 8 月，国家市场监督管理总局发布了

《盲盒经营活动规范指引（试行）（征求意见稿）》①，拟对盲盒销售的内容、形式、销售对象等方面作出规定，特别是明确不得向8周岁以下未成年人销售盲盒。

5. 促销效果评估：由 GMV 到 ROI 和 CLV

GMV 向来是电商平台、品牌商家、带货主播最看重的战报数据，是电商销售中最直观的指标。一般认为，GMV= 真实成交额 + 未付款订单金额 + 退货订单金额 + 刷单金额，因而，在刷单成为普遍操作手法的电商领域，GMV 注水现象难以避免。与此同时，平台 GMV 狂欢掩饰了品牌商家的苦楚，电商平台价格战中被挤压的往往是商家利润，很多品牌商家面临销售越大毛利率越低的窘境。电商促销市场的良性发展必须从简单关注销量达成到重视促销对品牌的健康促进作用，向精耕细作的科学促销方向迈进。2023 年 2 月，快手推出全店 ROI（全店 GMV/Cost 投放成本）新型运营机制，通过算法和模型帮助商家在快手进行全域流量组合投放，保障商家在快手整体经营 ROI 目标的达成，实现从宣传到效果再到销售的全链路转化。② 这一运营机制的提出反映出平台与商家对追求成交额规模的反思和对宣传投放性价比的认可。

随着公域流量营销推广费用持续攀升，单个获客成本不断增加，品牌商家不得不转换营销策略，从公域引流到兼顾深耕私域流量，盘活品牌存量用户市场，建立可持续开发利用的消费者资产，不断提升私域运用能力，从只看重短期的 GMC 到注重提升更长期的 CLV

---

① 国家市场监督管理总局 . 市场监管总局关于公开征求《盲盒经营活动规范指引（试行）（征求意见稿）》意见的通知 [EB/OL].（2022-08-16）[2023-07-30]. https://www.samr.gov.cn/hd/zjdc/202208/P020220816543605404930.pdf.

② 网易科技报道 . 快手：推出全店 ROI 新型运营机制 [EB/OL].（2023-02-22）[2023-07-30]. https://m.163.com/tech/article/HU6VS1JO00097U7R.html.

（Customers Lifetime Value）。大多数品牌商家在内卷的促销大战中陷于 GMV 的思维定式难以自拔，反而忽略了产品"复购"这一核心问题。在私域中促成用户复购远比在公域中吸引用户首购的成本低得多，大多数品牌商家以越来越高的成本在公域引流，却没有做好已有私域流量的经营，导致私域中的用户资本沉默和流失，无形中浪费了巨大的促销支出。深度挖掘用户终身价值意味着真正树立以用户需求为中心的企业文化，与消费者全方位互动沟通，与消费者保持同步认知，提高消费者复购率，密切与消费者的关系，实现对消费者资产的多维度、多倍增值。

对于品牌商家来说，摆脱对电商平台的数据依赖，建立以自身利益考量为中心的促销体系势在必行。特别是促销考量维度多（产品类别、地域、平台、促销类型、促销时间、消费群体等），促销政策过于复杂，并且不同的促销方案对短期销量、长期销量产生的影响难以量化的问题，建立一整套由人工智能技术支撑的促销系统非常必要。大数据技术帮助品牌商家获得消费者精准消费数据，人工智能促销模型通过数据训练得以不断优化，再结合专家意见和政策环境，不断完善促销系统，实现促销成本控制、定价控制以及利润控制。

四、互联网公共关系营销

本节聚焦互联网公共关系营销活动，分为两个部分。首先，综述互联网公共关系营销现状，指出品牌方与网民的互动对话是当前公关工作的重中之重。其次，深入分析火出圈的淄博烧烤、千禾酱油与白象方便面、汪小菲与麻六记的公关营销逻辑；总结分析危机公关中品牌翻车的典型做法，为品牌商家提供参考。

（一）互联网公共关系营销综述

公共关系（Public Relations，PR）简称"公关"，是指组织机构与公众环境之间的沟通与传播关系。营销则是指企业发现或挖掘准消费者需求，从整体氛围及自身产品形态的营造去推广和销售产品。如今，以互联网为代表的新技术不断涌现和快速迭代，行业原有的业态和模式被重塑，公关与营销的界限逐渐模糊，二者融合趋势已愈加明显。互联网企业的公关管理已不仅仅是被动应对企业的运营危机，更要通过主动的公共关系营销实现企业形象的树立与自身产品的推广销售，这成为互联网公共关系的重要目标之一。

公共关系营销主要包括：运用良好的关系环境，营造有利于企业产品营销的和谐氛围；通过有效的公关活动，获得消费者的注意和青睐；与客户建立正常融洽的双向沟通联系，吸引并稳定其广泛的产品消费群体；提供优质服务、公益赞助和媒体宣传等多项公关手段，提升产品和企业的良好形象；等等。

社交媒体到处都是品牌营销活动，用户已经习以为常，加之精力有限，传统以品牌方为主导的"搭台唱戏"的公关营销活动已经难见其效。火出圈的公关营销活动往往难以预测，并且常常出乎意料。社交媒体中，品牌公关可谓"成也网民，败也网民"。当前，公共关系更多转向网络人际关系渠道[①]，通过网民的热情参与而与其开展平等友好的对话，不但可以让品牌知名度和美誉度瞬间提升，还可以帮助品牌发掘品牌内涵、企业文化和销售卖点，助力市场销售。品牌与网民的对抗则会使品牌声誉大大受损，甚至严重影响企业销售和生存。品牌

---

① BROOM,Glen M.et al. Toward a Concept and Theory of Organization–Public Relationships[J]. Journal of Public Relations Research,1997(9):83–98.

与网民的关系营销是公关营销的重中之重，良好的公关营销是品牌方与消费者在平等开放、互相信任、充分对话的友好关系中一起探讨和完成品牌叙事的过程。

（二）互联网公共关系营销出圈案例

1. 淄博烧烤：公共关系营销典范

淄博烧烤的成功被总结为政通人和下的人间烟火，几乎可以列为近年来最出圈的公关营销案例。与其他案例相比，淄博烧烤的成功之处在于最大限度地调动了当地政府、当地商家、大学生、当地老百姓、网民、官媒等全社会最广泛的公共关系资源，形成了平等参与、多向互动、真诚对话、友好互助的公共关系场，是最接近公共关系营销"理想型"的一次营销活动。

淄博烧烤最早的引爆点是一群2021年前往淄博的大学生，在受到当地政府暖心照料后，约定来年春暖花开时带上朋友再来作客。随着大学生赴约吃烧烤，社交媒体上分享淄博烧烤的内容也越来越多。淄博烧烤能借势走红的关键还在于淄博政府的敏锐眼光和主动作为，对内严控食品质量和市场价格，为烧烤商家办实事，构建安全、放心、友好、和谐的旅游环境；对外真诚发声和朴实回应，想网民之所想，急游客之所急，积极推出专线高铁、发布淄博烧烤地图、推出公交专线、制定大学生优惠政策、修建免费停车场……向网民展现了一个真实、靠谱、亲切、可信的魅力政府。在淄博烧烤成为顶流的过程中，淄博政府没有做过多主动开发、广告宣传工作，而是将重点放在服务上，这是最值得其他地方政府借鉴的地方。① 在公共关系活动中，公众

---

① 上游新闻.淄博烧烤为什么这么火？全城齐心双向奔赴,专家建议做好跟进服务[EB/OL].（2023-04-16）[2023-07-30].https://baijiahao.baidu.com/s?id=1763311441966575388&wfr=spider&for=pc.

和用户常常是活动关注的中心，人们往往忽略了公共关系对象的丰富性，政府、组织内部员工都是公共关系的重要对象。随着淄博烧烤的爆火，原有的资源供给能力已不足，周边城市的兄弟地市纷纷驰援，潍坊送来猪肉，临沂送来小葱，东营送来小羊，青岛送来啤酒……更令网友感受到淄博魅力的是淄博当地人民的好客之举，有人自发免费接送外地游客，有人见游客就送饮料送特产，有人得知游客订不到酒店就免费提供自家卧室……。本地人民的热情与慷慨也是成就淄博烧烤的重要力量。全体网民的淄博云旅游和游客烧烤的云分享一起助力淄博烧烤成为最火"顶流"。正如一位网友给予 4 月 26 日"淄博文旅"微信公众号中发布的《致广大游客朋友的一封信》的好评，"淄博交上了一份与公考大省实力相匹配的满分答卷"。

2. 做好产品：打铁还需自身硬

面对复杂多变的市场，品牌商家也面对越来越多的不确定性，无法预估自己何时何种情况下会意外被"翻牌"。被"翻牌"意味着被媒体和用户放在聚光灯下检视，任何失误、瑕疵都将被无限放大，甚至会出现"无中生有"的指控。然而，聚光灯也是一把双刃剑，会自动放大品牌的优势。同一个公关危机事件给有些品牌商家带来了"危"，对另一些品牌商家则变成了"机"，其中的原因值得所有品牌商家反思。2022 年的 315 晚会曝光了插旗菜业部分老坛酸菜腌制卫生环境恶劣的问题，众多方便面品牌因与其合作而备受质疑，白象很快回复网友："没合作，放心吃，身正不怕影子斜。"3 月 16 日白象官方旗舰店直播间观看人数突破 180 万，销售额逼近 300 万元，销售额暴涨几十倍。[①] 网友在"侦查"中发现，山东白象公司安置的残疾员工占全体员

---

① 蝉妈妈官方. 315 黑心酸菜被曝光，白象冲上热搜销量暴增几十倍！[EB/OL].（2023-03-19）[2023-07-30]. https://www.sohu.com/a/530731552_120380906.

工的三成、低调向大学生捐款、屡次在灾情中捐款捐物，收获了"国货方便面之光"的称号和网友的广泛认可。可见，真正的公关首先是做好产品。

五、互联网营销传播逻辑

（一）AI 赋能传播者：AIGC 助推营销传播的革命式升级

在元宇宙概念的带动下，AI 技术及产品在 toB、toC 两端都受到了空前的关注，数字人、AIGC、NFT、虚拟现实等细分市场发展明显提速。2022 年 9 月，美国游戏设计师杰森·艾伦使用人工智能绘画工具 Midjourney 创作的《太空歌剧院》战胜人类创作者，获得美国科罗拉多州博览会数码艺术第一名，引起轩然大波。Stable Diffusion、DALL-E 2、Midjourney 等图片生成 AI 引擎的出圈，标志着人工智能开始从功能型工具到创造性主体的演变。2022 年 10 月，Stable Diffusion 的日活用户已超 1000 万。[①]同月，国际知名图库 Shutterstock 与 OpenAI 建立合作，Adobe 也在产品序列中加入了图像生成模型，这意味着 AIGC 的商业变现已经开始。2022 年 12 月，OpenAI 的大型语言生成模型 ChatGPT 风靡全球，红杉美国在文章《生成式 AI：一个创造性的新世界》中指出，AIGC 将引领新一轮范式革命。

就营销传播而言，AI 介入营销内容生产主体，逐渐由人转向人机协同的关键变革。AIGC 不仅意味着自动化内容生产，还意味着这种自动化生产不再是机械重复的简单工作，而是能够胜任迎合用户千人千

[①] 腾讯研究院. AIGC 发展趋势报告（2023）[EB/OL]（2023-02-16）.[2023-07-30]. https://mp.weixin.qq.com/s/xYKSuY6nTlQLgszU7UMiCQ.

面的审美需求、情感需求等海量创意性工作。目前，AIGC 已几乎覆盖所有营销内容形式，如文字、音频、图片、视频、3D 等，作品效果已能达到大多数营销场景的需求。同时，低成本及低准入的使用门槛也助推了 AIGC 各类应用的快速普及，这意味着科技资源的使用一定程度上不再被完全垄断，无论是品牌巨头还是中小企业或个体商户都可以利用 AIGC 达成更好的营销效果。

目前，AIGC 衍生品应用在电商领域已被开始大量运用，借助 ChatGPT 等语言生成模型，一方面可以降低网络中海量信息的信息熵、打破信息壁垒，进行全面的市场调研、用户分析、策略制定等一站式解决方案；另一方面还可以完成快速、多样的文案生成工作。利用 Midjourney、DALL-E、Stable Diffusion 等 AI 绘图工具，进行海量图片营销内容的批量生成，降本增效效果明显。

Appgrowing 报告指出，在移动互联网中，绝大多数的营销素材仅能维持 1—4 天[①]，这意味着在千人千面的算法分发策略的前提下，营销运营的工作量已是空前巨大，人机协同是发展的必然，同样也是媒介发展的必然规律。所谓媒介是人体的延伸，即媒介从多方位、以多模态的方式达成越来越完善的某种功能，来满足人们的需求。元宇宙概念提出后，社会深度媒介化便是大势所趋，仅依靠人的效率，远不能达成元宇宙中及其海量的媒介内容的创作与生产。随着技术的不断迭代，AIGC 极有可能在未来成为内容生产的基础设施，以人机协同的方式不断挖掘价值。

---

① Appgrowing. 2022 移动广告流量观察白皮书 [EB/OL].（2022-07-14）[2023-07-30]. https://baijiahao.baidu.com/s?id=1738325078979655023&wfr=spider&for=pc.

（二）视频营销如日中天，短视频、直播带货步入成熟期

视频媒介具有极强的直观性和感染力，商家可通过视频实现离场状态下"人、货、场"的再现。首先，人身体的在场使沟通过程建构起元传播层面的关系内容，通过直接对话的亲和力和劝服力建立信任。其次，人与货的交互展示可实现用户的替代体验，对货品的认识更加直观。在视频制作或直播策划中，对销售场景的打造有着更大的创意空间，可以通过布景、配乐、台词和节奏的把控，将丰富的带货场景适配到不同的产品垂类或细致划分的人群当中去，以提升转化效果。视频类营销集中在在线广告、直播、短视频几大阵地。

1. 视频广告占据半壁江山

中国互联网信息中心发布的最新报告数据显示，截至 2022 年 12 月，我国互联网用户规模达 10.67 亿，其中网络视频用户占比 96.5%，短视频用户占比 94.8%[1]，"视频化生存"是当下移动互联网用户的显著特征之一，网络营销天然顺应这一特点，营销内容视频化在近年来不断加速，在移动互联网中以短视频广告、直播营销两种方式为主。数据显示，2022 年全网视频广告投放占比峰值超过 75%[2]，图片、文字、音频等广告素材在市场中被不断挤占。

不断变化的经济环境和网络生态又给广告主不断带来各种新的挑战。相较于传统视频广告，互联网千人千面的分发策略要求广告主围绕用户不断打造个性化视频内容。从视频素材特点来看，广告时长集

---

① 中国互联网信息网络中心 . 第 51 次《中国互联网络发展状况统计报告》[EB/OL].
（2022–03–02）[2023–04–30]. https://www.cnnic.net.cn/NMediaFile/2023/0322/
MAIN16794576367190GBA2HA1KQ.pdf.
② Appgrowing. 2022 移动广告流量观察白皮书 [EB/OL].（2022–07–14）[2023–07–30].
https://baijiahao.baidu.com/s?id=1738325078979655023&wfr=spider&for=pc.

中于 16—45 秒之间，适应了移动互联网的即时化与碎片化观看的特点，同时从广告素材的效能可持续性来看，各个重点行业的视频营销素材的生命周期极短，超 50% 的素材生命周期只有 1 天，平均素材投放周期为 3—4 天 [①]。这高度契合短视频内容生态，短视频内容由于内容深度的缺失，给用户带来的是具有新鲜感、冲突性及戏剧性的即时视听体验，重复性内容极易破坏用户体验。因此，如何保持营销内容产出的短平快、创意的推陈出新及成本的合理把控之间的平衡，决定了广告主能否在互联网下半场中吸引用户、积蓄流量。

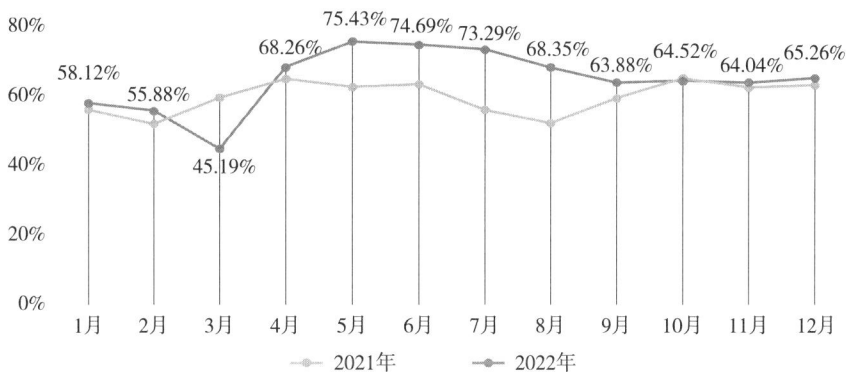

图 6-8　2022VS2021 视频广告投放占比对比图

数据来源：Appgrowing

2．短视频带货保持增速

短视频营销具有精准触达、路径短、效果直接等优点，是当下各品牌方营销布局的重中之重。短视频平台掌握着丰富的内容数据、用户数据，并通过成熟的推荐算法实现用户与内容的高效适配，这种精

[①]　Appgrowing. 2022 移动广告流量观察白皮书 [EB/OL].（2022-07-14）[2023-07-30]. https://baijiahao.baidu.com/s?id=1738325078979655023&wfr=spider&for=pc.

准触达所具有的导流能力及能够带来的品牌势能，一直被营销界所青睐。

随着整体流量增速再度放缓，视频营销内容需不断提质，持续激发存量用户日益多元化、精细化的各类需求。以抖音、快手为代表的短视频电商平台的整体环境也正处于持续优化之中，随着内容场景与货架场景的不断优化与改造，品牌商家获得了新的价值增长空间。2022 年 4 月，抖音商城占据一级流量入口，可通过关键词直接搜索商品，5 月推出"全域兴趣电商"概念，致力于打通"货找人""人找货"的双向消费链路，在该模式下，具备内容优势的带货短视频能够更多地触达用户，在平台与创作者的有机协作中，抖音优质带货短视频数量增长明显，具备内容优势的短视频能够达成深度种草的目的。2022 年 7 月，手机品牌 VIVO X21 上市，与抖音合作玩出新花样，通过 AI+彩妆的技术，即通过人脸识别为用户面部直接"上妆"，并发起"全民挑战"，参与挑战人数达到 14.6 万，总曝光量 7.2 亿，[①] 话题"# 变出花young，紫称一派 #"总播放量达 14.1 亿次。

2022 年 8 月，抖音上线了共创功能，推动协作创作，进一步挖掘社交属性，12 月抖音生活服务与顺丰等三大配送平台达成合作，提升物流效能，这套强有力的组合拳使抖音于 2022 年带货视频数量增长达到三倍以上，带货主播数量增长 65%，GMV 增长达 23%。[②] 快手也在过去的一年中稳扎稳打，于 2022 年第三季度突破 6 亿用户，月活用户量再创新高，GMV 全年平均增长 26%，其中 12 月 GMV 同比增长

---

① 数局 . 抖音短视频营销案例手册 [EB/OL].（2022-06-11）[2023-04-30]. https://www.163.com/dy/article/H9JN2RGV0511B3FV.html.

② 飞瓜 . 2022 短视频直播与电商生态报告 [EB/OL].（2023-02-01）[2023-04-30]. https://www.feigua.cn/article/detail/680.html.

51.37%，展现了强大的爆发力。①

3．直播电商稳中有进，占据营销份额头甲

直播具有原生性、陪伴性、社交性等特征。在技术的加持之下，直播电商生态加速完善，助推消费生活快速步入"云时代"。自2016年以来，直播带货步入发展的第7个年头，如今已在典型营销形式中以19.2%的份额占据头甲②。目前，各大平台的流量分布格局基本处于稳定的状态，虽然增速降低，但各大电商平台已经为深耕下半场做好了充分的准备：一方面努力营造良好的直播环境，另一方面不断改善商家进入直播电商的准入门槛，在中心化发展和去中心化的调节中扮演着重要制衡角色。

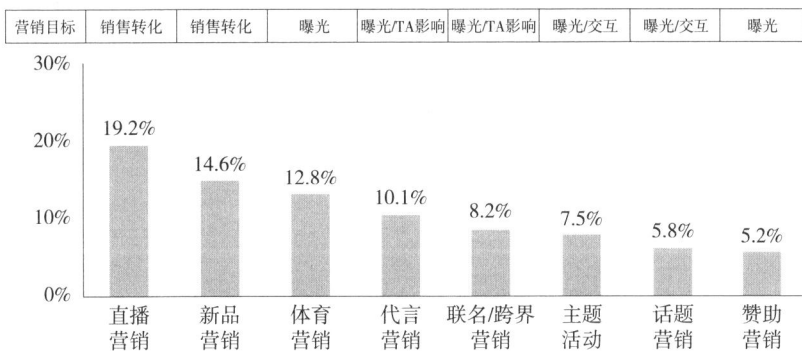

图 6-9　2022 年主要典型营销形式分布

注：1. 典型营销形式依据 QuestMobile 研究整理的营销事件进行归纳分析，选取占比 ≥ 5% 的营销形式呈现；2. 营销形式占比为包含某一营销形式的营销事件数量 / 整体营销事件数量 ×100%；3. 直播营销包含 KOL 直播与商家自播。

数据来源：QuestMobile AD INSIGHT 广告洞察数据库

① 飞瓜 . 2022 快手电商营销全景洞察报告 [EB/OL].（2023–02–16）[2023–04–30]. https://ks.feigua.cn/news/4/663.html.

② Questmobile. 2023 "AIGC 兴趣用户" 洞察报告 [EB/OL].（2023–04–11）[2023–04–30]. https://www.questmobile.com.cn/research/report/1645677910684700674.

根据易观分析数据，直播电商渗透率有望在 2023 年达到 27%[①]，星图数据显示，2022 年直播电商 GMV 在整体电商业态份额占比提升 7%，上升至 21%[②]，意味着直播电商市场加速步入成熟稳定的发展期。目前，直播功能已成为各大电商平台的标配功能，且各大平台仍在大力扶持直播业务，致力于不断深挖直播潜力，以促进电商直播化。

淘宝将点淘与手淘各场域贯通，对直播生态进行了全面升级，同时推出"超级新咖计划"，单月扶持流量达 1000 万以上[③]，并首次开通面向区域的流量及现金扶持计划，对新店新播的商家给予足够的流量倾注。一向主打内容电商的抖音也于 2022 年在货架场景方面进行了全方位补足，积极向全域营销迈进。快手品牌成长红利扶持也继续加码，将流量红利、政策红利反哺商家，为商家制定专属特权提供相应扶持服务，在"信任电商"及建立快品牌方面做出了显著的成绩。

（三）深耕营销下半场：从信息竞争到认知竞争

1. 变革与重塑：重构日常情境，重建认知平衡

依托于现实事件或仪式而打造营销事件，有着天然吸引用户参与的优势，也更易调动用户原本已沉浸在该事件中的注意力，这也是传统营销中通过占据稀缺渠道进行信息竞争的营销策略。2023 年，"节日经济"出现疲软，2023 年春晚，"互动红包"与互联网企业的品牌广告纷纷消失。同时，各大电商的造节经济也进入瓶颈期，2022 年"双十一"预

---

① 易观分析 . 2023 中国直播电商发展洞察 [EB/OL].（2023-02-28）[2023-04-30]. https://www.analysys.cn/article/detail/20020949.

② 星图数据 . 直播电商趋势发展分析 [EB/OL].（2022-10-21）[2023-04-30]. http://www.syntun.com.cn/xing-tu-shu-ju-gun-zhi-bo-dian-shang-qu-shi-fa-zhan-fen-xi-bao-gao.html.

③ 易观分析 . 2023 中国直播电商发展洞察 [EB/OL].（2023-02-28）[2023-04-30]. https://www.analysys.cn/article/detail/20020949.

热期间首次出现同比负增长。尽管各大电商频出新玩法，但大量商品信息的陈列及越来越复杂的折扣任务，反而难以进一步刺激用户，令部分消费者疲惫不堪。此外，由于营销内容更新快、体量大，营销内容逐渐"飞沫化"，如同在信息海洋中无处飘荡的飞沫，难以被人注意。

有报告指出，当下营销服务面临着营销服务匹配难、信任和共识难达成的问题。[①] 在愈演愈烈的营销竞赛中，为了吸引用户关注，品牌主通过制造认知冲突、情感冲突、刺激性内容甚至争议性内容，以期不断博取流量，由此导致翻车事件屡见不鲜。商家使出浑身解数写出的文案却被用户视作制造焦虑、牵强附会的文字游戏，"争议营销"成功概率直线下滑，有关女性、老人、孩童、民族情怀的话题屡屡翻车。最终，品牌自吞苦果，不得不时常停下脚步深刻反思。

单位：亿元

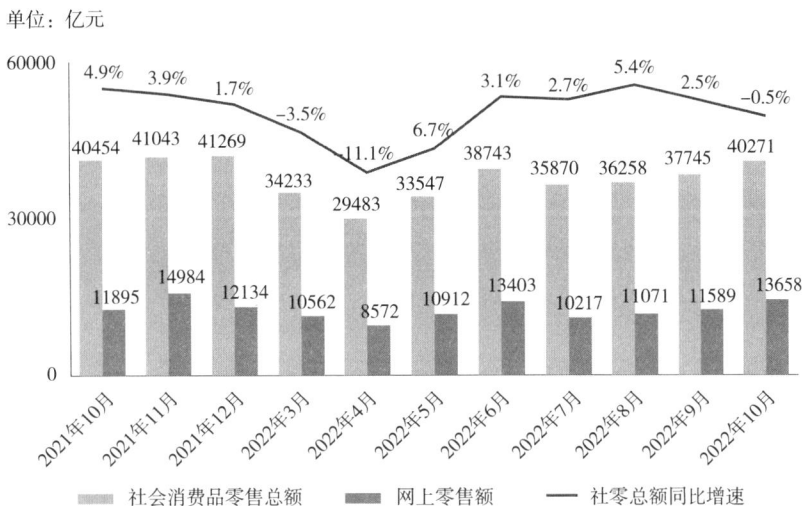

图 6-10　2021 年 10 月—2022 年 10 月消费品零售总额及同比增速

数据来源：国家统计局、QuestMobile 营销研究院

---

① 巨量引擎，群峰伙伴，知萌 . 营销服务市场趋势洞察报告 [EB/OL].（2023-03-31）[2023-07-30]. https://www.sgpjbg.com/baogao/120498.html.

随着互联网的发展，社会结构也在发生深刻变化，由科层制、平均化走向个体主体地位突出的微粒化^①。所谓微粒化，是指用户个体地位经由数智技术的赋权后得到空前提升，个体意识觉醒并差异化明显，社会形态不再是多、杂、散、匿的大众社会，而是诉求突出、个性张扬、群落聚集的微粒化社会。人们关注的内容不再是传统媒体时代的平均化价值，转而追求高密度、差异化、垂直化的内容集群。

在以往的营销领域，渠道的把控、信息的触达一再被人们重视，消费者与商家依靠"供求"建立连接。在快速步入云端化生存的脱域时代，人与人之间的身体的抽离，将原有的可通过身体在场建立信任关系的途径瓦解了，人们通过网络设备接触世界，内容往往成为对用户产生影响的直接要素，内容所传递的情感与价值成为消费者与商家建立连接的新通路。在渠道不再是稀缺资源之后，消费者与商家之间的关系可以被定义为"认同关系"，认同的建立基于用户解读内容时的既有认知框架。因此，渠道已无法被独占的时代，信息竞争正逐渐走向凋敝，认知竞争成为把握营销创意的关键抓手。

20世纪50年代，认知心理学家海德、费斯汀格等提出了认知一致性理论，认为当人的认知处于平衡状态时，情绪处于稳定状态；当认知出现不协调时，则倾向于启动认知资源，以恢复平衡。因此，对于常识之内的知识或内容，用户心理处于平衡状态，不会产生情绪波动，欣赏、崇拜、自豪、兴趣、快乐等常见情绪，都是认知不协调所触发的情绪波动。在这种情绪波动中，被调动起的认知资源的调节活动会帮助个体最终指向对某一情境的认同。

---

① 喻国明，陈雪娇. 从信息竞争到认知竞争：策略性传播范式全新转型——基于元传播视角的研究 [J]. 现代传播，2023（2）.

　　打造营销内容实际上是打造消费情境。依托于网络的消费情境，既要能够抓住打破用户认知平衡的切口，又要有应对用户心理情境随时变化的灵活性。在千人千面的数智化时代，营销要将差异化和精细化的认知争夺策略做好绝非易事。巨量引擎提出，营销服务正式进入"精攻"时代，41.5% 的企业客户认为消费需求和行为变化快，34.4% 的企业客户认为数字营销技术更新太快。[①] 这意味着认知竞争绝非和信息竞争一样，追求信息的平均化铺开和曝光，而是要动态地、快速地捕捉用户所处的场景及心理情境。

　　自从东方甄选以鲜明的差异化风格走红后，一路保持强劲增长。东方甄选 2023 财年中期报告显示，截至 2022 年 11 月底，东方甄选扭亏为盈，净利润接近亿元。商家意识到消费者对"喊麦促单"的带货模式逐渐麻木，尝试跳脱出流水式商品陈列的信息竞争式直播模式，将重心转移到内容的深度打造。

　　在认知争夺的营销竞技场中，除了成熟团队的系统策划，也不乏现象级或无心插柳柳成荫的案例。2022 年 7 月，电商博主"背景哥"@疆域阿力木在抖音平台蹿红，一周内短视频播放量破 10 亿，蹿升至涨分榜第二位，原因起始于博主长相与身后的自然风光存在"违和"，这种违和感造成了用户的认知不平衡，于是被调侃"背景太假"。随后评论区彻底跑偏，纷纷追问博主"是怎么做到和背景如此格格不入的"，阿力木迅速登上抖音、快手、哔哩哔哩等平台话题热榜，网友对阿力木的视频作品进行了大量的二次创作，"假背景"成为当月热梗。阿力木的爆火也绝非完全偶然，早在 2021 年 7 月，阿力木就开始了他的直

---

　　① 巨量引擎，群峰伙伴，知萌.营销服务市场趋势洞察报告 [EB/OL].（2023-03-31）[2023-07-30]. https://www.sgpjbg.com/baogao/120498.html.

播带货生涯，凭借淳朴的风格和认真工作的态度已经积累了一定流量基础，关于"假背景"的评论就像蝴蝶扇动的第一下翅膀，戳中了用户在观看其作品时的"痒点"，即"感觉怪怪的，却也说不上来"的感觉，瞬间引发了一场调侃、共创、造梗的狂欢，"假背景"梗是用户用于填补认知不协调的关键平衡元素。

从以上案例可以看出，在市场的不断监测和探索中，营销方在捕捉用户敏感神经的同时，也在尽力满足用户多变的口味和需求，对内容进行升级迭代。无论是"背景哥"还是"宰羊姐"，不仅是视觉上的认知冲突，还有感情层面的需求满足，越来越快的城市化进程，让越来越多的消费者远离故土，远离自然，"返璞归真"的乡土情结在用户心中愈加浓烈，构成了乡土与城市、原生与时尚等元素的对撞美，这层隐性的情感冲突，是引爆此类内容的核心要素。在营销传播的下半场，好的营销要摆脱信息竞争的惯性思维，告别确定性与普遍性的营销套路和规模化的营销定义，转而投入微粒化、精细化、差异化的认知争夺战中，从社会心理层面、群体心理层面及用户心理层面重新建构认知营销模型。

2. 社交与共创：认知资源的集体调动

2022年6月底，抖音推出"共创视频"功能，通过将同条视频标注为"共创内容"，内容便不会被消重，可实现多主体参与共创。对于KOL而言，共创能够制造更多话题，能最大限度地触达粉丝，加强创作主体合作积极性，在交流与碰撞中推动更多优质内容的传播，有效改善了创新增速减缓、创意枯竭的现状。对品牌方而言，共创内容加强了与平台泛用户的链接，是品牌触达用户新途径的成功探索。

此外，平台供用户直接参与的各项功能也一直受到热捧，并频频取得良好效果。例如抖音的"发起挑战"功能，2023年4月《漫长的季节》爆火，剧目官方于 5 月 8 日在抖音平台就剧内一段魔性舞蹈发起挑战，短时间内话题热度迅速上升，截至 5 月 12 日的四天之内，吸引近 2000 人次创作并发布挑战视频，观看人数峰值超过 1000 万人次，营销方以极低的成本获取了足够的关注度。对用户而言，共创入口进一步提高了人与人、人与内容的互动性，参与共创所能刺激和调动的认知资源远超仅观看，或转评赞等简单动作，同时也激起了用户参与共创后对回馈内容的认知期待，内容不仅更加多样，更重要的是打下了用户的认知烙印，用户黏性极大提高。

（四）营销加速步入云时代

在《新营销 4.0：新营销，云时代》中认为，"营销云"技术是赋予企业建设数字化管理能力、完成多营销目标制定、积蓄营销数据并嵌入数字营销的各个核心环节之中的关键技术。[①] 所谓云时代，可理解为世界以云技术为基础设施，实现资源储备的轻量化、资源使用的便捷化与共享化，以数据和资源为连接，重构社会结构及协作模式。云端数据库使各类资源脱离本地化形成庞大的可重复使用和共享的资源池，资源池是一个不断升级迭代、内容可实时共享、重复利用的智能数据库。

1. 云端大脑：AIGC 发展步入快车道

ChatGPT 的横空出世被认为是一个意义重大的时刻。各知名厂商纷纷在 AI 赛道中加速前行，AIGC 是内容生产、数据处理及数据积累的强大引擎，各类 AIGC 应用进一步瓦解本地的、独享的资源占有，创作

---

① 中国传媒大学广告学院，国家广告研究院，内容银行重点实验室 . 新营销 4.0：新营销，云时代 [EB/OL].（2023-03-27）[2023-04-30]. https://baogao.iqianfeng.com/list-31/jp5oq6v6ed.

者只需要提供想法，人工智能引擎便可以快速输出结果，推动内容创作向效率更高、品质更高、成本更低的方向发展，同时可以持续推动内容创作者的在地资源不断轻量化，数据储备转向云端，可以说在未来，或许只有自己的肉体属于自己，此外一切皆可云端。

在当下可被使用的各类 AIGC 应用中，已经包含了文字、图片、音频、视频、3D 模型的自动化生成，基本覆盖各类营销素材，虽然距离完全成熟还有很大空间，但随着 AIGC 应用的用户数量迅速攀升，人工智能引擎的数据来源在不断增多，技术的快速迭代将为内容创作者提供越来越多样化的创意和产品。对营销方而言，云端知识库的不断迭代，带来的是更高效的资源调配、更强的生产力及更低的创作成本。

2. 云端身体：虚拟数字人发展再提速

AI 语言生成引擎的火爆同样带动着数字人的发展。在 ChatGPT 诞生一周之内，百度官方连发四条推文，介绍即将推出的国内第一版"GPT 大模型"文心一言。而发布推文的正是百度的数字代言人希加加和度晓晓，如果将语言生成引擎成功嵌入数字人的智能系统，身份型数字人的智能程度将取得质的飞跃。

身体在场的重要性被不断强调，在社会深度媒介化的发展脉络中，数字营销也正迈向全面拟真化，营销传播致力于在线上达成身体的全面回归。2021 年，在元宇宙概念的带动下，企业扎堆推出虚拟人 IP，试图实现品牌与营销的具身化与人格化，但数字人形象推出后的后继行动却非常乏力，主要原因在于身份型数字人大多没有内核与灵魂，而 AI 语言生成大模型的日渐成熟恰恰可以弥补这一点。虚拟数字人在人力成本的节省和闲时流量的把控方面可以起到非常好的效果，完全契合了企业和商家降本增效的核心需求。

云端大脑和身体的加速成熟将带来巨大的传播者变革。首先，将一改原本的内容生产流水线，使内容变得更加多样化、细分化；其次，将不断创新商家的品牌建构模式，云端的品牌形象不仅有传统抽象的VI视觉系统，还加入了更多具体化、具身化的价值传达；再次，与消费者的沟通方式也变得更加具象，沟通渠道变得更加多元，互动性也大大提高，更易建立用户与品牌的情感链接和价值认同；最后，整体的营销链路将发生巨大变革，由传播者制造概念、引领需求的局面将逐渐转向充分以微粒化生存的消费者为中心，数字人增加了用户在消费旅程中的交互触点，实现海量消费者都可以"我"为中心展开对话，不再是点对面式的平均化售卖，满足了用户在即时、复杂、多变的消费决策过程中点对点的充分沟通诉求，在营销的云时代，每个消费者都不会被忽略。

3．云端消费者：被卷入云端的比特化用户

当下，变动不居的消费诉求、日益增多的趣缘圈层、无限扩张的内容体量使营销环境变得异常复杂且充满不确定性，要准确把握这种频繁的变化，要求调度和分析的营销资源已今非昔比，数据化进程的充分推动是营销云时代到来的前提。

自互联网面向市场之日起，网络用户便开始了转向数字化生存的旅程。用户的身份数据、兴趣偏好、消费行为等信息及抽象行为形成的数据组成了营销云数据库运转的核心"燃料"之一。正是用户的这种"比特化"生存样态，为云时代的到来做好了铺垫。对于企业而言，要充分建设和提升数智化营销能力，数据资产化成为首要任务，以强大的数据分析能力实现决策的实时产出，成为决定品牌内容实时沉淀的关键要素。

随着海量的数据产出、上传、留存与运算，云时代的用户已被全面卷入云端，这种卷入是数字化生存发展趋势的必然，品牌、渠道、用户不再是层级式的架构，而是更加扁平化的相互嵌入的立体式连接，这不仅意味着品牌和用户之间在云端实现双向沟通，传播路径的增多还标志着消费信息流通变得更加实时，也更加无序。对用户而言，数智化的云端生活不会再被信息渠道所遮蔽，影响消费决策的因素变得不再单一，横向沟通与协作通路的增加也更容易削弱用户对消费决策的把控力。因此，生活在云端的用户虽然有了更多选择和更大的决策空间，但实际上同时也更容易受到干扰，这也是为什么营销在当下实际上是一场又一场认知争夺战。

第三部分

专题篇

第七章 互联网营销

● **本章提要**

本章主要分析当前快速发展的人工智能技术如何从整体与细节上赋权与赋能互联网营销。近年来，生成式大模型技术的突破实现了人工智能的进一步应用，互联网营销体系由生成式人工智能进行逻辑重构。本章以技术发展作为底层逻辑，着重探讨互联网营销在现如今的科技革命生态下正在经历的变革。

从整体层面而言，AIGC 重构互联网营销产业体系。生成式人工智能颠覆了内容生产的模式，全方位提升内容生产的效率与多样性，驱动互联网营销进入智能创作时代。从具体实践而言，生成式人工智能通过运用大模型算法、构建应用生态、结合算力和脑力，以及提供实时内容定制等手段，为营销产业带来了重大变革和升级。对于社媒营销来说，技术全方位驱动数字广告的精准投放、营销内容的效率生产与分发、创新广告形式、社媒营销的跨域归因、电商运营的效果评估以及用户的井喷增长。同时，AIGC 在赋能中小企业方面表现优秀，能够有效提升营销效率，辅助定制轻量个性化传播内容，提升用户活力和促进商家稳健增长。

本章中对业界的华扬营销大脑、京东智能营销策略（RTA），以及多触点归因（MTA）算法产品的优秀实践经验的总结，均值得互联网营销行业借鉴。总之，以 AIGC 为代表的生成式人工智能技术的发展，使得营销环境更加复杂多变，精准营销、创意内容的重要性显著提升；整体经济的温和回暖为电商提供了良好的环境，未来营销的稳健增长仍依靠"人群经营—货品经营—场域经营"的立体全方位发展。

● **本章营销热词**

智能创作；社媒营销；认知圈层；技术驱动；营销赋能；全域营销

专题一：AIGC 与互联网营销

一、AIGC 构建全新产业体系

人工智能生成内容（AIGC）作为科技革命最新的重大事件之一，催生了全新的科技革命格局以及科技革命生态。AIGC 的出现证明内容生产层面实现了四重更迭，即从专业生产内容（PGC）到可以获取利润的职业生成内容（OGC），再到互联网普及之后的用户生产内容（UGC），进而到现在的人工智能生成内容（AIGC）。AIGC 的代表是由 OpenAI 公司研发的人工智能聊天机器人 ChatGPT，其一经推出便吸引超百万用户注册。ChatGPT 全称为 Chat Generative Pre-trained Transformer，中文译名为生成型预训练变换模型。ChatGPT 与百度推出的知识增强大语言模型文心一言（ERNIE Bot）一样，都采用自然语言处理技术（Natural Language Processing，NLP）。而 Transformer 则是自然语言处理（NLP）系统中，融入注意力机制和神经网络模型领域的主流模型和关键技术，其具有将所处理的任何文字和句子"向量"或者"矢量"化，能够最大限度反映精准意义的能力[①]。换言之，没有 Transformer 就没有 AIGC 的迭代升级。

斯坦福大学联合多位学者提出基础模型（Foundation Model），该模型则是将基于 Transformer 架构等的模型囊括其中，其认为基础模型将通过降低构建人工智能应用程序的难度门槛，为开发人员带来重大机遇[②]。基础模型提供了一种积极的协同发展模式，即开发人员可以提供更加适合用户需求和价值的应用程序，同时引入更灵活变动的交互形式和反馈形式。AIGC 的模型基础使其能够赋能内容创作，从赋能文本生成、音频生成、图像生成到视频生成，而这些前沿的技术应用，也为 AIGC+互联网营销进一步拓展边界。总而言之，AIGC 将会构建全新的产业体系，通过人工智能学习全方位加速内容生产的效率与多样性，尤其是消费互联网领域，而消费领域则离不开互联网内容营销。

二、智能创作时代：AIGC 赋能赋权互联网内容营销

腾讯研究院发布的《AIGC 发展趋势报告 2023》指出，在消费互联网领域，AIGC 将引发全面的数字内容领域的变革。AIGC 对于内容生产行业的既有运作模式将产生深远影响。在内容生产者层面，AIGC 将进一步释放传统营销内容生成者的创作主体性，实现微粒化个体价值的再激活。利欧数字 CEO 郑晓东认为，"在重复性的工作上，人力可以

---

① 杜雨，张孜铭. AIGC 智能创作时代 [M]. 北京：中译出版社，2023.
② BOMMASANI R,HUDSON D A,ADELI E,et al. On the opportunities and risks of foundation models[J]. DOI: arXiv preprint arXiv: 2108.07258,2021.

被大幅解放,应用在更需要主观能动性和创造力的地方"①。传统的内容营销创作离不开脑力的参与,而 AIGC 的出现将代替人力完成绝大部分重复性的机械工作。对于传统营销内容的创作者而言,其工作将从枯燥机械的重复性工作中解放出来,其工作意义与价值将主要应用于工作链条的前后两端。前端实现营销内容生产上的大方向把控,后期实现对内容的审核与补充,实现"把关人"效应。而对于中期的营销内容创作层面,AIGC 带来的将是高效率产出与低成本投入的内容生成;对于人力而言,人工智能拥有海量的信息存储与接收功能,而这些则是其实现内容生产的基础,也是其拓展人类边界的突破点。

AIGC 赋能互联网内容营销的另一层面在于产出效率的提升以及营销成本的降低。互联网时代的海量营销内容使得"降本增效"成为 AIGC 的核心优势。在文本营销内容上,AIGC 能够依据营销产品所推崇的核心理念以及诉求,产出符合具体营销目标的价值内容。除了文本营销内容的产出,AI 也能够充分利用庞大的素材库生成相应的图片。2022 年推出的人工智能绘画软件 Midjourney 便可以通过文字输入与之对应的宣传图片。对于需要创意性的营销内容而言,AI 也能通过强大的信息提取、存储以及输出功能拓展人类想象力的边界,为解放人类的效率提供增益。

Paul 等人认为以 ChatGPT 为代表的 AIGC 为未来的消费者研究与市场营销提供了全新视角,积极的一面在于 ChatGPT 能够从增强消费者参与度、客户服务、个性化购物以及成本效益等多方面提升与改进营销活动。然而 ChatGPT 生成的文本内容也存在潜在的隐患,如存在

---

① 第一财经. AIGC 时代到来,营销行业将迎来哪些变革和机遇？ [EB/OL].（2023–03–14 ）[2023–04–30]. https://baijiahao.baidu.com/s?id=1760296986620922877&wfr=spider&for=pc.

错误信息以及潜在的偏见①。AIGC 可能在效率以及成本上对于互联网时代的营销内容有所增益，但无论是真人还是人工智能，营销内容的生成都可能存在疏漏以及不足。除此之外，真人相比于人工智能可能拥有更加情感化、细节化以及充分的背景知识，然而对于消费者而言，在海量的信息流内容中能否区分人工智能生成的营销内容对于 AIGC 的广泛应用存在实际的指导意义，这需要进一步的实证研究。

专题二：社媒营销及其前沿概念

一、社媒营销在中国的快速发展

维基百科中对社交媒体营销的定义是：社交媒体营销是指企业为了达到营销的目的，在社交网络服务上创造特定的讯息或内容来吸引消费者的注意，引起线上网民的讨论，并鼓励网民通过其个人的社交网络去传播散布这些营销内容，进而提升客户的关注和满意度的营销策略。而在中国的社媒营销实践中，社媒营销的定义已经超过维基百科的这个定义。主要发展为以下几项：

1. 社媒营销成为洞察市场、洞察消费者的重要方式。

2. 社媒营销成为生意增长的重要工具，而不只是提升客户满意度的目标。

3. 社媒内容的创造者从企业主转移到 KOL，所以社媒营销也常常被称为 KOL 营销。

---

① PAUL J,UENO A,DENNIS C. ChatGPT and consumers: Benefits,pitfalls and future research agenda[J]. International Journal of Consumer Studies,2023.

4．图文笔记、短视频已经成为社媒营销的重要内容载体。

5．社媒营销的作用机制也有变化，不仅仅是引发讨论、鼓励传播，还包括借助 KOL 的影响力和覆盖能力，引起消费者的正向互动（包括转、赞、评等）。

6．直播带货、推流、自有账号运营等也成为社媒营销的常见手段。

2022 年世界主要社交媒体软件用户量排行中，中国的微信、TikTok、QQ 进入了前 10 的榜单。其中，微信用户量已经突破 12 亿，这些数据说明中国社交媒体已经达到全球领先水平，在中国营销市场中，社交媒体也已经成为中国品牌必不可少的手段和工具。秒针系统发布的《2023 中国数字营销趋势报告》中，当广告主被询问"2023 年在互联网端您的公司将加大哪些资源类型营销投入时"，87% 的广告主选择了"社交媒体"，社交媒体是排名第一的选项。在社交媒体营销的重点工作中，KOL 营销的选择比例为 66%，排名第一，第二是官方社媒账号运营，比例为 54%。说明对品牌来说，选择合作 KOL，以及开设社媒账号运营已经几乎成为营销的"必选动作"。

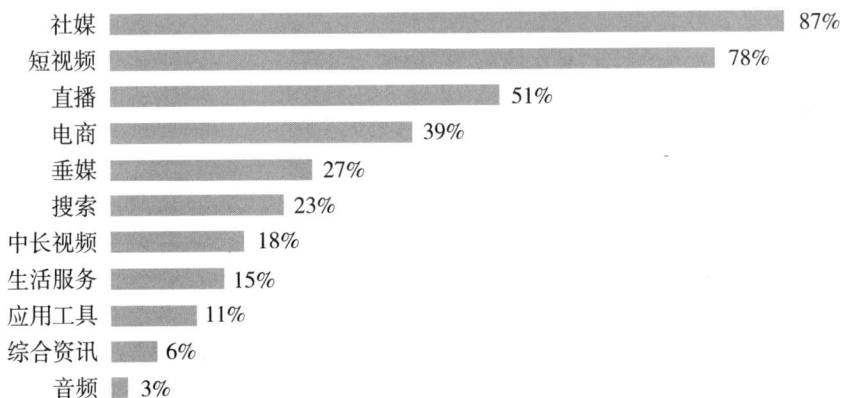

媒体类型	比例
社媒	87%
短视频	78%
直播	51%
电商	39%
垂媒	27%
搜索	23%
中长视频	18%
生活服务	15%
应用工具	11%
综合资讯	6%
音频	3%

图 7-1　广告主 2023 年互联网加大投入的媒体资源类型

数据来源：秒针系统《2023 中国数字营销趋势报告》

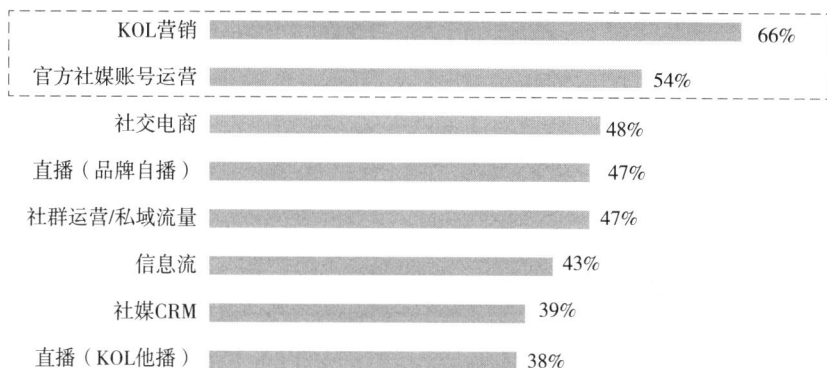

图 7-2 2023 年社媒营销重点

数据来源：秒针系统《2023 中国数字营销趋势报告》

广告主和品牌主之所以如此重视社交媒体，原因是社交媒体不但能帮助品牌洞察消费者，更能帮助企业实现生意增长。

在微信、微博、抖音、快手、小红书、B 站、知乎等社交媒体平台上，每天产生数百亿的消费者的声音和内容，这些数据可以为品牌提供丰富的消费者洞察，支持品牌的营销策略制定。海量社媒数据帮助品牌解决如消费者是谁（Who），消费者在哪里（Where），在什么时候出现（When），喜欢什么内容（What），品牌应该如何与消费者沟通（How）等问题。许多企业中，以社媒数据结合调研数据的"大小数据融合的消费者洞察"成为常态。

对品牌来说，社交媒体营销可以直接带来销售或转化，特别是能提升线上平台销量。以著名的"种草"平台小红书为例，用户在进入小红书浏览内容过程中，如果对品牌的相关内容"种草"，就会转到电商平台去"拔草"。而像抖音、快手更是建立自己的电商体系，帮助消费者直接购买。近年已经有大量的新锐品牌，通过社交媒体的投放，在几年内就快速实现 0—1 的生意增长。

中国互联网营销发展报告（2023）
Internet Marketing Development Report in China（2023）

二、社媒营销与广告营销的作用机制、核心指标差异

与广告营销相比，社交媒体营销包括与 KOL 合作、自有账号运营、内容合作、直播带货、推流、搜索优化等方式，在营销上的玩法更多样化，模式也更复杂。并且由于近年社交媒体平台的快速发展和不断变化，整体而言，缺少广告营销的成熟理论作为指导，往往是通过品牌的大量实践探索以期找到有效路径，可以说品牌掌握社交媒体的营销方法，也就获得了在中国市场持续增长的通用密码。

广告的作用逻辑可以被归纳为一个漏斗模型，即广告主付费购买广告曝光量，然后按照"广告曝光—广告点击—落地页访问—落地页行为—转化或下单"这个漏斗，进行数据的层层转化，并层层收窄。广告投放所追求的目标，是最大化扩大顶层可以曝光的目标人群的数量和范围，并在过程中通过各种技术手段提升每层的转化率，最终使末端"转化"层的人数达到最大化。

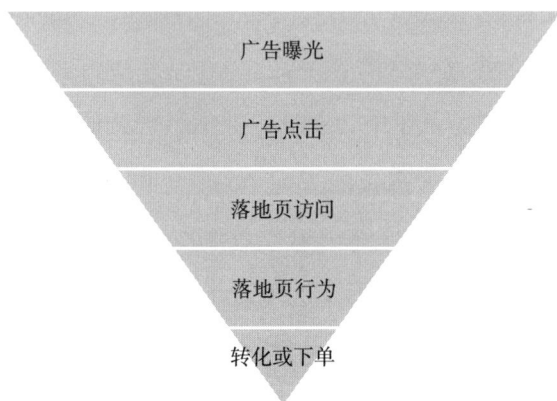

图 7-3　广告作用漏斗模型

图片来源：秒针

314

而社交媒体的作用逻辑则完全不同。理想的社媒营销，其转化形态是"号角型"，即有限的内容，影响的人数则层层扩大。

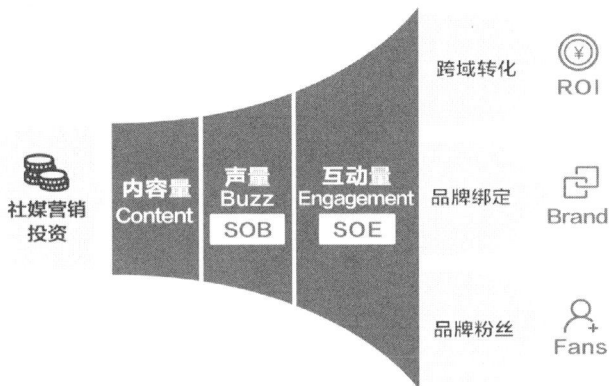

图 7-4　社交媒体作用号角模型

图片来源：秒针

社媒营销的理想情况是，品牌发布了 1000 个内容（这些内容可以是品牌自有账号发布，也可以是付费采买的 KOL 发布），带动 1 万个相关用户的声量，也就是有用户与品牌相关的发帖，这些声量又带来百万级的评论互动。通过这样的过程，社媒营销最终要实现的目标包括三个：

跨域转化：通过大量的内容和互动吸引消费者进店购买，形成转化。

品牌绑定：仍然是通过内容和互动完成对品牌特定心智词的绑定，也就是"种草"。例如，美妆品牌与"烟酰胺""小白瓶"这类词的绑定。

品牌粉丝的资产沉淀：在社媒营销过程中，还要积累粉丝，引流到品牌私域，成为品牌未来可反复触达、影响的数字用户资产。

为实现以上目标，品牌在社媒营销中必须做好执行，生产更多内容，产生更多声量和互动。同时，考虑到企业生意目标，必须从整个行业的角度对声量和互动量进行监控和考核，也就是把社媒的声量份额和互动量份额作为管理指标。

执行指标与投资预算量直接相关，管理指标与市场竞争相关。因此，当品牌所在的品类市场是新兴品类，处于竞争较少的蓝海状态时，品牌只看执行指标指导即可；但如果市场竞争加大，甚至竞争极为激烈，品牌就必须重视管理指标，以衡量目标市场（如特定圈层）中的竞争力。企业的管理层人员，更重视的也应该是和市场更为相关的SOB 和 SOE 指标。

2022 年，秒针营销科学院对 2021 年度美妆行业的 100 个品牌的社媒 SOB、SOE 数据和电商 SOM 数据进行研究分析后，提出了三个重要的结论：

第一，相比 SOB，SOE 对生意增长的驱动更为直接，是更重要的管理指标。

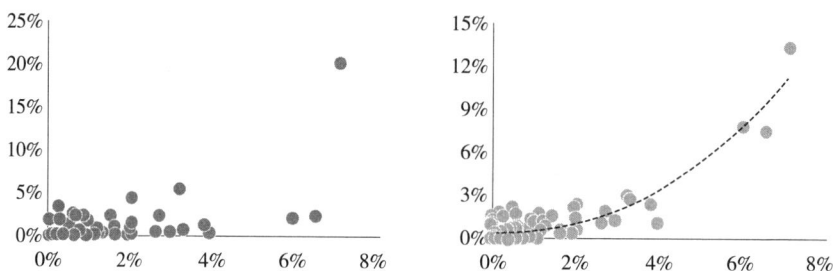

图 7-5　SOE 的驱动作用

数据来源：秒针营销科学院 2022 年美妆行业 100 个品牌社媒研究

第二，如果发现社媒 SOE 与电商 SOM 处于不同水平，品牌需要及时采取措施应对：如果 SOE 大于 SOM，说明品牌在社媒中已取得较好份额，但电商却未获得相同水平的转化，这就需要提升电商的运营，以承接社媒所带来的转化商机；如果 SOE 小于 SOM，说明竞争对手在社媒中争夺份额，此时必须强化社媒运营或加大投资，提升 SOE，避免未来可能的市场销量下滑。

第三，提升 SOE 的前提，是先提升 SOB。品牌需要增加内容投入，制作更多内容，同时要提升 SOB 到 SOE 的转化效率，避免浪费。有些品牌虽然通过增加预算提升了 SOB，但因为内容质量不高、运营策略不佳等原因，仍未获得与 SOB 匹配的 SOE。在社媒营销的业务场景中，优化内容质量，优化 KOL 选择策略，这些都是能有效提升 SOB 到 SOE 转化的方式。

目前，市场上已经有许多品牌开始在日常经营中持续监测 SOB 指标，并以此为依据进行社媒的投资分配，但使用 SOE 指标的品牌还不多。研究显示，SOE 的重要性不容小觑，品牌需要尽快将其纳入管理体系之中。

除了作用模型以外，广告营销和社媒营销的逻辑差异还体现在目标人群的定义、创意优化、流量逻辑、覆盖目标，以及品牌建设的路径上。由此可见，传统广告投放的经验和理论，无法复制到社媒营销上，甚至可以说，如果用广告思维来做社交媒体营销，将是完全错误的。

在目标人群定义方面，广告是基于性别、年龄、市场划分的，而社媒是基于圈层划分的。

在创意优化方面，不同于广告的少量最优创意多平台使用的方法，社媒要求大量的、多元的、能快速低成本生产的个性化内容。

在流量方面，社媒营销并不是如广告聚焦于流量优化和精准的流量交易，而是在于优化 KOL 的采购和如何把流量与内容的个性化匹配上。

在覆盖方面，社媒也不把最大化覆盖目标人群作为目标，而是要覆盖消费者的主要场景和消费的关键节点。例如，刷短视频的娱乐场景，用知乎获取知识的学习场景，都需要覆盖。

在品牌建设方面，广告是通过一致的"独有卖点"（Unique Selling Proposition）来实现，社媒则是通过占据关键词来实现。

三、社媒前沿概念：圈层营销，人群定位与细分理论的升级

（一）传统人群细分方法遭遇挑战

品牌的消费者是谁、消费者在哪、如何与消费者沟通，这是每个品牌必须回答的重要命题。从前，品牌通常是使用传统的消费者市场调研（STP）的方法来解决。

第一，市场细分（Segmenting）：根据消费者需求、购买行为等差异，把市场划分为若干消费者群的分类过程。每个消费者群就是一个细分市场，每个细分市场都是具有类似需求特征消费者构成的群体。常见的市场细分方法包括：

地理细分（国家、地区、城市、农村）；

人口细分（年龄、性别、职业、收入、教育、家庭类型、社会阶层）；

心理细分（社会阶层、生活方式、个性）；

行为细分（商品的使用时机、追求利益、产品使用率、购买准备阶段等）。

第二，目标市场（Targeting）：企业准备以相应的产品和服务满足

其需要的一个或几个子市场。选择目标市场，明确企业应为哪一类用户服务，满足他们的哪一种需求，是企业营销活动中的一项重要策略。

第三，市场定位（Positioning）：企业针对潜在顾客的心理进行营销设计，创立产品、品牌或企业在目标顾客心目中的某种形象或某种个性特征，保留深刻的印象和独特的位置，从而取得竞争优势。

STP的产出包括目标人群、产品和定位。以快销品牌蒙牛为例，蒙牛的每个产品都对应一个特定的细分市场及定位。未来星、真谷粒、特仑苏、早餐奶等，这些子品牌的目标人群、产品需求、沟通方式都是完全不同的。

然而，近年在营销策略的实操中，STP的方法面临挑战，消费者需求、触媒和购买习惯都已经迁移到线上，并且瞬息万变，传统的STP细分方法，时间长、成本高、周期慢、定位不够精准，难以把目标消费者定位到数字媒介，特别是社交媒体生态中，无法落地到媒体执行策略等挑战。

进入数字时代，消费者也成为数字化的消费者。数字化的消费者难以按照简单人口学或消费行为逻辑进行细分，他们在社交媒体中，往往通过共同的兴趣、文化、理想而聚合，形成圈层。

圈层是品牌连接消费者，也是STP以大数据方式升级的新方法。近年营销圈中，"圈层"也正成为一个越来越热的名词，但"圈层"到底指的是什么、在营销中应该如何落地、怎样发挥功效，很多品牌却并不清晰。

（二）认知圈层：社交媒体中共同兴趣的聚合体，人群细分与定位的新方法

我们先来看百度百科中对圈层的描述：圈层化是社会发展中必然

的特征，其中会产生明显的多阶层的分化，也会产生同一阶层的有机融合，同一类人群具有相似的生活形态、艺术品位，很自然就会产生更多联系。这种圈层化和圈层运动的最初表现是欧洲近代产生的"文化沙龙"，作为一种社会性的圈层，它的稳定比今天的营销性的"圈层"更强。

广告主必须认清的一个"圈层"误区是，在数字世界中，圈层并不是简单的人口属性的新定义，而是通过相近的兴趣、爱好甚至价值观聚合形成的集合。因为人们在网络上，特别是社交媒体上，并不会因为相近的人口特征而联系。

一个圈层，必然具备以下的特征——外部标签、内部价值观体系、独有的意见领袖（KOL）。

首先，圈层的外部往往有明显的"标签"。不同的圈层带有不同标签，这种标签可以用来识别和区隔圈层，例如"文艺青年"这个标签，定义的是那些觉得自己的爱好很文艺的人。

其次，每个圈层内部都有独特的文化和价值观。"圈"外的人可能无法理解这个价值观，但是"圈"里的人是习以为常的。比如，"明星FANS圈"的人，为爱豆打榜是再正常不过的事。再比如，"钓鱼圈"的人，可能喜欢一条大鱼，拍照后又扔回水中。这种价值观在社交媒体中的表达体现为特定的文化载体、独有的语言体系、集中化的交流环境，以及特有的权利体系。

最后，每个圈层都拥有自己的有影响力的"意见领袖"，也就是KOL。没有出圈时，这些人可能什么都不是，但是在圈内，他们是"大神"。例如，现在火爆的刘慈欣，从前在科幻圈之外很少有人知道他，但在"硬科幻圈"内，他早就是"大神级"人物。

（三）圈层营销成为热点，品牌涌现大量"入圈""破圈"的成功实践探索

《失控》的作者——硅谷精神之父凯文·凯利有一个著名的"1000铁杆粉丝原理"：一个艺人只要有 1000 名铁杆粉丝，就可以衣食无忧。这 1000 名铁杆粉丝，就象征着核心圈层。无论是短时期内形成爆发势能，还是通过粉丝的交际圈形成高效传播，对于品牌来说，找到这"1000 名铁杆粉丝"，就是圈层营销的第一步。不同品牌的区别仅在于新品牌需要第一个"1000"，成熟品牌则需要开辟第 n 个"1000"。

近年，社交媒体繁荣带来了不断升温的圈层营销，市场不断涌现优秀的圈层营销的成功案例。以奥妙的汉服圈营销为例，一个洗衣品牌，如果按传统的 STP 方法，往往会定位到"家庭主妇""精致妈妈""一线白领"之类的人群，但使用兴趣圈层，奥妙选择了汉服圈层，并通过深入洞察，敏锐地捕捉到汉服洗护难的痛点。这一波充满文化情怀的营销，引发了汉服圈层内外极高的传播，获得了非常好的效果。不但获得了极高的曝光量、互动量，也拉动了奥妙凝珠这一产品线的销量。

通过众多品牌不断"入圈""破圈"的探索和实践，STP 有了新的大数据解决方案——圈层，即使用更快、更精准、更全面、更丰富的社交媒体大数据，以更低成本助力广告主用圈层解决市场细分、目标市场、市场定位，甚至营销策略层面的问题。

与传统的 STP 相比，圈层具有以下明显的优势：

在数量和精准度上更有优势，STP 通常只划分 1—10 个人群，而圈层往往可以提炼出 100 个甚至更多数量的圈层分类。

在人群方面，圈层人群是精神认同的兴趣聚合的人群，在数字世界中具有天然的传播力。

在操作流程方面，圈层是大数据方式，短周期，更敏捷。

在标准方面，圈层细分也已经能实现传统 STP 细分的可辨识性、实体性，可达到独特性和行动性的要求，只有在稳定性方面稍低。但在瞬息万变的媒介环境中，品牌不再需要"更稳定"的市场细分方法，而是需要"更敏捷"的市场细分。

最值得一提的是在预期产出方面，圈层方法的产出更具营销指导意义，在媒体上的落地性更强，不但能指导媒体平台选择、KOL 选择，还能提供基于内容创意上的建议。

（四）中国消费者兴趣圈层图景：丰富多样、不断增长

数字时代，消费者的兴趣主要通过社交媒体表达，那么圈层有多少呢？它们都有什么样的特征和变化？任何一个营销从业人员仅凭自身经验很难获得全局的判断。

2023 年 4 月，秒针系统发布《中国消费者兴趣圈层白皮书》，对中国消费者兴趣圈层进行全面盘点和呈现。图谱梳理了 35 类 168 个圈层，并根据圈层在社交媒体的规模，构成人群的特征，绘制成中国消费者兴趣圈层全景图。

通过全景图可以看到，当前消费者规模最大的圈层有彩妆圈、街舞圈、奢侈品圈、养狗圈等。年轻女性最集中的圈层有 JK 圈、娃圈、乙女向游戏圈等。年长男性最集中的圈层有书法圈、观鸟圈、无人机航拍圈等。

（五）品牌圈层营销落地的方法：四个步骤打透目标圈层

具体到品牌，应该用什么方式做圈层营销，有什么通用的方法？在这点上，仍可传承 STP 的方法论，用以下四个步骤落地实施——圈

层市场细分、目标圈层选择、圈层定位策略、圈层营销执行。

第一步，圈层市场细分。解决的是市场一共有哪些圈层，各个圈层的特征是什么，有无新增的、新兴的圈层。我们已经知道，圈层是根据兴趣文化形成的，在当前社交媒体生态环境中，兴趣的改变和新兴是非常常见的，因此也会不断涌现出一些新的圈层，例如，2022年初随着冬奥会火起来的冰雪运动圈，因出行受限火起来的数字游民圈，等等。这一步骤是品牌主对整体市场圈层的了解，是圈层营销的基础。目前，可通过市场中的研究机构、数据公司所发布的圈层报告、圈层图谱来实现。品牌要注意的是，圈层市场是时时变化的动态市场，每个圈层的规模和特征、圈内的 KOL 等都是不断变化的，这意味着圈层的市场细分可以更敏捷，以季度或月进行分析盘点。

第二步，目标圈层选择。圈层众多，但适合品牌的并不多，事实上，也没有品牌有能力、有必要基于所有的圈层进行营销，如何判断哪些圈层适合自己，找到匹配的目标圈层，是非常重要的工作。通常来说，品牌可以根据自己的营销目标来进行选择。当品牌对目标人群要求不高，但希望短时间达到最大的影响力时，可以选择规模最大、增长最快的圈层，以圈层的规模、增速作为选择指标；当品牌有明确的目标人群时，可以基于目标人群条件来选择，性别、年龄的占比，人群属性的画像，都可以作为选择指标；还可以从竞争和行业的视角出发，通过品类热度，即指定品牌（既可以是本品，也可以是竞品）的热度来选择目标圈层。当然，数据和指标只是提供品牌备选的清单，真正的圈层选择还要结合品牌的战略，综合多种因素后确定。

第三步，圈层定位策略。选定圈层后，如何与这个圈层进行有效沟通，需要什么样的内容输出、什么样的故事点，这就需要对圈层进行深入洞察和研究，任何一个营销人员都不可能了解所有的圈层，大数据的圈层洞察是必不可少的。比如一个彩妆品牌，在选择了以"甜品圈"为目标圈层后，通过大数据洞察，提炼出甜品圈人群在彩妆消费上的痛点和可结合的点，最终输出了针对性的沟通内容的指导。围绕"吃甜品，皮肤会糖化""下午茶，需要什么妆容搭配"等直接把圈层的兴趣与产品完美融合。

第四步，圈层营销执行。圈层营销的落地，最终需要决策在什么媒体平台，与哪些 KOL 合作，而社媒大数据，可以提供各圈层的媒体平台的分布和差异，以及每个圈层中的最优质的意见领袖（KOL）。比如，品牌在做美妆、时尚圈层时，小红书是必选平台；品牌以游戏、动漫圈层为目标时，B 站是最好的平台；如果是艺术、运动圈层，知乎表现突出。

我们看到，当前的数据技术已经能支持全部由大数据方式完成品牌市场细分、目标市场、市场定位、营销执行策略的全流程。在可以预见的未来，圈层营销将以其更精准、更敏捷、更具可执行性的优势，成为品牌社交媒体营销的通用解决方案。

四、社媒前沿概念：霸屏率，用搜索优化占领消费者心智

（一）电商增长，赢在站外，社媒搜索是驱动线上增长的重要源头

前文已经介绍过，社媒营销的一个重要价值，是帮助品牌驱动线上平台的销量增长，那么这一目标是如何实现的呢？让我们先来看一个非常常见的消费者购买场景：

Tracy 是一名新手妈妈，她的宝宝满 6 个月了，一直使用纸尿裤，近期准备换成拉拉裤，但应该选择哪个品牌、哪个型号的拉拉裤，

Tracy 并不太清楚。由于她是小红书的重度用户，平时和宝宝相关的养护以及产品消费问题，都喜欢在小红书找答案，这次当然也不例外。于是她在小红书中输入了搜索词"拉拉裤和纸尿裤的区别""拉拉裤推荐""6 个月，拉拉裤"等，仔细研读搜索到的笔记内容，对比不同笔记推介的产品，最终她选择了一款性价比最符合自己预期的品牌，又到京东和天猫找到这个品牌的旗舰店，分别比较价格和优惠政策，最后选择在京东下单，进行购买。购买使用后，Tracy 感觉非常满意，于是她又回到小红书，发布了一篇《顺利升级完拉拉裤》的笔记，分享了自己的购买经验，上传了宝宝穿拉拉裤的照片。

一直以来，品牌线上销量的增长，从来就不只是电商渠道内的行动，而是集合了电商站外的品牌广告营销、社媒内容种草、搜索 SEO 优化等全链路、多触点营销行动的综合结果。通过这些营销行为，把各个渠道中的消费者引导到电商平台上，最终完成购买。

"割草之前，必先种草；打鱼之前，必先养鱼"。站外营销最终决定品牌在电商站内的胜负。在当前，消费者决策路径日益复杂，影响决策的媒体触点也越来越多，品牌有哪些电商外的优化行动是必须做的呢？随着消费者在平台内的搜索习惯日益成熟，品牌希望自己的信息能出现在搜索结果中，被消费者看到，甚至霸占消费者的视线和心智。在这样的背景下，除了品牌已经非常熟知的广告投放、搜索引擎优化、社媒 KOL 内容采买等以外，"霸屏率"这一概念逐渐被认识，不但成为社媒营销的重要优化指标，也成为许多品牌的管理 KPI。

（二）理解消费者旅程，打开品牌增长密钥

在 Tracy 的例子中，我们已经看到，许多消费者在线上消费时具备"跨域转化"的特征，即在某个平台浏览内容被种草，仍回到自己熟悉的电商购买平台进行比价和购买。因此，理解消费者在跨域行动中的旅程特征，便把握了品牌增长秘籍的钥匙。消费者在各渠道平台上的路径是不同的，根据平台特点各具特色。但其共性是，搜索是每个平台都具备的、重要的内容入口，也是优化起来最容易、性价比最高的功能。

以小红书为例，站内搜索在 2022 年呈现持续上升趋势，生活记录、家居、时尚等搜索增加 100% 以上，美食增加 69%，美妆增加 18%，这些热门搜索的笔记数量都达到数十万，甚至上百万篇。这说明小红书的使用场景中，"搜索"已经成为消费者满足需求、获得商品信息的重要方式。对于小红书用户，搜索后的结果呈现非常重要，直接影响到他们的内容观看和消费决策，搜索起到的作用，正如消费者逛超市卖场所看到的货架。品牌内容是否出现在搜索结果中，也正如品牌的商品是否出现在货架中。

仍以小红书为例，用户通过小红书或其他平台种草，进入小红书后通过浏览内容、搜索来了解更多维的产品信息，最终达成购买决策。决策之后，用户在小红书内或跨域到其他电商平台进行拔草购买。最后，还会有用户在使用商品后回到小红书分享笔记，这些笔记成为其他用户浏览和搜索的内容来源。

事实上，不同社媒平台的消费者有着不同的决策路径和方式，但无论哪个平台，如微博、抖音、快手等，搜索都在成为决策路径中越来越重要的节点和关键的驱动力。品牌要在搜索中进行卡位布局，获得流量机会，需要建立"霸屏率"的监测和优化体系。

（三）可优化的霸屏率（SDR），驱动电商增长

通过搜索找到自己感兴趣的内容和商品，是无数消费者每天都发

生的行动。从前，这一行为主要集中在百度、360 这类综合搜索引擎中，随着社交媒体的崛起和发展，这一行为开始分流，分散到各社交媒体平台中，并且以各种各样的形态为消费者提供服务，潜移默化地影响着他们的思想和行动。

以抖音为例，其与搜索相关的场景非常丰富多样，包括搜索框的手动输入、搜索联想词、历史搜索词、猜你想搜、搜索框灰词、评论区吸顶词"大家都在搜"（出现在评论区顶部）、底部 BAR 词"相关搜索"（页面底部）、评论区实体词、话题词、气泡搜索，等等。对于消费者来说，搜索及与其相关的场景，无处不在、无时不在。对于品牌来说，这是一个重要的心智战场，是必须占领和影响的。

在传统的线下营销中，线下卖场中的"货架份额"是品牌非常重要的管理指标。相应地，社媒平台中的"霸屏率"是线上非常重要的管理指标，其重要性等同于线下渠道铺货时的堆头摆放。霸屏率越高，说明品牌呈现在消费者面前的机会越大，越容易引发消费者兴趣，促进购买。

霸屏率[①] 与线上的销量之间是否存在相关性？秒针系统在 2023 年进行了一项研究，基于母婴行业的 100 多家品牌，采集 2023 年 2 月的小红书 SDR 指标（指定品类关键词），并把此指标结合淘宝搜索人气进行分析。分析结果发现，这两项指标存在较高的相关性，R2 达到 0.4358。这充分说明，品牌保持和提升在媒体平台的 SDR 指标，对电商的增长能起到积极的推动作用。一个小小的 SDR 指标，的确能对销

---

① 霸屏率：Screen Domination Rate（SDR），在搜索结果的前三屏，品牌有关内容占有的展示条目的比例。例如，同一个内容中出现了 4 个品牌，则认定为每个品牌均与该内容有关，都会计为 1。霸屏率能帮助品牌快速了解本竞品在不同品类搜索词下的内容覆盖能力。

量有所贡献。①

需要注意的是，尽管搜索有无限"货架"，但消费者并不会关注所有内容，品牌也没有能力监控、占领所有的内容。从管理和可执行的角度来说，品牌只需要测量消费者最关注的内容即可，那么我们根据消费者的搜索习惯可知，在搜索结果中，最受关注的是前三屏的内容，那么对于品牌，从成本考虑，需要监测和优化的 SDR 指标统计，也应该以前三屏为主。所要监测的内容应该包括：品牌内容覆盖能力、品牌内容竞争情况、帖子类型分布、KOL/KOC 类型及粉丝量级分布、平均点赞数、发帖时间分布、监测本品投放帖浮现、关键词占领。

针对霸屏率的监测结果，营销人员可以制定不同的优化战略。例如，海量内容战略：围绕平台圈层需求，与大量 KOL/KOC 合作，生产海量内容。这是后两个战略的基础。品类词的竞争战略：消费者通常会搜索品类名称、品类通用需求词，如美妆行业搜索的"美白、保湿、祛斑"都属于品类词，品牌首先需要找到与定位这些品类词，并根据这些词进行内容的优化与推荐。不要排斥对比帖，可以与很多品牌共同出现，进行多样化比较，让消费者选择，提高消费者体验。品牌词的占有战略：除了品类词外，品牌还可以在内容上强化品牌相关词，如本品牌独特的成分、独特的外观、独特的昵称等，而消费者在被激发搜索这些品牌词后，品牌可以占领后端的展现货架，品牌词的霸屏率和搜索货架份额都需要在 80% 以上才具有优势。

（四）把霸屏率纳入品牌管理 KPI，长期监测和优化

对于营销执行，监测霸屏率的意义在于，保持各平台的内容覆盖

---

① 秒针营销科学研究. 监测优化霸屏率，用 SDR 推动增长 [EB/OL].（2023-04-19）[2023-04-30]. https://mp.weixin.qq.com/s/Ky6ZE5hUnJC6pI-Y130SFg.

能力的提升，并且可对采集的高频帖进行洞察分析，借鉴其素材、标题、内容类型、风格等，指导平台的内容生产。我们观察到，当前有一些领先的大品牌主，已经把霸屏率指标纳入品牌管理中，作为一个品牌管理 KPI 指标，进行长期监测，以确保自身在社交媒体上的竞争优势。

品牌进行 SDR 监测时，需要注意以下问题：

采集对象：要考虑平台推介机制，应对千人千搜的用户行为，配置不同属性的样本，采集真实用户平台内搜索行为授权数据。

采集方式：如果只通过技术采集，数据处理中出错率高；如果完全以人工方式采集数据，则所需成本较高。因此，建议使用"真人操作+AI 辅助"数据采集方式，能更快速地产出具有高准确率的数据。

监测数据采集流程，对搜索内容进行品牌和关键元素的识别，是一个需要行业知识体系支持的工作，完全依赖于 AI 技术，无法保证数据的准确性。因此，对所采数据进行真人人工打标签，才能保障高质量的数据输出，最大限度地避免机器自动识别带来的各种数据错失情况，如品牌名字不完整、异形字、产品摆放不规则、视频语音不清、品牌库更新不及时造成的无法识别新品牌等不确定因素。

数据分析：使用双指标解读，除了霸屏率（SDR）以外，还建议引入代表竞争的搜索货架份额（SOSS）指标[①]，可以快速扫描品牌与竞争对手对于特定搜索内容的竞争情况。经过一段时间的监测追踪和数据积累，品牌可以调定在本行业中（圈定竞争品牌范围），霸屏率和搜索货架份额指标应该达到的基准值标准，作为 KPI 管理的标准。一旦出

---

① 搜索货架份额：Share of Search Shelf（SOSS），在搜索结果的前三屏，品牌有关内容的占有展示条占的比例。例如，同一个内容中出现了 4 个品牌，则认定为每个品牌只占有这个展示内容的 1/4。

现 SDR 或 SOSS 低于基准值，则说明在某个关键词的领域中，本品的内容出现不足，或者竞品正在发力，需要及时调整策略，增加内容输出，以避免客户流失和销量下降。

品牌把 SDR 和 SOSS 设定为 KPI 管理指标时，要注意根据品牌的实际情况来设定，考虑自身所在行业、营销预算规模、竞争情况、主要平台，以及此平台在搜索领域所要达到的目标。标准设定过高或过低都是不合适的，过高则无法达标，过低则没有管理意义。

一般来说，SDR 的标准要高于 SOSS，原因是 SDR 代表的是对内容的占有情况，每个搜索结果中只要出现了品牌内容就会被统计，换言之，只要内容多，这一指标就会提高。而 SOSS 还考虑了竞争情况，当竞争对手也有出现时，SOSS 会降低。此外，品牌词的指标标准设定要高于品类词，原因是品类词是多家同时竞争。而品牌词则是与本品牌深度绑定的，必须保有优势不被竞争对手占据。每个行业的设定也应有所不同。以下是一个美妆行业品牌所设定的 SDR 与 SOSS 的管理 KPI 标准。

表 7-1　某头部美妆品牌的管理 KPI

霸屏率（SDR）：内容广泛覆盖的指标			
	表现优秀	表现中等	表现不足
品牌搜索词	>95%	85%—95%	<85%
品类搜索词	>50%	20%—50%	<20%
搜索货架份额（SOSS）：内容独占性的指标			
	表现优秀	表现中等	表现不足
品牌搜索词	>90%	70%—90%	<70%
品类搜索词	>20%	8%—20%	<8%

数据来源：秒针系统 SDR 行业研究 2022 年案例

五、基于技术发展的营销前景

（一）技术是营销行业发展最重要的驱动力

营销技术（MarTech）倡导将技术融入营销的全流程，以此来解决企业营销问题，实现客户管理、消费者体验优化、顾客转化率提升等目的。这一概念由斯科特·布林克尔在 2010 年首次提出，斯科特·布林克尔自 2011 年开始，每年绘制全球 MarTech 图谱进行发布。其团队最近一次于 2022 年 5 月发布的营销技术全景图（更名为 Martech Map），共收录 Martech 供应商数量 9932 个，而 2011 年首发的图谱中这一数字仅仅是 50 个，12 年中营销技术领域的增长超过 65 倍！这说明营销技术的概念早已深入人心，为营销从业者们所熟知，无论媒介、广告，还是社媒的具体运作，其背后都是由营销技术的发展所驱动。

营销技术作为明确概念的历史只有 10 多年，还不算很长，但是在营销中使用技术这件事却不新鲜，已有近百年历史。早在几十年前，国外的大零售企业已经开始使用客户关系管理软件（Customer Relationship Management，CRM），使用积分、会员价、直邮等方式吸引消费者重复购买。当时的营销技术产品，更侧重于帮助企业销售。

20 世纪 90 年代到 21 世纪，互联网数字广告迎来高速发展，营销技术图景中的"广告技术"开始出现，并逐渐成熟。此后，由于互联网媒体高速发展，大量拥有海量数据、领先技术的媒体巨头和集团崛起，它们愿意发展广告技术以促进广告收益，营销技术、广告技术也迅猛发展起来。

中国市场中，媒体经过 10 多年的高速成长，形成 BATT（百度、阿里、腾讯、字节跳动）为主的市场格局，这些媒体集团巨头，在自身庞大的数据资产与技术能力的加持下，实现营销技术的不断突破。

目前，营销技术（Martech）主要指在数字营销生态中，帮助营销人员建立、运行、衡量和管理营销活动用到的技术和软件。包含但不限于与企业营销传播相关的硬件、软件、平台、服务，如营销自动化 MA、客户关系管理软件、社交媒体的客户关系管理软件（Social Customer Relationship Management，SCRM）、CDP 客户数据平台、VR 虚拟现实技术、AR 增强现实技术、Meta 元宇宙、CEM 客户体验管理平台、舆情管理平台等都是营销技术的应用产品。

2022 年，元宇宙的热度尚未退去；2023 年，人工智能技术又在全球掀起新的浪潮，这一次不只是营销行业，可以说整个人类社会都被卷入了"技术改变未来"的思考之中。未来，技术不但是营销业务中实践应用的工具，也是营销人员必须拥有的技能和知识。

（二）不同营销领域中，所需技术能力和工具不同

营销所涉及的技术非常广泛和繁复，那么，哪些技术是从业人员最关注的、最需要重视的？我们仍从广告主的视角来分析，广告主最关心的技术，也就是应用最多、前景最好的技术。

根据秒针系统《2023 年中国数字营销趋势报告》，对数百个广告主的定量调研显示，在 2023 年新营销技术的应用上，内容相关的技术如内容标签化、数据能力相关的技术如三方数据的补充和数据中台、用户增长相关的技术如智能客服营销技术是目前应用最好的营销技术。

值得注意的是，这一研究报告是基于 2022 年第四季度的调查数据，当时 ChatGPT 还没上线，人工智能也尚未像当前（2023 年）这样爆发，彼时在广告主的判断中，AI 广告创意，AR、VR 技术的应用还并不被看好。

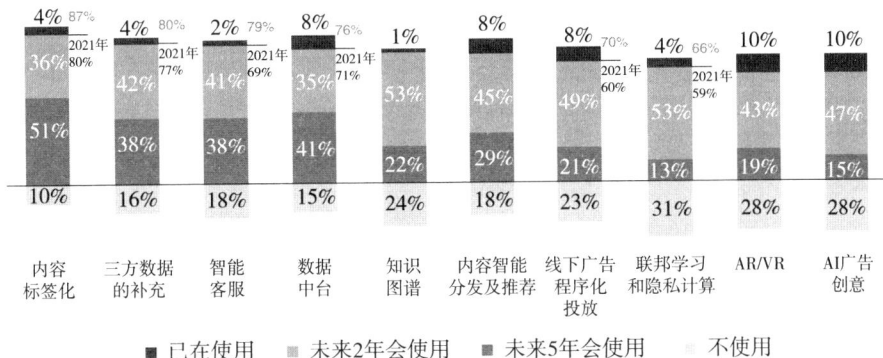

图 7-6　广告主新营销技术应用预期

数据来源：秒针

通过这样的趋势我们也看到，营销技术中也会出现不断交替的"热潮"和"冷却"。2021—2022 年与元宇宙概念相关的技术非常火爆，2023 年初人工智能的热度爆发，飞快地超越了元宇宙。新的技术总是层出不穷，但落实到营销的具体业务中，还需要时间和实践来验证，营销人员在不断学习新技术的同时，要更理性地面对、理性地思考、理性地应用。还需要意识到，技术固然能驱动营销，但最基础的能力是数据治理和数据采集。做好这两步，才能积累数据资产，并在营销的各领域发挥作用。

第一，数据治理（Data Governance）。被采集的数据往往是"脏数据"，在使用前还需要进行治理，其中包括标准化、ID 打通和异常数据剔除三道工序，这是数据能力中最大的隐性技术和成本壁垒。

第二，数据湖（Data Lake）。最重要的营销数据中台模式，整合所有广告主和营销相关的数据、PII 和运营数据，在广告主内部的定位往往不只是支撑营销，也是作为企业业务层面数字化转型的重器。

营销包括广告投放、社媒、内容、电商、用户运营、产品创新等不同领域，技术在这些领域中的应用及可落地的产品也不尽相同。我们对数字营销各领域的技术趋势进行总结，并介绍各趋势下所支持的核心技术能力及所需的工具产品，帮助读者理解技术是如何帮助营销提升效率的。

表 7-2　数字营销各领域的技术趋势

数字广告	数字内容	社媒营销	电商运营	用户运营
程序化交易（Programmatic Advertising，PA）	自然语言处理（Natural Language Processing，NLP）	社交聆听（Social Listening）	数据可视化	用户生命周期价值（Life Time Value，LTV）
需求方平台（Demand-Side Platform，DSP）	图片识别	跨域归因	机器人流程自动化（Robotic Process Automation，RPA）	RFM 分析
供应方平台（Sell-Side Platform，SSP）	视频识别		AB 测试	客户关系管理（Customer Relationship Management，CRM）
广告交易平台（AdExchange，ADX）	内容标签化		MMM 归因模型（Marketing-mix Modeling）	社媒客户关系管理（Social Customer Relationship Management，SCRM）
广告联盟（Advertising Network）	内容归因			客户数据中台（Customer Data Platform，CDP）
投放服务供应商（Ad Serving）	Web3.0			客户体验管理（Customer Experience Management，CEM）
采购交易平台（Trading Desk，TD）	AR 和 VR			营销自动化（Marketing Automation，MA）

续表

数字广告	数字内容	社媒营销	电商运营	用户运营
广告监测 （Ad Measurement/ Ad Monitor）	程序化创意			智能客服
广告验证 / 反作弊	虚拟数字人			
数字管理平台 （Data Management Platform，DMP）	内容智能生产 （AIGC）等			
数据交易平台 （Data Exchange）				
隐私计算 （Privacy Computing）				
智能排期				
多触点归因 （Multiple Touchpoint Attribution，MTA）				

（三）技术驱动的数字广告

首先，数字广告可寻址性，是可通过技术提升效率的基础。

数字广告自诞生起就由技术所驱动，不断提升投放效率。与传统广告相比，数字广告最大的特征是实现点对点可控传播，可识别受众。具有可寻址、可精准、可推荐及全链路的特征。

可寻址（Addressable）。在广播电视时代，媒体是一个播放器，播出方并不能知道有多少设备在接收（也就是在收听或收看）的反馈数据。而在数字时代，每个媒体都有可以识别地址的播放器和控制器。今天的数字媒体中的每个内容、每条广告的曝光、互动都被记录，所曝光的每台设备信息都可以追踪。同时，用户可以主动选择内容，广告可以定制化展示，可寻址使广告解决"被谁看到"的问题。

可精准。因为可寻址，媒介内容和广告背后的设备和受众的行为被记录。形成丰富的标签，使精准投放成为可能。数字广告中，广告主可以精准地选择设备及特定条件的人群，按目标受众（Target Audience，TA）、地域（城市）、兴趣标签（如关注理财的人）、设备情况（如手机、电视机的品牌和尺寸）、地理位置的服务（Location Based Services，LBS）等方式精准定向，还可以通过程序化投放实时地、自动化地完成精准投放。

可推荐。随着数据的丰富，媒体对受众有更深的理解，不但知道受众是谁，也知道受众喜欢什么，通过技术可以向目标受众推荐个性化的内容和广告。在社交媒体和电商平台中都有大量信息和商品的推荐内容，这背后就是大数据和技术支持的推荐系统在发挥作用，"给正确的人看正确的内容或广告"。推荐系统依据用户标签、历史行为、浏览内容、常用媒体和设备、使用时间等进行计算之后，推介匹配的内容。强大的推荐能力，不但提升媒体用户黏性，也增强广告的影响力，提升广告效果。

全链路。非数字的广告播出结束了，看过广告后的行为无法得知；数字化广告可以采集前后链路的完整数据，从广告的曝光、互动、转化持续追踪，并进行分析、评估。通过广告可设置交互链接（包括点击、扫码），引导受众完成看广告后行为，技术串联了广告受众的一切行为。

对于技术所驱动的数字广告营销前景，我们可以看到以下趋势：

趋势一：技术支持高效投放，平台类工具更成熟。

在技术支持的数字广告投放效率提升中，可应用的方式和工具包括程序化交易、DSP、SSP、ADX、Adnetwork、Ad Serving、Trading Desk。

程序化交易（Programmatic Advertising，PA），是通过技术手段连接广告主、中间商和数字媒介进行广告交易和管理，并利用算法和技术自动实现精准的目标受众定向，以效果为导向的交易方式。分为公开竞价和私有竞价两大类，在整个交易过程中，多个角色在毫秒级完成数据交互和技术对接。

通过程序化交易，广告主可以只把广告投放给对的人，提升投放效率，及时优化效果。媒体方可以售卖跨媒体、跨终端（电脑、手机、平板、互联网电视等）的广告资源，并利用技术实现广告流量的分级，进行差异化定价（如一线城市的价格高于二、三线城市，黄金时段的价格高于其他时间段）。

需求方平台（Demand-Side Platform，DSP），是为广告主、代理商提供服务的系统平台，可从多个来源提供自动化的集中式媒介购买。DSP会受广告买卖双方中需求方的影响，广告主寻求广告资源来帮助他们在规定的预算范围内、在合适的时间触达合适的受众。

供应方平台（Sell-Side Platform，SSP）。在媒体侧，供应方平台是帮助一个或者多个媒体进行广告位管理及（可通过公开竞价模式）进行资源售卖的系统。而广告联盟则将大量无法直接面对大型广告主售卖的长尾流量进行集中采购后，统一销售给广告主。同时将媒体方与多个广告交易平台、需求方平台和广告网络进行关联。SSP可以让媒体方向更多的潜在买家销售展示机会，并使媒体方能够设置竞价范围以实现收益最大化。

广告交易平台（AdExchange，ADX），指联网广告交易平台，连接着DSP（需求方平台）和SSP（供应方平台），通过接入SSP汇集大量媒体流量，从而收集处理属于广告目标客户的数据，是实现精准营销的交易场所。成功的 AdExchange 需要以大量媒体流量为基础，运营商多为互联网巨头。广告交易平台可以为每一次广告曝光（Impression）赋予一个独立的价值，运用实时竞价技术让广告主竞拍每一次广告显示在用户面前的机会。一方面节省广告主的成本，另一方面让媒体的收益增加，并且让合适的广告展现给合适的用户，提升用户体验。

广告联盟（Advertising Network）。在广告业内，广告联盟是个较广泛的概念，它是一种介于想出售广告的媒体与想购买广告的广告主之间的一个封闭的网络广告市场。网络业主作为中间环节先向媒体采购广告库存，然后再转售给广告主，有时候媒体也可以创建自己的广告联盟。

投放服务供应商（Ad Serving），是基于程序化技术手段进行广告投放和管理的自动化和智能化平台。广告主自主采买媒介资源，利用算法和技术自动实现目标受众的精准投放。

采购交易平台（Trading Desk，TD）。采购交易平台，简称 TD，跟 DSP 一样是为需求方也就是广告主服务的，一般是大型广告主。TD 通过 API 方式对接媒体渠道，包括 DSP 平台、媒体网站 /APP 或其广告投放平台、ADX、SSP 等。根据平台所有者可分为 ATD、ITD、BTD。

代理商采购交易平台（Agency Trading Desk，ATD），是 4A 等代理公司自己搭建的采购交易平台，帮助其管理多客户、多媒体渠道的广告投放预算。ATD 代表有 Xaxis、Accuen、AOD、昌荣等。独立采购交易平台（Independent Trading Desk，ITD），类似 ATD，但是 ITD 可以服务多家广告代理公司（包括 4A）或者直客（一般是大预算广告主）。品牌广告主私有采购交易平台（Brand Trading Desk，BTD），是广告主的私有采购交易平台，仅供广告主内部使用，一般是组建技术团队自行搭建或找技术提供商搭建，BTD 代表有伊利 Trading Desk 等。

大预算广告主通常都是多家媒体投放，甚至在一家媒体开多个账户用于投放不同业务线的广告，这就涉及多媒体间的预算分配、频次控制、数据监测、效果对比、投放操作、统一管理等。因为各家媒体平台是分别独立的，而且操作界面不同，投放活动和查看数据都要在多个平台间穿梭，再通过人工进行一些数据整合，效率低且不实时。采购交易平台可以满足这些需求，整合管理多媒体渠道的广告投放活动，实现多渠道多业务的统一规范管理。

随着数字广告投放中智能化水平的不断提升，以及媒体间数据割裂、围墙花园情况的加剧，广告投放的效果难以把握。广告主要更多地使用技术手段，来解决效果的不确定性。

广告投放的目标要更加明确，即使是品牌类的投放也应该有以受众行为反馈为目标的安排，以帮助衡量投放的结果，以及帮助投放系统更好地进入监督学习的状态。要选择有品牌、有口碑、值得信赖的广告媒体，并确保它们的广告资源与广告技术是可靠的。广告主要更多地提供第一方数据，以第一方数据作为正样本，帮助广告系统更好地完成优化投放的特征学习与建模。

最后，如有可能，任何广告主都要为智能化广告投放多提供一些预算，并进行尽可能充分的测试。这对投放系统而言，也能进行更充分的试错，从而生成更好的投放策略。

趋势二：企业要求数据资产沉淀和再利用，测量和 DMP 成为标配。

企业的数字广告投放不仅是完全投放，而且要求采集、沉淀数据资产，并在之后的营销中复用。因此，广告的监测、验证是数字广告流程中的标准配置，并且在数据采集后构建一方 DMP 平台，同时与外部如二方数据、三方 DMP 更深入地结合，以最大化发挥数据价值。

为了市场中的广告主、第三方、媒体方能更安全地交换和使用数据，数据交易平台和隐私计算技术重要性凸显，并不断在实践应用中成熟。

广告监测（Ad Measurement/Ad Monitor）。由市场的第三方帮助广告主和媒体按照约定的效果指数进行结算，同时按照行业标准参数对广告效果进行评估。一般通过监测分析平台实现，监测包括获取从广告渠道方的点击、下载、安装、启动到后续用户的活跃、付费、留存等深度转化的数据，帮助客户更好地优化策略、管理投放。

广告验证/反作弊。由市场的第三方对广告展示、流量真实性进行定量评估，以及保证广告投放中广告主的品牌安全。包括品牌安全（Brand Safety）、广告可见度（View Ability）和反作弊（Anti-Fraud/Traffic Anti-Fraud）等，因为是以第三方的角色介入广告投放过程中，所以可以为广告主的投放保驾护航。

品牌安全是指品牌广告主不希望自己的广告出现在会对品牌产生负面影响的位置。广告可见度是衡量广告是否被真正展示到可以被浏览的标准，如视频广告播放到多长时间、图片广告显示了多大面积等。流量反欺诈是识别伪造曝光、伪造点击、伪造下载、注水流量等欺诈行为，甄别媒体质量，降低企业损失。

数据管理平台（Data Management Platform，DMP）。数字管理平台是把分散的第一、第二和第三方数据进行整合，纳入一种统一的技术平台，帮助所有涉及广告库存购买和出售的各方管理其数据、更方便地使用第三方数据、增强他们对所有这些数据的理解、传回数据或将定制数据传入某一平台，以进行更好的定位。DMP能支持多方匿名脱敏数据的收集和管理，对这些数据进行标准化和细分，让用户可以把这些细分结果应用到现有的互动渠道环境里，为广告投放提供人群包，特别是程序化投放，一般对接多家 DSP、PDB、Ad Server，以获得更好的营销效果。

数据交易平台（Data Exchange）。独立的第三方数据交易平台，好比一个数据集市，无论是广告主、互联网公司还是数据供应商，都可以在其中通过数据加密技术进行数据交换，数据供方（卖家）和数据需方（买方）并没有明确的边界，各方在得到数据服务时，也可以提供数据服务，数据交换的过程需要符合数据合规要求。数据交易平台在国外相当常见，在国内主要通过大数据交易中心实现。

隐私计算（Privacy Computing）。一种保护个人隐私的计算模式，采用多种加密技术、安全协议和算法来保护数据隐私，为数据安全提供解决方案。隐私计算中，数据的加密和解密过程都在本地进行，不会在网络中传输明文数据。隐私计算还可以实现数据共享，即在不泄露数据源的前提下，多方共同使用数据，也就是安全多方计算（Secure Multiparty Computation，SMC）。隐私计算的实现需要各种技术手段的支持，其中包括密码学、差分隐私、同态加密、安全多方计算等。在广告领域，隐私计算不但保护用户数据隐私，也协助机器学习算法进行模型训练和推理。当前的隐私计算仍面临一些挑战，例如，如何平衡隐私保护和数据利用的关系，保护个人隐私的同时满足数据可用性。

趋势三：企业数字广告策略制定、资源采购等决策更智能化。

企业在广告执行过程中，进一步追求最优效率，减少人工和经验主义，让"算法"替代人为作出决策，因此如智能排期类的技术产品应时而生，并成为媒介流程中重要的优化工具。

智能排期技术产品是指由第三方数字技术公司开发，或者也有广告主自主开发的，通过历史投放情况，推导出各种媒体资源组合和投放策略下的最可能的效果，从而计算出最优化的广告组合的工具。帮助广告主不再依赖于经验，而是依赖于数据算法、生产排期。在智能排期工具中，广告主只需要输入整体的预算、备选的广告资源（一般为采购库中的可采买资源）、排期的目标（例如 3+REACH 达到 40%）、广告 TA 和市场等信息，系统即可根据数据表现、库存情况、采买价格等计算出达到目标的最优化排期。

趋势四：追踪数据链路，应用归因技术评估广告效果。

清楚地知道广告带来多少效果是所有广告执行人员的梦想。在数字广告中，企业对广告直接的转化链路和效果提出更高的要求，在线上投放广告并在线上完成广告的点击、进入落地页、发生转化目标（一般为留下资料线索、线上购买或下载 APP 等预期广告要达成的行动）的营销活动中，从广告到转化的数字链路可以完全打通，MTA 的归因技术发挥着越来越重要的作用。

多触点归因（Multiple Touchpoint Attribution，MTA）。多触点归因的方法是通过技术手段串联数据，完成广告评估，由以下步骤完成：首先，通过广告监测（加码）追踪采集尽量多的广告触点和行为数据；其次，通过技术手段匹配数据，将同一个人在不同平台的 Cookie、ID、设备等匹配串联起来；最后，研究并理解消费者路径，选出最合适的归因模型进行分析。在实际业务中，多触点归因应用最主要的问题是难以获得用户全部触点的数据，特别是对于决策复杂的产品购买，获取消费者的全部触点数据几乎是不可能的。此外，还存在用户 ID 和行为伪造、归因模型选择、只能评估线上无法评估线下渠道等问题。

MTA 归因中还需要了解媒体如何"占归因便宜"。2021 年初，许多广告主发现抖音的广告点击数量突然大幅增加。原因是从 2020 年底开始，抖音将"点击监测"升级为"有效触点监测"，"有效触点"除点击外，还新增了"3s 播放行为"，这意味着此类广告不只按照点击归因，还将 3s 播放等同于点击。快手也于 2021 年初做了同样的调整。在新规则下，传球（播放）、射门（点击）拥有同等贡献。

对于广告主来说，面对媒体规则改变，需要获得尽可能细颗粒度的数据，尽可能准确地评估触点贡献。可以要求媒体改进广告系统，将点击监测代码和播放监测代码分开。在归因中用"点击"类指标看临门一脚的效果，用"播放"类指标看整体触点分布和表现。

（四）技术驱动的营销内容

数字营销，特别是社媒营销中，需要海量的内容支持精准化投放，这些内容不仅由品牌专业团队生产，也有大量是由外部合作如 KOL 生产，品牌方需要管理、生产大量如广告创意、图文内容、视频内容，以及更复杂的营销内容。

在秒针系统《2023 年数字营销趋势报告》中，有 58% 的广告主认为"内容生产较慢，无法应对内容消耗速度"是他们在社交媒体中遇到的挑战，排名第一。内容如何高效、大量生产，并管理、运营、再利用？这是品牌营销数字化过程中必须解决的问题。

营销内容在洞察管理、内容评估、内容生产、内容分发各个流程环节，都需要技术的支持以提升效率。我们看到业界在数字内容的技术应用上呈现出以下趋势：

趋势一：内容洞察与管理，成为品牌营销的基础工作。

在内容洞察与管理层面，需要内容识别技术（NLP，图片和视频识别）、内容标签化，以及内容归因来评估内容的重要性。内容识别是指通过技术对各类媒体上的内容进行识别，包括文字的自然语言处理，图片、视频，甚至音频的识别等。

自然语言处理（Natural Language Processing，NLP）。自然语言处

理是计算机科学领域与人工智能领域中的一个重要方向，研究能够实现人与计算机间用自然语言进行有效通信的理论和方法，是一门融合了语言学、计算机学、数学的科学。自然语言处理并非一般地研究自然语言，而是研制能有效地实现自然语言通信的计算机系统。按照技术实现难度，这类系统可分为简单匹配式、模糊匹配式、段落理解式三种类型。自然语言处理主要应用在机器翻译、舆情监测、自动摘要、观点提取、文本分类、问题回答、文本语义对比、语音识别、中文文字识别方面。

图片识别。图像识别技术是人工智能的一个重要领域，是指对图像进行对象识别，以识别各种不同模式的目标和对象的技术。

视频识别。视频识别包括视频信息的采集传输、视频检测、视频分析处理三个环节。视频识别需要前端视频采集摄像机提供清晰稳定的视频信号（视频信号质量将直接影响视频识别的效果），通过嵌入的智能分析模块对视频画面进行识别、检测、分析，滤除干扰，并对视频画面中的异常情况做目标和轨迹标记。其中的智能视频分析模块，是基于人工智能和模式识别原理的算法。

内容标签化。内容标签化指企业对营销内容进行标记处理，以便于管理和复用的过程。针对某一个品牌，内容的标签化需要集合品牌本身和竞品的大量内容作为样本，在自身品类当中做出最底层内容元素的"标签树"。标签维度包括内容的基本构成，也就是由各种关键词，包括不仅限于背景音乐、表达方式、字幕等。

内容归因。内容归因指以内容为对象的归因技术和方法，目标在于发现社交媒体中哪些内容及内容的元素对最终的营销目标的贡献最大。与之相对应的有渠道、媒介的归因。例如，通过归因，找到哪个内容（帖子、视频）对销量的贡献最大，或者找到是"明星，打扣信息，哪种痛点"对效果贡献大。使用内容归因，必须是在建立标签树之后，可通过 XGboo boost 的算法（非统计或数学专业的读者不必理解如何计算，只需要知道可以通过算法实现即可）找到在这些内容元素中，哪些更重要、哪些没那么重要。由于营销内容（文字、图片、视频）可以包含非常多的关键词，在有限的时间和页面中，有效的内容需要呈现什么关键词和元素，以及这些关键词或元素间的先后顺序、占有的时间长短等，都需要内容归因的结果来确定。需要用归因模型计算关键元的重要性，找到元素间的排序关系。

趋势二：Web3.0 环境下通过 AI 与技术赋能，内容生产力大爆发。

互联网进入 Web3.0 时代，运行环境与 Web2.0 基于社交平台的交互式不同，逐渐过渡到去中心化的模式。在内容生产上 AR 和 VR、程序化创意、虚拟数字人、内容智能生产技术都在发挥重要作用，极短时间内生成大量的文案、图片广告、文章或短视频，可以说技术带来了营销内容生产力大爆发的时代。

Web3.0。"Web3.0"是对"Web2.0"的改进，在此环境下，用户不必在不同中心化的平台创建多种身份，而是能打造一个去中心化的通用数字身份体系，通行各个平台。Web3.0 被用来描述互联网潜在的下一阶段，一个运行在"区块链"技术之上的"去中心化"的互联网。通俗的比喻，Web1.0 是信息互联网，用户仅能获取内容，如新闻门户网站；Web2.0 是身份互联网，用户可创造内容，如抖音、B 站、小红书；Web3.0 是契约互联网，数字资产可被确认权属，用户可创造价值，能够确权。

AR 和 VR。AR（Augmented Reality）的中文名称是增强现实，AR 眼镜上的各种摄像头和传感器可以实现对空间的深度理解，并具有空间定位功能，可将虚拟信息及内容和真实环境完美融合。VR（Virtual

Reality）的中文名称是虚拟现实，即人工编制出来的虚拟的环境、营造出来的虚拟世界。通过 VR 专门的设备提供给人们视、听、触的感知觉的模拟。通俗来说，就是戴上 AR 眼镜看到的是真实存在的场景，而戴上 VR 眼镜看到的是虚构的场景。

程序化创意。对于需要生产的内容，只需给出大局上的方向指导，并由算法半自动或全自动地生产符合要求的营销内容。

虚拟数字人。数字人（虚拟人）的目标是通过计算机图形学技术创造出与人类形象接近的数字化形象，并赋予其特定的人物身份设定，在视觉上拉近和人的心理距离，为人类带来更加真实的情感互动。其应用领域多元，如文娱及服务行业。在多重技术日渐成熟的基础上，其落地场景日渐丰富，在社交、游戏、办公等场景实现了真实人类虚拟化身的身份职能，并逐渐于直播电商、偶像造星、陪伴服务等 AI 虚拟数字人领域实现商业变现。

内容智能生产，如 AIGC、ChatGPT 等。作为 2023 年营销领域最热点的概念，本书已有专门章节详细介绍人工智能在内容生成方面的巨大作用，在本节中不再赘述。

趋势三：依靠推荐算法，智能化和个性化的内容分发不断进步。

除了海量的内容生产，内容如何分发也是决定营销效率的重要因素。科学、精准、个性化的分发使每个受众可以接收到更喜欢的、更高需求的内容，这一过程中，推荐算法是最核心也是最重要的技术。

推荐算法。推荐算法指通过数学算法，推测用户可能喜欢的内容，并应用在推荐其他内容上。当前推荐算法已经应用到了营销的各个领域，社交媒体和电商平台等都有推荐系统，领先的推荐算法不只给互联网平台带来巨大的附加利益，也帮助平台提升用户满意度，增加用户黏性。推荐算法包括基于内容、规则、效用、知识，以及协同规则的多种方式，每种算法都有其优缺点。在实际场景中，组合推荐（Hybrid Recommendation）最常被采用。组合推荐的重要原则就是通过组合来避免或弥补各自推荐技术的弱点。

表 7-3　推荐算法的优点和缺点

方法	优点	缺点
基于内容推荐	推荐结果直观，容易解释；不需要领域知识	新用户问题
		复杂属性不好处理
		要有足够的数据构造分类器
协同过滤推荐	新异兴趣发现、不需要领域知识	稀疏问题
	随着时间推移性能提高	可扩展性问题
	推荐个性化、自动化程度高	新用户问题
	能处理复杂的非结构化对象	质量取决于历史数据集
		系统开始时推荐质量差
基于规则推荐	能发现新兴趣点	规则抽取难、耗时
	不需要领域知识	产品名同义性问题
		个性化程度低
基于效用推荐	无冷开始和稀疏问题	用户必须输入效用函数
	对用户偏好变化敏感	推荐是静态的，灵活性差
	能考虑非产品特性	属性重叠问题
基于知识推荐	能把用户需求映射到产品上	知识难获得
	能考虑非产品属性	推荐是静态的

（五）技术驱动的社媒营销

社媒营销中，内容相关的技术在前文已有介绍，社媒营销中其他由技术驱动的还包括社媒中的大数据采集，也就是社交聆听技术，以及针对 KOL 营销效果评估的跨域归因技术。

趋势一：社交聆听技术全面采集、处理社媒数据，为营销提供基础数据源。

社交聆听（Social Listening）。社交聆听是采集，指监测特定主题（一般是关于公司、产品或品牌，以及竞争对手的言论）在社交媒体上所有的内容，并进行识别、分析、评估，洞察其中有商业价值的信息。在中国，互联网中的社交媒体内容每天产生大量的非结构化数据。社交聆听已是企业最重要的客户情报工具，帮助公司了解围绕自身品牌、产品、服务，以及竞争对手的各种对话和表达，了解消费者的潜在情绪。社交聆听提供快速、海量、有价值的消费者数据，公司利用这些数据衡量品牌知名度、品牌口碑等，并改进产品和服务，优化营销策略。

目前，市场上的社交聆听工具可以实现全网监测多平台数据，实时获取数据，自动对数据进行去水、降噪、分类、分析处理，并用可视化报表在在线平台上实时呈现。常规的社交聆听工具有社交媒体的免费指数工具，如微博的微指数，一般分析维度较简单，只限于本平台数据，以及覆盖更全面的专业公司提供的数据平台。

趋势二：跨域归因技术，帮助品牌解决跨平台的 KOL 效果评估。

跨域归因。在社媒营销中建立跨域归因模型，精算 KOL 达人和流量推送对线上电商渠道的引流能力，进而计算出销量贡献，来指导社媒中 KOL 选择、流量加推等策略的实施。社媒对线上电商平台的引流主要来源于两种，第一是 KOL 种草发文（Grass-Seeding），第二是针对优质内容的流量推送，包括信息流类和加推广告（Traffic Ads）。归因模型的目标，就是要计算清楚这两种不同来源对电商渠道的贡献，具体到广告主能知道 KOL 发布的内容中哪个引流效果最好、成本最合理，这样就可以在较短时间内对这些优质内容进行流量加推，最终达到提升 ROI 的作用。

（六）技术驱动的电商运营

对于非常多的品牌，线上特别是电商是主要的销售渠道，也是营销中承接转化的出口。电商的精细化运营越来越重要，技术在其中的数据分析、策略优化、效果评估等方面都起到提升效率的作用。本节重点介绍提升运营效率的数据可视化、RPA，以及 AB 测试和 MMM 归因模型。

趋势一：可视化和流程化技术，使电商运营效率不断提升。

数据可视化。数据可视化是关于数据视觉表现形式的科学技术研究，主要指较为高级的技术方法，允许利用图形、图像处理、计算机视觉以及用户界面，通过表达、建模以及对立体、表面、属性和动画的显示，对数据加以可视化解释。与立体建模之类的特殊技术方法相比，数据可视化所涵盖的技术方法要更加广泛。

机器人流程自动化（Robotic Process Automation，RPA）。电商运营的分析工作非常复杂烦琐。靠人工处理跨平台多来源的订单、客户数据分析时，效率低、易出错。店铺中商品上架更新、订单处理、库存跟踪的操作流程烦琐，会占用大量人力成本。直播中，数据复盘、人工截取峰值、录屏等工作耗费时间，话术总结效率低下……这些问题都是电商运营人员日常工作中面对的。机器人流程自动化是一项可根据已设定的规则，自动执行流程任务的技术，能够代替或辅助真人完成各种重复性操作，为企业实现降本增效。电商 RPA 机器人可以针对上述运营痛点，用高度自动化手段协助运营人员完成渠道推广、店铺运营的工作，解放人力，提升准确性、时效性。

趋势二：AB 测试工具和归因技术被应用于电商效果评估。

AB 测试。AB 测试是一种把各组变量随机分配到特定的单变量处理水平，把一个或多个测试组的表现与控制组相比较，进行测试的方式。为同一个目标制定两套方案（比如两个电商页面或两种运营方案），让一部分用户使用 A 方案，另一部分用户使用 B 方案，记录用户的使用情况和数据结果，看哪个方案表现更优。AB 测试已经在广告效果评估、媒体产品优化上广泛应用，市场中有很多成熟的测试工具。AB 测试的方法非常适合电商运营团队精细化运营。

MMM 归因模型（Marketing-mix Modeling）。归因要解决的问题就是营销效果的产生，其功劳应该如何合理地分配给哪些渠道。例如：哪些营销渠道促成了销售；它们的贡献率分别是多少；而这些贡献的背后，是源自怎样的用户行为路径而产生的。广告主会使用归因分析工具得出结论，以便在后期选择转化率更高的渠道组合。

有些场景下，广告和营销活动如何影响用户购买的过程是完全的"黑箱"，广告主只知道输入了（广告投入）多少钱和输出值，产出了多少销售额，包括电商和线下的销量，中间的链路无法追踪。这种情况可以使用时间序列的营销混合模型 MMM，进行广告和营销活动的归因，解决不同投资对销量的贡献度的问题。

MMM 归因模型基本逻辑认为：一段时间内的总销量 = 基础销量（不做广告也会产生的销售，即自然销量）+ 增量销量（因广告带来的销售）。其中，基础销量由长期因子带来，如品牌价值、铺货基础、价格和原有市场份额等，增量销量则由广告投放、促销等短期因子所驱动。基于这个基础逻辑，MMM 归因模型使用"测量数据 + 数据时间序列转型 + 多元回归"，打开了营销投资输入与销量输出的"黑匣子"。将销量根据投资、时间、价格等因素分解为基本与动态销售，并分解出不同营销要素对于总销售的贡献，继而结合各类广告的投入成本，评估其营销效率（ROI）。MMM 归因模型的优势是通过历史数据建模后，可按时间持续监测模型，不断采集新数据，观察模拟计算的目标指数与市场实际表现的关系，确保模型的有效性；缺点是时间较慢、不够敏捷、不够详细。

（七）技术驱动的用户增长

聪明的品牌都知道，留住一个老客户比开发一个新客户成本低得多。特别是近年，随着互联网人口流量红利的消退，品牌在线上获得新客户的成本不断攀升，这使越来越多的品牌重视用户资产的留存和增长，期望能通过用户运营提供高质量服务、优质体验，延长客户生命周期和价值。

对于品牌，数字渠道和私域是沟通用户最重要的渠道；RFM 客户分层，用户生命周期价值（Life Time Value，LTV）分析是有效的方法；客户数据中台 CDP、营销自动化 MA，CRM 和 SCRM，SEM、智能客服等平台和技术是品牌实现数字化用户增长的重要工具。

趋势一：大数据支持下，RFM、LTV 技术广泛应用于用户分析管理。

用户生命周期价值（LTV）。用户生命周期价值是企业在与用户的互动过程中所获取的经济收益（收入或利润）的总和，关注用户在其整个生命周期中为企业创造的商业价值，是以收入 / 利润为导向的数据指标。通常用于用户成本—收益分析、回本周期估算，也用于辅助业务分析人员寻求高价值用户群体，挖掘可以提升用户价值的线索，或帮助分析人员确定用户生命周期阶段的划分标准，对不同阶段、不同价值分层的用户施加不同的运营策略，提升总体用户价值。用户生命周期价值通常计算的是所有用户或某个人群的"人均生命周期价值"，而非单个用户的生命周期价值。

RFM（Recency，Frequency，Monetary）分析。RFM 是最早产生于电商领域的分析方法，根据交易频次和交易额衡量客户的价值，对客户进行细分。三个维度分别为 R（Recency）——交易间隔、F（Frequency）——交易频度、M（Monetary）——交易金额。用合理分值对 R、F、M 进行划分，可将三个维度分别分为高、低两类，组合后形成 8 个用户群体 RFM 模型，实施步骤包括数据准备，计算 RFM 单独分值，计算 RFM 的综合分值，进行用户分层。最后针对不同客户群采取不同运营策略，最终提升客户价值和营收水平。

趋势二：搭建应用领先的用户管理平台工具成为趋势。

几乎所有的大企业、大品牌都拥有自主搭建，或第三方搭建的用户管理、运营的平台工具。不仅限于 CRM、SCRM、CDP、CEM 等。

客户关系管理（Customer Relationship Management，CRM）。CRM 是一种用于管理企业与当前和未来客户之间的互动的系统。企业为提高自身核心竞争力，利用信息技术、互联网技术协调企业与顾客间在销售、营销和服务上的交互，从而提升其管理方式，向客户提供创新式的个性化的客户交互和服务的过程。其最终目标是吸引新客户、保留老客户以及将已有客户转为忠实客户，增加市场。现在几乎每个企业都拥有自己的 CRM。

社交媒体的客户关系管理（Social Customer Relationship Management，SCRM）。SCRM 借由社交化工具，实现对用户的个性化沟通。相较于 CRM，SCRM 更强调社交性和互动性，是面向用户的企业营销体系的延伸。SCRM 将每一个与客户接触的点，作为一次与客户沟通的机会和了解客户的途径，并在社交互动中，持续收集管理客户数据。

CRM 关注销售过程中的关键节点，企业通过 CRM 系统可以分析各种数据指标，如客户重复购买率、对产品的关注度、购买产品的时间与频率等，从而优化业务流程和提升内部协作效率。但是企业与客户在系统中的互动较少，往往局限于电话、短信、邮件等的单向沟通。SCRM 更关注双方的交互，关注对客户的培育和转化。SCRM 注重社交网络的打通，实现外部连接客户，通过多触点和社交属性采集用户的行为轨迹数据，不断丰富用户个性化标签，从而完成标签画像，也能更好地实现客户精细化运营管理。这是从"喊话"到"对话"的一次重大版本迭代。

客户数据中台（Customer Data Platform，CDP）。客户数据中台专用于收集和统一多个来源的一方客户数据，可为每个客户构建一个一致、全面的统一视图，帮助品牌方分析、跟踪和管理客户互动。与此同时，CDP 在企业内部也是可供多部门访问的数据平台，让企业各个部门都可以轻松使用。

客户体验管理（Customer Experience Management，CEM）。施密特（Bernd H.Schmitt）的《客户体验管理》一书中说："客户体验管理是战略性地管理客户对产品或公司全体验的过程。"CEM 系统是指导企业从与客户接触的全触点全渠道倾听、分析，最后行动的解决方案，从而帮助企业获取更多的客户，改善用户体验，提升营收。说实际一点，客户体验管理解决方案就是帮助企业做好产品（研发、设计）、营销（获客、转化）、服务（复购、口碑），提升品牌与客单价，从而提升营收。它是一个工程、一个解决方案，不是某个功能点、报表或工具。CEM 围绕用户旅程图，建立服务场景、组织流程、体验数据和运营数据相串联的信息生态。通过敏捷性反馈，收集用户的主观数据，结合运营数据洞察用户反馈，传递进组织内部进行产品、服务、流程等一些业务动态优化的数字化工具。

趋势三：智能化工具在顾客服务中被广泛使用，提升体验，降低成本。

仅有平台还不够，引用智能化的工具，替代人工或减轻人工，为顾客提供更个性化、更高质量的服务，也是品牌必备的动作。无论是在电商旗舰店、媒体的官方账号运营、网站 APP 或小程序的私域运营中，营销自动化工具和智能的客服，以及上文介绍过的虚拟数字人（虚拟客服）都被广泛使用。

营销自动化（Marketing Automation，MA）。营销自动化和数字广告中的 Ad Serving 类似，是广告主私有的资源配置器，帮助广告主整合数据、内容和触点资源，根据客户画像配置最佳内容和触点策略，为客户提供更精准、更个性化、更智能的服务和内容推动的系统。这种系统的搭建和应用，最大限度地减少了品牌的运营人力成本，提升了运营效率。

智能客服。基于深度学习及 NLP 技术，智能客服能让大部分简单的客服问题得以快速自助解决，让复杂问题有机会被人工高效解决，主要拥有问题推荐、问题理解、对话管理、答案供给、话术推荐和会话摘要等能力。另外，智能外呼也是面向企业客户提供的智能客服机器人产品分类，可根据业务场景，自动发起机器人电话外呼任务。

（八）营销技术在企业中的落地方式

本节介绍了非常多可应用的营销技术和产品，那么在数字化时代，企业如何构建自身的技术能力，什么样的方式才能让市场中的领先技术真正对企业或品牌发挥作用，我们给出以下建议。

首先，积极拥抱数字化，把用技术提升营销能力作为目标，是企业必须践行的战略。企业高层应该尊重变革、尊重技术，不要认为自己的想法可以解决市场上专业的问题。企业中的业务负责人、营销负责人都必须学习营销技术的知识，具备一定的理解技术的能力。

但是，必须认清在技术上企业不可能一步登天。今天的品牌不做技术，多投人力也还是能做营销，只是效率低。技术可以解决提升效率问题、敏捷性问题，但不能解决策略的决策问题，技术也不能直接提升 ROI。企业在技术建设时，做好基建，用对人才，坚持不断做数据治理，做好基础建设工作，这是未来引导技术发挥更好作用的关键。

公域私域的数据整合，非同源数据如何建模打通，结合所在行业 knowhow 的营销知识图谱，这是提升营销技术能力的三项基础工作，要先夯实，才能促进链条后端的程序化、AI、智能分发等工作。

具体落地实施中，从品牌自己来讲，完全自建新的技术团队会造成一些资源上的浪费，企业营销技术的落地原则是，用专业的人做专业的事，每个环节市场上都会有最专业的公司来配合，比如算法、调研、监测、模型、落地执行，有经验的专业服务公司才会产生最优的转化。

在营销技术的投资和采购上，一些前沿的新技术领域，体量大的头部企业可以做更多的探索，获取技术爆发期红利；体量小的公司不必盲目跟风，技术上的投资战略要谨慎，采买技术解决方案或搭建营销技术平台时，要先做好数据资产积累和治理，做好规划和目标，以解决问题和提供更好交付为目标，不能图快速匆忙开发上线，更不能图便宜选择低价供应商。市场上已经有太多企业付出投资后搭建了技术平台，却因质量问题或规划问题无法投入使用的失败案例，不但无法提升营销效果，更是预算的浪费。

总之，用营销技术赋能业务增长，是所有品牌的理想，但这背后，却不仅仅是"技术"本身的问题，更是由企业营销战略、组织协作、数据基建等综合决定的。

专题三：AIGC 赋能智能营销——华扬联众

大模型的突破拉开了人工智能应用的序幕，带来了效率与创造的双效提升。

AIGC 作为全新的内容创作形式，沿袭用户生产内容（UGC）以及专业生产内容（PGC）的优点，不仅对专业人士的杠杆效应显著，分担简单但冗杂的工作，使专业人士集中精力处理诸如挖掘深层立意、元素创新组合等更顶层、更有价值的事情；同时，运用 AI 也正成为新的职业能力，"大触们"前赴后继地开发着 AI 近乎无限的潜能，并创作出大量精美之作。AI 的加入无疑为营销行业带来了无尽的想象空间。作为引领中国数字营销的头部企业，华扬联众始终秉持积极拥抱新技术、深化落地新场景、努力开发新应用的宗旨，以 AI 技术为核心，从品牌建设、营销物料创制、人员效率提升等多维度形成产品矩阵，探索人工智能驱动下的数字营销全新可能。

一、AIGC 赋能营销：华扬联众推动 AI 应用落地

（一）AI 全方位赋能营销产业

1. 精准客户画像，提效广告投放

亚马逊通过 AI 驱动广告平台，根据用户的浏览和购买力，对大量用户数据进行深度学习，不仅能更加精准地匹配消费者偏好，还能助

力广告商接触到合适的受众，提升触达消费者的广度和精确度。

2．创新广告形式，激发灵感

可口可乐在 2023 年 3 月发布的创意广告短片，利用 AI 激发新的灵感，脑洞大开地用一瓶可口可乐将来自非洲、印度、中东和拉丁美洲的新兴创作者的艺术作品串联，开启世界博物馆奇妙之旅。

3．发力内容供给，提升生产效率

AIGC 工具具备多种输出形式，包括文字、图片、语音、视频等，在创意、表现力、迭代、传播、个性化等方面，充分发挥技术优势，在内容生产环节降本增效。

（二）华扬联众引领产业，探索 AIGC 的应用落地

洞察人工智能技术驱动的自然语言处理与创意内容生成工具，在营销领域提升工作效率的重大意义。华扬联众早在 2022 年就搭建了由当前最强算力 GPU 集群构成的算力平台，用于 AI 模型训练和私有化部署，开发全新 AIGC 工具 HiGC 智能营销平台、品牌 VI 管理工具 BrandAI，从品牌建设、营销物料创制等多维度，探索人工智能驱动下的品牌传播推广新思路，"向 AI say Hi！"。

1．大模型算法工具助力工作流重构，引领营销行业产业升级

伴随着数字经济的飞速发展与新生代自我意识的不断觉醒，国内消费者的决策模式发生了巨大的转变，品牌需要海量多样化、定制化的数字内容。HiGC 将致力于帮助华扬联众与客户智能处理耗时的重复性工作，全面解放从业人员的创造力、专注思考决策，启发全新创意，提升内容传播效率，实现产业升级。华扬联众的多年大数据进行私有化训练和部署，积极运用现有的大模型、算法和工具，现已开发出全新 AIGC 工具 HiGC 智能营销平台、品牌 VI 管理工具 BrandAI 等多种华

扬联众特色的 AI 工具。

作为一个营销创意协作工具，HiGC 实现了多源一站式整合，不但接入了 ChatGPT-4，更整合了 Midjourney V5，同步实施以 Stable Diffusion 为基础的开源创图模型的私有化部署，全面整合优化了 AIGC 工作流，全面满足客户全链路、全场景、全工作流的概念研发、数据挖掘、策略发想、方案策划、内容营销、图文创意、设计协作、代码编程乃至视频制作的全流程需求。对于运营品牌 AI 资产的 BrandAI 而言，通过自动化和高效化地处理和分析大量品牌相关数据和文档，准确地分析品牌主的 VI 规范和市场趋势，进行符合调性与价值观的演绎、迭代，确保品牌形象与价值观的正向输出。从 LOGO 到 VI、从愿景到调性、从产品到服务、从消费者到洞察、从创意到媒介、从数据到口碑、从现实到虚拟、从 AI 到机器人——世界常变，需求永续。

2. 联动三方：组建 AIGC 应用生态

华扬联众携手有丿有捺、爱智岛人工智能创作者联盟联合推出 AIGC 三方协同共创平台。该平台将科技、艺术与品牌相结合，使用 AIGC 打造全新的 AIGC 图片内容生产模式，重塑内容生产流程，提供全新的 AIGC 内容生产服务。目前，有丿有捺已汇集了超过 400 名使用 AIGC 进行创作的艺术家与设计师，正式推出线上服务内容，任何用户与客户均可在线下单寻找适合的艺术家与设计师，完成图像内容的个性化创作。

AIGC 的应用生态极大实现营销提效。效率上，内容制作实时沟通、反馈，将原有一周以上的内容制作时长缩短至小时级，提升对营销热点的实时把控能力。效果上，多样性与高质量的 AIGC 内容更能适应精细化运营的要求，提升中小企业营销部门工作效率。产品力拉升上，艺术家联动营销专家、AIGC 工具，精准锁定目标受众偏好，实现产品包装与营销物料的双重审美提升。

AIGC 工具为营销行业提供了更为辽阔的想象空间——华扬联众秉承以技术洞察驱动增长的核心理念，现已将 HiGC、BrandAI 紧密结合自身新营销服务、新 IP、新技术、新零售四大优势业务板块，循序渐进地融入各业务线工作流程。

二、算力 + 脑力：华扬营销大脑系统开启 AIGC 焕新航程

在近一年的探索与实践基础上，华扬联众体系化梳理成功经验，并正式推出华扬营销大脑系统。华扬联众坚信，营销产业的核心价值自始至终在于人的创造力，AI 技术的发展是将机器的强大算力更好地为人所用，释放人脑的无穷创造力。算力（大模型计算能力）和脑力（人的创造力）的完美结合，这是华扬联众 AIGC 战略的目标，也是"华扬营销大脑"系统开发的初衷。

（一）"算力 + 脑力"的合力战略以及配套的"华扬营销大脑"系统，将带来营销工作流的整体优化再升级

在以往的商业引擎中，数据的整合、分析以及最终决策都需要人来进行。而来自华扬联众的工作流优化再造，将数据、AI 模型与工具三者结合赋能新一代商业智能运行：华扬营销大脑是一个数据化、智能化、具备从策略到行动的应用闭环能力、日常工作场景中可高频使用的综合性营销咨询服务平台，带来了"算力 + 脑力"的合力战略，让原有工作流全面升级。算力层面，抓取消费者行为数据，以更能及时掌握真正驱动消费的 DCD 系统挖掘代表用户需求的关键词，并进行

分析与解读；脑力层面，进一步结合集成 ChatGPT-4、Midjourney V5 等大模型，经过华扬联众专属多年的大数据进行私有化训练和部署的创意协作工具 HiGC，将关键词重新解构，转化为 Midjourney 等图像创作模型可识别的高度精准"prompt"指令词，智能化生成从文本到视觉的一站式品牌内容。

通过集成了数据能力，实现文字解读与图像创作联动，不仅为品牌洞察显著减少时间成本，更激发创作灵感，形成了以品牌生意增长为中心的数据中枢和创新大脑，并形成完整的数据驱动内容闭环，实现持续优化。

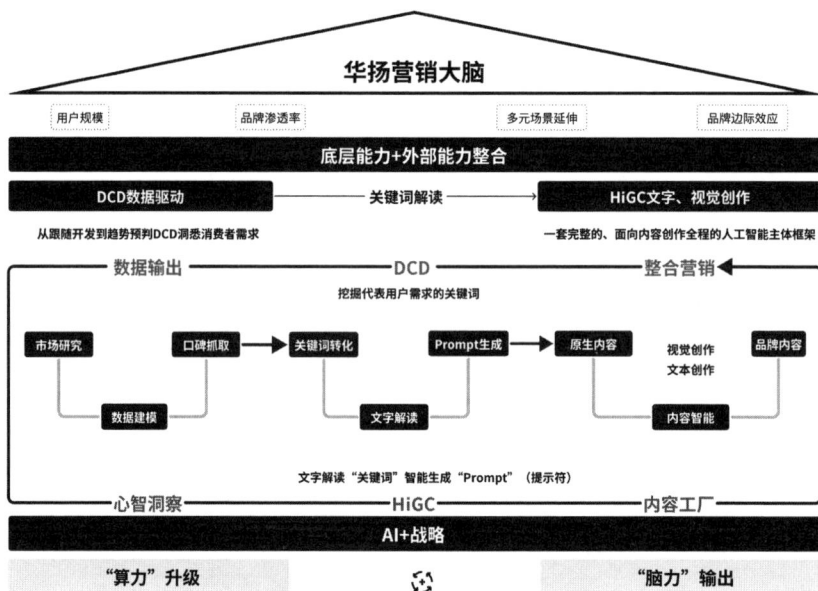

图 7-7 "华扬营销大脑"系统

图片来源：华扬联众

（二）"华扬营销大脑"系统所带来的效率提升与创新可能，将为行业创造前所未有的价值

以新产品上市为例，从用户洞察到新产品研发、测试再到上市的营销动作，传统组织需要18—24个月，新消费品牌需要3—6个月，而全面应用AIGC后，这个过程将被压缩到以天为单位。尤其是用户洞察、概念包装、传播物料等营销部分的工作时长将从原来的30—60天，压缩为1周，并且可以产出3—8倍的可行性方向，极大地提升了新产品的创新效率。"华扬营销大脑"系统为安踏品牌客户提供了量身定制的2024春夏新品设计及IP命名工作，从用户需求和消费驱动洞察，到新产品的创新方向和产品设计，再到概念包装、命名和视觉物料的全套作业只用了7天，并且产出的方向数量是原先作业的3倍。

数智化转型是品牌提升竞争力、驱动未来价值增长的必经之路。以消费者长期价值为导向的全域营销增长策略正在被AI重构，集成数据模型与语言、图像创作模型诞生的全新工作流，结合长期的应用案例、用户数据和行业数据积累，通过数智化能力的武装与升级，让营销领域向更高效、专业化、个性化的方向前进，实现品牌与消费者关系的数字化管理与正向价值循环，穿越周期，实现生意增长。华扬联众作为数字营销行业的领导者，紧跟趋势，持续在原有的营销服务基础上不断迭代更新，希望实现更敏锐的行业洞察力，为不同行业、不同发展阶段、不同规模的品牌合作伙伴提供紧贴行业最前沿的新营销解决方案。

三、AIGC赋能中小企业：实现营销提效绝佳路径

在AIGC技术迅速发展的大背景下，对于品牌传播预算有限、人手

不足的中小企业来说，搭乘 AIGC 迅猛发展的东风，完成品牌包装、传播物料制作等工作，是实现营销提效的绝佳路径，许多中小企业开始尝试在其帮助下实现投入产出比的有效拉升。然而，由于 AI 培训经验不足、专业语言理解障碍等问题，当前的 AIGC 平台仍存在一定门槛。华扬联众深知中小企业客户在提高效率以及定制个性化传播内容方面的需求，决心成为合作伙伴品牌 AIGC 实战之路上的领航员——华扬联众与有丿有捺、爱智岛联合推出三方联动平台，助力商业伙伴在快速变化的竞争环境中实现价值最大化。

（一）IP 内容 AIGC 集体创作服务

传统 IP 创制过程中，品牌需要付出大量人力物力对 IP 形象进行包装、延展，使其适应不同设备、平台、媒介的传播特性，这往往是中小企业客户力所不能及的。AIGC 技术生产的 IP 内容具有丰富多样的风格和特点，它能够帮助中小企业客户便捷扩展 IP 形象在各类风格中的视觉表现与融合能力。这些全新风格的图片既能用于印刷品、宣传材料等传统媒体上，也能用于网络平台及移动设备等新媒体的宣传推广，极大地拓宽 IP 形象在不同场景中的落地。

（二）AIGC 实时内容定制，提升客户互动体验

"在聊天的过程中，完成内容定制"——若干名指定风格艺术家在线上实时进行内容定制服务。部分中小企业客户品牌传播部门人手有限，且不具备独立训练、使用 AIGC 平台的能力，华扬联众在品牌主与艺术家之间搭建起实时沟通的桥梁——品牌主可通过线上沟通陈述需求，艺术家使用 AIGC 工具实时生成各种风格和特色的图像；线上即时沟通冲破壁垒，双方实时反馈、即时更正，小时级内即可完成内容定制。一方面，品牌可在网站、购物平台和社交媒体等场景部署

AIGC 聊天机器人，提供 24 小时全天候在线客服支持，更精准、智能地解决客户疑问，提高客户满意度。另一方面，品牌可使用 AIGC 完成在社交媒体上的互动，通过生成定制的社交媒体内容吸引用户参与，根据客户反馈自动调整发布内容，从而显著提高客户满意度和忠诚度。该工作流程已被各类电影宣传海报、杂志封面、互联网营销内容制作广泛采用。

（三）一对一轻量个性化定制

"一盏茶的时间，完成轻量个性化的图片定制"——平台派单，一对一快速轻量化实现图片定制。中小企业客户有大量轻量化的图片内容个性化定制的需求，平台提供一对一的 AIGC 个性化内容定制服务，实时出图，在 30 分钟的服务时间内输出个性化定制的内容，具备独特性、高品质、快速交付的特点，高效满足合作伙伴日常传播需求。

品牌可通过使用 AIGC 工具跟踪用户在网站、购物平台和社交媒体上的行为，收集大量用户数据并进行深度分析，挖掘用户需求、兴趣和偏好，生成详细的客户画像和细分，从而制定更加精准的营销策略，包括定位目标市场、选择合适的营销渠道和传播内容。同时，华扬联众将协同艺术家，根据受众画像和细分信息，使用 AIGC 平台为不同客户群体，量身定制符合其兴趣和需求的高质量品牌传播物料。

华扬联众将凭借多年的营销经验，全程参与从产品设计到线上营销的全过程，为中小企业构建全链路 AIGC 驱动的新型工作流程，探讨基于 AIGC 的新型用户与品牌互动营销模式，并严格把控输出内容质量。

专题四：跬步千里，稳健增长——京东营销策略洞察报告

一、宏观与平台趋势洞察

（一）宏观趋势：宏观经济温和回暖，电商市场进入新阶段

宏观经济上，整体经济的温和回暖为电商的发展提供了良好环境，随着经济社会全面恢复常态化运行，我国的国民经济展现了突出的韧性与活力。然而，随着互联网发展趋于成熟，市场流量逐渐进入瓶颈期，互联网人群规模见顶，网民上网时长渐趋稳定。如图7-8所示。

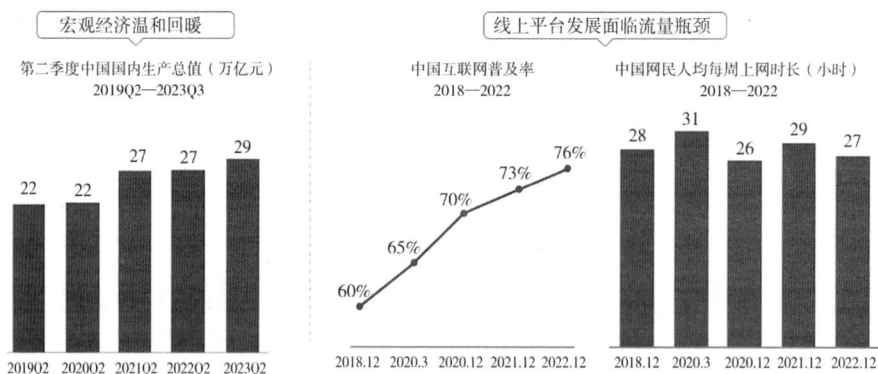

图 7-8　宏观经济与电商市场发展现状

图片来源：京东

聚焦到电商市场，在消费人群方面，网络购物用户增长明显放缓，用户增量空间缩窄。在消费意愿方面，居民消费意愿逐渐趋于稳定，电商创造需求的能力越发有限。综合来看，整体电商市场已经从初期的快速扩张，逐渐向稳定发展转型。如图7-9所示。

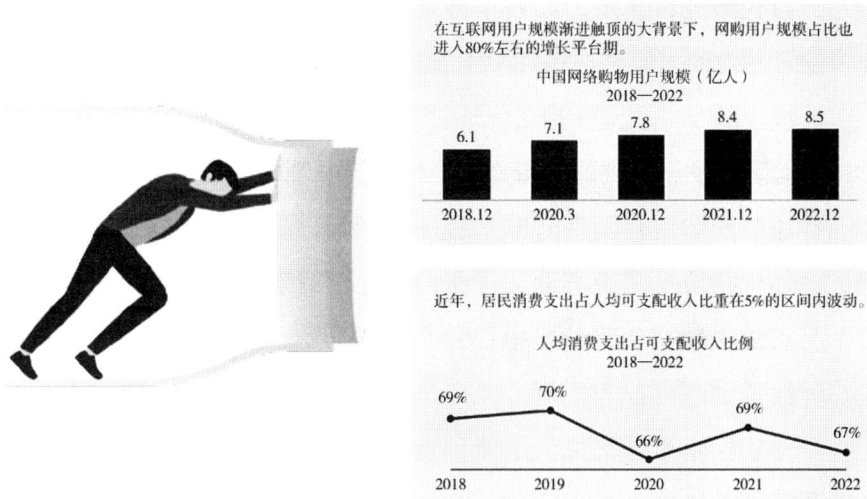

在互联网用户规模渐进触顶的大背景下，网购用户规模占比也进入80%左右的增长平台期。

中国网络购物用户规模（亿人）
2018—2022

6.1	7.1	7.8	8.4	8.5
2018.12	2020.3	2020.12	2021.12	2022.12

近年，居民消费支出占人均可支配收入比重在5%的区间内波动。

人均消费支出占可支配收入比例
2018—2022

69%	70%	66%	69%	67%
2018	2019	2020	2021	2022

图 7-9　电商消费需求端发展趋势

图片来源：京东

（二）京东趋势：持续推进"智简经营"，用户活力与商家投入驱动生意"稳健增长"

在快速发展的大环境中，京东敏捷捕捉平台、用户与商家三方面的趋势，顺势而为。在平台趋势中，京东持续投入资源建设全面健康、稳步增长的营商环境。具体趋势包括以下四个方面。

1.营销能力持续迭代。以"智简经营，稳健增长"为主题，全面升级平台营销服务。"智"以数据为基础，京东通过在数据层、流量联动层等一系列能力建设，帮助商家在流量获取能力和营销投放效率上实现有效提升。"简"以商家需求为基础，京东通过减少产品的操作步骤、智能辅助决策，降低商家的学习门槛。

2.百亿补贴持续加码。京东持续加码补贴力度，无论是在让利消费者的力度上，还是在让利合作伙伴的力度上，都达到了历史最高。

3.特色服务持续发力。京东持续提升特色服务项目所覆盖的品类和力度，助力商家销售额进一步增长。

4.线上线下消费进一步融合。围绕门店商家的实际需求，京东持续加码对线下商家发展的支持力度，持续提升消费体验。

在用户趋势中，消费者偏好进一步彰显，呈现多元化、理性化趋势。具体包括以下三个方面。首先，多元化消费特征日益彰显。京东多个品类成交额实现跨越式增长，凸显了强劲、多元的用户需求。其次，理性消费逐渐成为主流。据京东消费及产业发展研究院调查，今年上半年理性消费逐渐成为主流，消费者对产品更高的要求背后，意味着商家需要具备过硬的产品力以及明确有效的沟通策略。最后，O2O模式备受青睐。当下，线上化、数字化已成为各生活场景的重要支持，O2O模式"足不出户""即买即得"的便捷属性深受消费者青睐，且更易激发消费者的潜在需求。

在商家趋势中，产品多样性与新品布局成为增长的主题，C2M等数智化工具持续为增长提供抓手。具体趋势包括以下三个方面。首先，产品多样性持续提升。京东的产品多样性在人群、品类和场景三个维度进一步扩展，力求提供更丰富、更多元的购物体验。其次，新品布局加速。越来越多的爆款新品出现在京东，为商家提供了扎实的"第二条增长曲线"。最后，C2M持续驱动生意增长。商家持续借力京东积累的大量深入的消费者洞察进行产品的反向定制，实现对市场趋势、人群偏好的精准把握。C2M作为增长的重要抓手，持续驱动生意增长。

二、营销驱动稳健增长的实现路径

（一）经营痛点：如何在不确定环境下"确定性增长"

1. 商家经营的核心痛点：确定性增长

在电商市场快速增长期，商家追求生意盘快速扩张，跑得更快；而在流量见顶之后，市场竞争激烈，增量空间缩窄，商家转而希望能够稳健增长，活得更久。随着营销环境日益复杂，"确定性增长"成为新主题。这里的增长既可以是用户的增长，也可以是生意收入的增长，或者营销活动效率的提升。

2. 商家经营痛点的具体体现：心智、黏性、共鸣、效率

第一，用户失焦，心智建立难。商家普遍存在目标用户难以洞察、难以捕捉的问题，容易陷入用户"失焦"。第二，经营短视，长期黏性低。过于关注短期盈利指标，忽视长期客户黏性的建立。第三，需求多元，品牌建立共鸣难。消费者的需求变化加快，与消费者建立共鸣越来越难。第四，流量分散，营销效率低。消费者触点的碎片化导致流量资源分散，给精准营销带来了前所未有的挑战。

（二）经营目标：提升商家营销能力与 ACME 四大指标

在复杂多变的营销环境中，商家科学的营销策略和强大的生意资产是不变的核心竞争力。京东将衡量商家营销能力提炼为 ACME 四个方面，并通过完备的指标体系，帮助商家评估其在这四个方面的进展与差距。如图 7-10 所示。

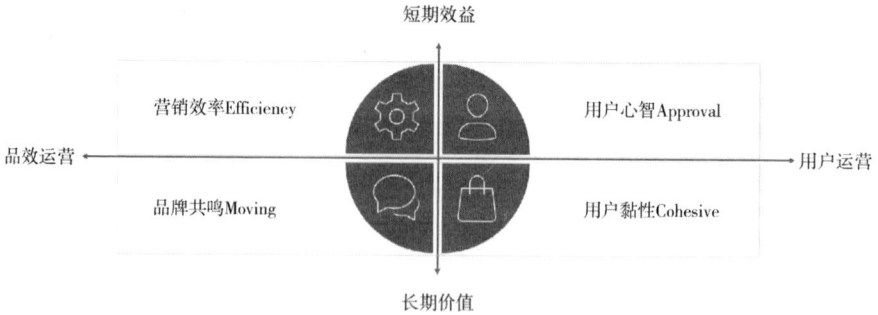

图 7-10　ACME 品牌营销能力及指标

图片来源：京东

第一，用户心智（Approval）：用户心智要素指商家通过深耕公域人群资产，实现消费者从认知到购买的心智转化的能力。

第二，用户黏性（Cohesive）：用户黏性要素指商家持续经营消费者忠诚度，让消费者"只买我"的能力。

第三，品牌共鸣（Moving）：品牌共鸣要素指商家不断传递价值观，与消费者进行情感互动，获得价值认同的能力。

第四，营销效率（Efficiency）：营销效率要素指商家进行精准、高效、创新营销并实现高转化率的能力。

（三）经营方法：以人为核心，货场联动实现确定性增长

1. 获得确定性增长的三大要素

商家实现确定性增长，提升 ACME 四个维度的指标，需要具体落实人、货、场三大要素。如图 7-11 所示。

稳健增长方法
以人群策略、货品策略、场域策略为支撑，全面提升ACME能力

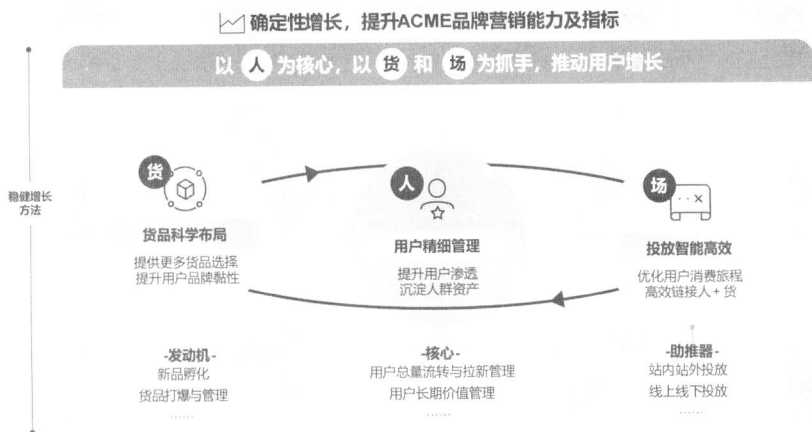

📈 确定性增长，提升ACME品牌营销能力及指标

以 **人** 为核心，以 **货** 和 **场** 为抓手，推动用户增长

稳健增长方法

货

货品科学布局
提供更多货品选择
提升用户品牌黏性

人

用户精细管理
提升用户渗透
沉淀人群资产

场

投放智能高效
优化用户消费旅程
高效链接人 + 货

-发动机-
新品孵化
货品打爆与管理
......

-核心-
用户总量流转与拉新管理
用户长期价值管理
......

-助推器-
站内站外投放
线上线下投放
......

图 7-11　以"人"为核心，"货"和"场"为抓手，

是商家实现确定性增长的三大要素

图片来源：京东

　　首先，人群经营，实现持续的用户增长与价值释放，是商家实现确定性增长的核心。在流量见顶的时代背景下，通过深入分析用户总量与流转、提升拉新能力、提升用户渗透、深耕用户价值，自然而然可以拉动商家生意增长。其次，科学的货品布局，助力商家满足消费者需求。科学的货品布局为用户提供更多选择，提升用户黏性，进而推动用户价值增长与人群资产沉淀。再次，高效的场域投放，进一步提升用户的消费体验。作为用户增长的助推器，商家可以通过数智化工具优化消费旅程，高效精准地连接人与货，事半功倍地助推用户增长。最后，以用户增长为核心深耕人群经营，同时借助货品经营、场域经营双轮驱动，共同构成了商家生意确定性增长的基本方法论。

　　2. 京东助力商家实现确定性增长的优势

　　人群经营方面，京东用户保持高质量增长，为商家生意增长提供

良好土壤。在电商发展的新时代，京东依旧保持活力，用户基本盘不断扩大。

货品经营方面，京东深耕零售行业，沉淀深刻洞察与强大经营力。发达的自营业务为京东赋予"电商平台＋零售商"双重属性，自营业务沉淀货品营销洞察，赋能平台营销策略。

场域经营方面，京东持续推进技术升级，力求为商家提供行业领先的营销服务。在基础设施方面，京东云算力为智慧经营提供坚实基础；在技术应用方面，人工智能大模型赋予营销新动能；在产品化能力方面，京东完善的营销产品布局为商家经营保驾护航，为商家提供更智能、便捷、高效的营销服务。

3. 全域长效经营方法论框架

为了帮助商家提升 ACME 指标，进而实现确定性的用户增长、生意增长以及营销提效，本报告提出人群、货品、场域三个方面的经营具体方法论。其中，在人群经营方面，商家需要建立完善的用户价值体系，覆盖短、中、长期各类评价指标，体系化深耕用户人群。在货品经营方面，京东提出 Burst 新品经营方法论，为定位、研发、策略规划、上市打爆、货品运营全链路赋能。在场域经营方面，京东提出四维全域营销方法论，在强调用户全域触达的基础上，关注如何借助京东提供的资源及策略，实现全域营销协同。

三、全域长效经营洞察与策略

（一）人群经营：体系化追踪，深耕用户长效价值

1. 人群洞察：从粗放式获客向精细化深耕转型

首先，京东用户规模与价值持续增长，为商家的用户精细化运营

提供了良好环境。京东用户规模与价值实现双增长，为商家实现用户增长目标提供了信心。

其次，沉淀全域用户资产，赋能用户高效增长。2021年，全域营销运营平台——京东营销云正式上线。其在数据安全的基础上，解决品牌数据割裂的难题，通过技术服务实现全域用户沉淀及各渠道、各场景的营销运营提效，驱动企业实现消费者资产持续增长。

最后，用户深耕可以为商家带来更多价值，对生意的确定性增长意义重大。京东PLUS会员显示出更强的消费黏性与消费实力，用户价值增长空间巨大。精细化的人群运营能为商家带来切实可感的生意提升。

2．人群策略：建立完善用户指标体系，为长效运营打好人群基础

为了实现用户的精细化运营，商家首先需要建设完善的指标体系作为参考，科学评估商家客群健康度。以人群的未来发展为维度，商家主要有短期、中期、长期三种洞察视角。

第一，短、中、长期用户指标体系。

短期效果指标：广告投放效率类指标，如点击率（CTR）等。从短期的视角，商家关注每一次营销动作是否"划算"，投放后能够带来多少生意增长，侧重于强调ACME四大能力要素中的营销效率（Efficiency）。

中期影响指标：包括用户心智培育能力、拉新能力、品牌互动、品牌认可以及搜索意愿五个核心维度，涵盖4A人群流转等指标。在中期指标方面，商家不仅关注投放带来的即时转化，也开始关注营销对建立用户心智、提升品牌调性的影响。因此，ACME四大能力要素中的用户心智（Approval）和品牌共鸣（Moving）被纳入考虑。

长期价值指标：包括用户长期价值指标，如会员贡献、GMV贡献，

以及忠诚度类指标，如老客复购率、跨类目购买用户占比等。在长期指标方面，商家需要在人群层面实现长效经营，打磨 ACME 中的用户黏性（Cohesive），发掘用户价值潜力。

第二，用户长期价值指标——CLV。

用户长期价值（Consumer Lifetime Value，CLV），指的是用户在未来一段时间内，在京东可以实现的 GMV 贡献。商家可以利用京东提供的 CLV 数据，精准制定营销策略。在实际落地应用上，精细的竞争分析和全面的类目评估是京东 CLV 特色的产品能力。一方面，商家可以"向外看"，对标同品类竞争对手，补齐用户价值短板；另一方面，商家也可以"向内看"，分析各类目的用户价值特征，更好地进行生意规划。

3. 用户指标体系应用：依据营销环境多维度入手，实现高质量用户增长

京东提出用户指标体系化运用方法论，帮助商家进行人群策略定位，以用户为中心，从各个维度入手最终实现用户增长。

第一，发展阶段定位：根据成长地图，定位品牌用户人群状态。

商家所处的发展状态，决定了其需要提升哪一部分人群价值、如何提升。京东的品牌成长地图是帮助品牌进行发展阶段定位的高效工具。在这一方法中，成长阶段是地图的纵轴，根据品牌入驻时长和业务增长两个条件评估品牌在京东的增长状态；人群渗透率是地图的横轴，依据人群渗透率的指标，衡量品牌在京东域内的行业竞争态势。京东根据同类目各商家的发展状态，精细化地制定了各个维度的评价指标及其分界点。商家可以在品牌 X 三级类目的颗粒度进行精准定位，直观看到品牌的现状以及未来发展方向。

如图 7-12 所示，在 ACME 方法论品牌成长地图下，不同的成长阶

段和不同人群渗透率交叉组合，可以划分出六大成长定位。不同的成长定位下，商家面临不同的营销环境与人群特征。处于不同成长阶段，商家关注的用户价值指标也有不同，具体如下：

图 7-12　ACME 方法论品牌成长地图

图片来源：京东

（1）萌新探索：全力推动人群破圈，培养用户心智

新入驻平台，人群基础和数据累积不足，需要快速累积人群资产。在这一阶段，由于生意刚刚起步，商家在短期主要关注营销投放在积累用户认知方面的效率，而由于人群渗透率较低、用户基础较为单薄，长期用户价值指标仅作为商家经营的参考。

（2）瓶颈突破：广泛触达用户，充分拓展客群

处于瓶颈突破期的商家市占率不高，而且生意增速放缓，客户群体有待进一步拓展。商家需要在"质"和"量"两个方面挖掘用户群体价值；关注短期指标进行渠道及资源组合优化，提升营销效率。在中期指标方面，商家需要评估自身建立深度用户心智、承接流量的能力，

进而运用站内站外、线上线下等全域营销手段，对目标用户进行深度触达，扩大品牌的影响，发掘用户增长潜力。

（3）潜力激活：深耕用户资产，"攻""守"兼备，保持生意增长势头

快速成长的年轻品牌，市占率较低，着力人群扩张的同时需稳守生意基本盘。潜力激活期常常为快速成长的年轻品牌刚刚出现在市场上的阶段。这类商家需要"攻""守"兼备，在稳守已有生意基本盘的同时定向拉新，扩展用户群体，拓宽品牌影响力。此外，商家需要进行精细化用户圈层划分、定制化人群策略，进行精准定向拉新，扩大并巩固品牌的人群基础。

（4）新生成长：基于站外良好基础，借势发力，实现生意增长目标

入驻时间短，但品牌已初具规模，应利用站外良好生态撬动站内用户快速增长。该阶段的商家需要充分利用其在站外生态的优势，深耕用户价值，在京东实现生意的快速扩张。商家除了需要关注短期营销表现，沉淀平台策略，也需要关注中期在京东的用户心智积累和品牌互动情况，还需要关注沉淀用户的长期指标。

（5）头部重塑：以用户为中心，提升黏性，实现价值跃迁

处于头部重塑期的商家疲于同质化竞争，且营销方式陷入定式，亟须进一步挖掘用户价值。商家在基于短期指标进行策略动态调优之余，应重点关注中长期指标。在中期指标方面，商家需要关注品牌互动以及拉新能力指标，进而用跨界IP、产品升级等创新营销手段激发用户兴趣。

（6）龙头腾飞：持续拓宽用户触达场域，实现生意长期稳健增长

龙头腾飞商家是市场中的"尖子生"，在新品牌的冲击下，寻求保持自身的生意资产优势。商家不仅具有较高的人群渗透率，而且

生意处于高速增长中，是行业经营的标杆。在指标方面，龙头腾飞类商家需要兼顾短、中、长期指标。一方面关注短期投放效率，降本增效；另一方面关注品牌持续拉新能力，从而在公域私域、线上线下、站内站外营销上发力，扩大投放人群量级，为自身获得增长增量。更重要的是，龙头商家需要关注其长期指标，进而通过创新会员玩法、会员私域触达等手段对会员进行分层精细化运营，提升长期用户价值。

第二，营销周期定位：把握营销节奏，有序观测用户指标体系。

除了宏观的发展阶段，商家在不同的营销周期，其人群运营重点也有不同。具体而言，商家需要经历蓄水期、预热期、转化期、返场期四类不同的营销节点。

首先，蓄水期：提升全域曝光度，打好人群基础。蓄水期是大促的前置阶段，是产品营销中持续时间较长的阶段。在这一时期，商家应通过全域持续曝光，深化品牌形象并扩大影响力，建设生意的基本资产，为后续的长效经营提供良好的人群基础。在指标方面，蓄水期有利于商家提升中长期指标。蓄水期长时间的持续曝光和精细化运营为用户群体深耕创造了机会。中期，商家可以为用户稳健增长创造环境，建立用户心智；长期，商家可以塑造品牌形象，提升用户黏性的同时促进用户价值的增长。

其次，预热期：建设品牌传播力，为爆发充分蓄力。预热期与大促爆发紧密相连，优惠、广告等营销资源此时开始投放。此时，商家应持续建设品牌传播力，制定个性化的营销沟通与传播策略，通过合理高效的营销资源布局，获取更多、更有效的市场声量。指标上，预热期重点转移到短期指标与中期指标上。在短期指标中，预热期商家会将营销资源前置，吸引买家注意，商家需要对目标用户精准投放；

在中期指标中，还需要对品牌形象进行强调，强化用户心智，为大促的快速转化做好铺垫。

再次，转化期：集中释放，关注生意快速大规模转化。在转化期，商家的营销动作以"快""准""狠"为主要特征。商家利用各渠道触点，将各类营销资源集中释放，在重点用户与重点场域加大注码，推动生意在短时间内达到高潮。由于转化期时间较短、营销资源较集中，商家在转化期主要关注营销的短期指标，如营销投放的投入产出比等，以充分利用营销资源，推动生意达到最高峰。

最后，返场期：针对重点用户再营销，带动消费升级。在返场期，商家重点聚焦意向犹豫用户，进行有针对性的广告再触达，减少决策周期，完成转化。此时，商家的营销节奏相对放慢，可以通过用户心智沟通，对人群进行精细化深耕，实现用户消费升级。在指标方面，由于返场期的营销动作更注重用户价值的再提升，所以在指标体系上更侧重于用户中长期指标，如在中期的拉新效果、在长期的用户价值增长等。另外，大促结束之后，商家也需要根据大促结果，基于中长期的用户价值分布等指标进行用户策略的复盘和调整。

在整个营销周期中，短期指标辅助商家评估转化效率，中期指标评估营销蓄水预热进度，长期指标用于复盘用户价值增长效果。在不同时期，商家需有侧重地观测各类指标，抓准营销节奏，实现生意最大化提升。

4. 人群经营案例：品牌主乐事通过洞察CLV分层人群指导品牌长期价值提升

背景：品牌主乐事关注到品牌成交人数有下滑趋势，面临流量瓶颈、高CLV人群占比低等挑战。因此，乐事希望从长期CLV指标角度出发制定6月投放策略，提升自身客群未来预计可以给品牌带来的GMV。

方法：提炼高 CLV 人群标签，指导营销投放：借助京东提供的 CLV 数据，乐事提炼高 CLV 人群标签，发现主要特征包括"高促销敏感度""1—2 线城市居多""高购买力""行业兴趣更偏向食品饮料""21—45 岁"等。基于这些标签，乐事在广告投放中制定了有针对性的人群策略。基于 CLV 细化指标分析本品与竞品差距，制定优化策略：乐事借助 CLV 指标拆解对比，发现了本品在"人均订单量"与"人均浏览指数"上与竞品有所差距。因此，乐事制定了清晰的投放计划补全上述差距。一方面，乐事采用了多种运营投放手段提升品牌曝光与客户浏览，通过京准通广告及 CRM 短信对人群进行触达；另一方面，在权益匹配上聚焦人均订单量的提升，在复购环节匹配如复购券等大量利益点，激励老客持续购买。

成效：通过对长期 CLV 指标的深挖与行业对标，乐事在此次投放后成功地积累了大量高价值人群资产，使 6 月高 CLV 人群量级相较于 5 月提升 20%、高 CLV 人群的未来价值提升 5%。

（二）货品经营：推陈出新，满足用户多元货品需求

1. 货品洞察：新品从供需两端拉动商家生意增长

从需求端看，尝试新事物、新产品、新体验已成为当下消费者的关注焦点。

从供给端看，一方面，越来越多的商家将新品作为重要营销抓手。另一方面，对于大量陷入增长瓶颈的商家而言，亟须通过新品的孵化，从新业务、新技术、新效益、新需求出发，找到自身第二条增长曲线。在行业内卷式造新的背景下，如何高效地推新推爆，从而抢占新品市场份额，是头部品牌方面临的一大问题。

2. 货品策略：借助 Burst 新品经营方法论，赋能新品首发各个环节

整体而言，Burst 新品经营方法论包括"产品定位 Brewing""产品研发 Survey""策略规划 Configuration""上市打爆 Advertising""货品运营 Operation"五个环节。每个环节都对商家提出了不同的能力要求，在此基础上，京东提出了"Burst 新品经营方法论"，全链路、一站式地助力商家做好新品首发。除了在各个新品场景均有平台数智化工具支持以外，京东 Burst 新品经营方法论最大的特点，就是可以将新品上市运营的各个环节打通，真正实现全链路的新品经营。

具体而言，"Burst 新品经营方法论"在上述五个新品场景均提出了详细的方法论与底层工具支持，助力商家稳步实现用户增长。其中，在产品定位环节，京东将该环节聚焦到观察需求趋势、理解热门品类、识别产品定位以及明确竞争聚焦四个方面，并通过自身在零售领域深入的行业洞察与专业的数智化工具为商家赋能。在产品研发环节，京东基于丰富且具有代表性的人群基础、专业的调研平台、智能的用户投放策略，以及可实时查看的交叉分析结果，为商家提供真实、快速、高质量的产品系列测试及仿真试投，帮助商家准确高效地理解核心客群需求。在策略规划环节，商家需要围绕新品的目标人群、渠道策略、全渠道沟通素材与产品价格四个方面进行策略规划，在新品上市前做到步步为营。在上市打爆环节，京东基于其全域标签体系以及领先 AI 算法，为新品提供了多项领先投放策略，以及多元的曝光资源，帮助新品度过冷启，实现"新品即爆品"。在货品运营环节，在短期新品运营中，京东为商家提供了运营数据平台，为商家快速复盘新品表现、持续优化货盘提供有力抓手。在长期新品运营中，商家也可以借助 ACME 长效指标体系，评估新品带来的长效价值。

3. Burst 新品经营方法论应用：全链路各环节的数智化赋能

（1）产品定位：更深入的趋势洞察

产品定位作为新品策略的起点，涉及大量的市场分析和消费者洞察工作。整体上，商家需要通过四个维度的研究，将新品孵化的方向逐步确认，实现由市场供需关系到差异化产品定位的逐步聚焦。

第一步，从核心人群出发，识别当下流行或新兴的消费需求及产品趋势。首先，商家可以基于一手人群与电商核心人群数据锁定本品核心客群。其次，通过核心客群的消费偏好与行为特征的综合分析，如搜索词分析，挖掘该人群对产品的潜在需求及使用场景。借此，商家可以对各需求场景实现量化排序，识别当下消费者对各场景不同的关注程度，理解热门的产品需求场景类型。

第二步，从爆品出发，挖掘和已有爆品心智强绑定或高关联的新品类目方向。商家首先可以从已有爆品出发，使用 NLP 等模型将消费者在爆品方面的心智与具体产品品类进行关联，并输出不同品类与该爆品的关联度。其次，关联度的高低，将助力商家识别消费者潜在的高兴趣品类，进一步帮助商家锁定新品需聚焦的品类赛道。

第三步，从全域社媒和电商平台挖掘品类热点及趋势卖点，挖掘新品细分市场方向。大量的站外的舆情评论与站内的爆品卖点数据包含了丰富的消费者对产品卖点的关注。通过自然语言模型与聚类算法将其中的产品卖点信息进行提炼与归纳，并结合本品特点将新品产品的定位进行锁定。

第四步，对新品类目方向进行市场趋势及市场格局评估，进一步聚焦品类方向。多维度量化、对比商家自身与核心竞争者之间的竞争力差距，有助于商家识别自身优势，产品力、触达力、价格力、品牌力、运营力均是对比中重要的指标。

在定位阶段，京东的优势源于平台的多元业态，拥有更丰富的数据沉淀，可以为商家提供更深入的行业洞察。

（2）产品研发：更高效的消费者共创

京东在产品研发阶段具备四大优势：在调研准备环节，提供了更具场景化的问卷设置。具体地，京东支持超过20种问卷题型与复杂的问卷逻辑设计，帮助商家在新品研发场景下完成科学的问卷投放。在人群圈选环节，包含了更丰富的人群标签。如前文所述，京东基于零售领域独特、深入的洞察与数据沉淀，在3C数码、家电、母婴、快消、汽车等行业拥有更丰富的人群零售及非零售信息。在问卷投放环节，可实现更高效的问卷回收。基于京东智能的投放策略与大量的活跃用户，商家投放的问卷能得到快速响应，最快可实现投放当天即回收完毕。在结果分析环节，提供更一体化的结果展示看板。京东在呈现问卷结果看板的基础上，还会叠加用户特征数据，助力商家准确识别样本人群的特征，辅助问卷分析。

（3）策略规划：更完善的规划视角

新品研发完成后，商家往往需要在营销投放前进行广泛调研，从新品的种种产品特征出发进行完善的策略规划。通常来说包括如下几个方面：

TA规划，从产品特征出发寻找目标客群。商家可以从平台数据源出发，进行特征工程和分层模型的构建，输出与新品相关的主要客群特征，最后通过交叉营利性指标将画像聚焦到最有潜力的目标客群特征。渠道规划，从客群触点行为出发寻找优质场域。这一阶段，商家需要对新品的全渠道策略进行规划，可以借助京东提供的行业及竞品洞察，结合自身经营与资源优势，聚焦高潜力渠道。素材沟通，从客群内容偏好出发确定沟通素材。基于京东提供的NLP等技术的支持，商家可以有效地借助消费者评论、舆情等，生成并细化新品沟通素材。商品定价，从全盘价格信息出发确定产品全周期价格规划。商家可以基于京东提供的行业及竞品价格追踪，综合考虑新品所处不同阶段与场景，制定新品全周期的动态价格策略。

（4）上市打爆：更充足的打爆资源

在新品预热打爆阶段，京东基于其海量数据积累，可以为商家提供强大的投放策略支持，并为其提供充足的曝光流量，进而推动流量的高效转化与承接。

策略层面，京东在投放前、中、后期为商家分别提供了有针对性的策略工具。在投放前，京东提供单品维度的新品货找人策略，有针对性地解决新品冷启动期问题。在投放中，京东开发了算法科学、可实现全局计划规划的 TMM 预算策略。在投放中和投放后，京东 Felix 计划可以为商家提供一体化流量站内承接方案，借助丰富的权益工具对流失人群进行召回转化。

资源层面，京东借助对全域的触点资源的整合，给商家提供了充足的曝光流量。京东依托京东数智能力，打通了站内站外触点及数据，整合了全域超百亿流量。同时实现流量场与交易场高效互联，满足商家对转化及长效引流投放需求。京东探索更科学、更量化的投放决策方法，通过大量的数据分析与深度建模全方位赋能商家在投前、投中与投后的各项决策。

（5）货品运营：监测运营货盘

ACME 模型评估新品长效价值，助力品牌长效运营。京东为商家提供的 ACME 模型帮助评估新品上市给品牌带来的长效影响，可以更多维度与更长期地评价新品价值。如图 7-13 所示。

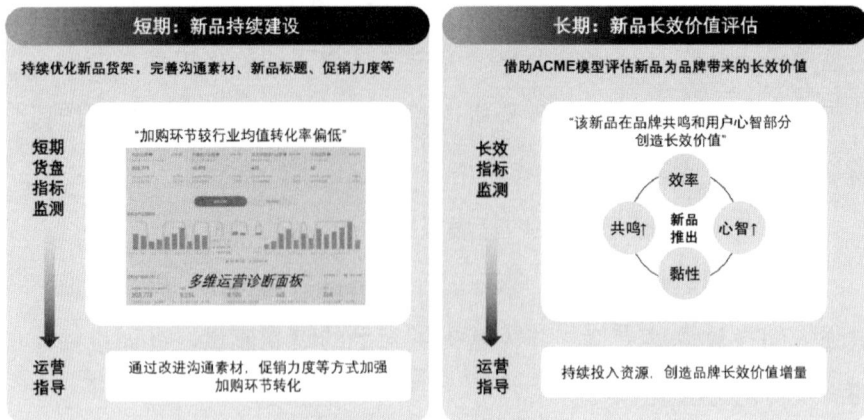

图 7-13　货品经营方法论

图片来源：京东

4. 新品经营案例：创维综合运用平台投前投中策略优化投放方案，实现高效拉新

背景：在电视赛道相对成熟、品牌竞争激烈的当下，作为智能电视赛道知名品牌的创维计划推出新品 A5D GLED 电视。创维希望京东在解决新品冷启动期历史数据不足的基础上，搭建科学高效的投放策略模型。

方法：借助 SKU 定向人群策略圈选高潜人群。基于创维新品的属性以及品牌相关信息识别近似的单品，基于转化率等电商行为指标，平台对匹配的所有近似品用户进行潜力的量化预估。最终品牌圈选了其中潜力较高的人群与创维自选人群结合进行投放。

借助 TMM 模型制定动态预算优化策略，降本增效。创维通过输入总预算与投放期限等指标，构建自定义的新品场景目标方案，使用营销智选 TMM 模型对其投放期间进行了预算与出价的动态优化，实现了投放预算对渠道表现的快速响应，提升了整体投放效率。

成效：大量可比的近似品数据解决了创维新品冷启动期数据不足的问题。在此基础上制定的智能人群定向策略与动态的预算优化策略助力创维在冷启期降本增效，综合实现 28% 的 ROI 提升与 20% 的拉新成本节约。

（三）场域经营：借助全域营销，实现全域用户触达

场域经营的核心在于，实现全域的用户触达，同时全面提升用户体验，进而推动用户增长。

1. 场域洞察：以用户触点为抓手，实现各场域营销"全覆盖"

全域营销综合考虑了站内站外、线上线下等多种渠道，帮助商家实现更全面、更精准的市场覆盖和不同投放渠道之间的无缝衔接。

2. 场域策略：以用户为中心，实现四层"全触达"

全域营销指的是通过建立全场域触点覆盖的营销能力，全面高效触达用户。具体而言，商家在建设全域营销能力时，有四个层面的具体抓手。

在媒体层面，站内站外联动投放可以促进高效转化。商家不仅要考虑如何在京东站内规划营销资源，也应该在站外用合适的方式触达用户，打通决策链路。

在渠道层面，线上营销与线下营销应该形成有机联动。商家只有打破线上线下的营销壁垒，实现人群洞察互通、营销统筹联动，才能在全场景实现高效精准投放。

在场域层面，公域与私域互融是品牌用户群体深耕的重要切入点。公域数据指导私域运营，私域用户反哺公域营销，通过公私域建设，商家可以持续沉淀用户资产，推动后续营销高效变现。

在链路层面，付费流量的营销投放与免费流量的自然增长相辅相成。商家在广告投放后，付费与自然流量形成有效联动。借助平台合理的流量分配机制，商家可以实现付费流量场和自然流量场的场域联动。

需要注意的是，这四层联动并非相互独立的关系，而是交融互联，共同构成了品牌一体化的全域营销。

3．四维全域营销方法论的应用：依托领先智简产品实现全域用户高效触达

具体而言，如何实现站内站外、线上线下、公域私域、免付费四个维度的联动，进而实现一体化全域营销呢？

（1）站内站外全媒体营销：领先营销算法及资源打破站内外营销边界

商家的站内站外营销策略，需要经历站外用户投放、站内回流承接两大过程。在站外，京东完善的站外投放产品可以助力商家实现更加精准的投放。借助平台强大的数据分析能力，商家可以基于站内用户特征洞察，形成个性化的站内外投放策略。通过京易投、京东直投产品以及合约资源，投放多元站外触点。在站内，人群回流、数据回流可以帮助商家制定更加高效的再营销策略。站外投放后，平台可以实现低折损、可应用的数据回流，帮助商家进行精细的策略制定、沉淀用户资产。

京东完善的数智化营销工具，可以贯通站内站外营销的每一个环节。具体来说，商家可以借助京东更加领先的算法策略和产品能力，以及深度的合作资源，实现跨媒体投放效率最大化。在算法策略与产品能力上，京东具备领先的算法技术以及更为完善的产品化能力。在营销资源上，京东与腾讯合作的产品京腾魔方可以帮助商家更为精准地识别京腾域用户，提供更好的媒体触达与营销体验。

京东在站外投放的另一领先策略，就是RTA智能营销策略。具体

来说，当商家在站外提出媒体 RTA 请求时，营销云可以借助 RTA 双塔模型，实时优化站外投放流量。商家可以依据其营销目标，选择对应的模型策略，而且实时性高，且无论是前链路的回流人群曝光点击，还是后链路的转化购买，都会实时回传至商家的 RTA 模型中，不断优化算法，提升投放效率。站内赋能站外，高增益人群识别算法，帮助商家更好地识别站外目标投放用户。京东开发了领先的高增益人群识别算法，可以基于因果推断算法模型，帮助商家识别站外广告曝光的高增益人群。RTA 智能营销依托京东站内回流数据实现站外投放流量的实时优选。

站外回流站内：序列化投放让站内承接更快、更准。在找到目标人群并对其进行站外曝光后，商家下一步就需要考虑这些曝光人群如何在站内进行及时、精准的营销承接。京东可以更快识别回流人群，降低人群流失率。京东的站外投放产品具备更低的数据延迟，可以帮助平台商家更加及时地识别出站外用户，为后续的再营销环节打好基础。京东可以基于科学算法，输出更科学、精细化的序列化投放策略。在站内用户承接之后，商家可以选择通过京东的序列化投放策略，将目标人群按照策略推荐的渠道顺序有次序地触达，在标准序列化外，还可以针对诉求提供定制序列和频次的触达。

站内站外投放评估，多触点归因（MTA）推动商家站内外营销升级迭代。在完整的站内外营销过程结束后，营销的复盘总结同样重要。为了解决商家的这一痛点，京东的多触点归因（MTA）算法产品应运而生。

MTA 可以对营销效果进行归因拆解，辅助商家优化投放策略。京东 MTA 算法可以将整体营销效果的各类指标变化（如 GMV、点击量等）归因到每一个广告触点上，在科学算法、交叉分析、前序归因方面具有突出优势。

首先，MTA 算法模型更加科学合理。传统的归因往往基于固定规则（如均匀分配、Last Click 模型等），而京东 MTA 以数据为驱动，结合深度学习动态调整归因规则，评估更科学。其次，MTA 产品支持多维视角交叉分析，产品支持更细颗粒度归因，可以看到一定时间段内，每条广告业务线、每类用户人群贡献的生意目标分布，为营销提供更精细的策略建议。最后，MTA 在转化指标外，也支持前序行为归因。由于消费者跳跃的决策链路，仅仅关注最终的 GMV 不一定能找到营销的最优解。京东 MTA 支持对品牌浏览、搜索、加购、关注、预约等"品牌前序认知归因"，帮助商家根据品牌定位灵活调整策略，精细化管理用户资产。

（2）线上线下全渠道营销：线上线下数据打通平台及独家资源助力商家全渠道投放

全域营销的第二个层面为线上线下全渠道的联动，即商家可以实现线下投放（如社区媒体、商圈等）及线上投放的联动整合。在这一层面，京东的优势在于数据的全面融合性，以及资源的全面整合。一方面，京东提供了打通线上线下数据的营销投放平台，将真实电商数据应用于线下投放中，综合用户线下行为轨迹、线上电商行为，真实描绘用户全景画像，为商家有效解决线下投放选址与评估无据可依的问题。另一方面，京东也为商家提供多元丰富的线下资源，覆盖各类线下场景，可以帮助商家通过多元的形式获得广泛的消费者触达。

线上线下数据打通，京东可以实现线下数据与线上电商数据有机结合。通过打通线上线下数据壁垒，京东构建了线下广告数智化投放平台，可以实现借助京东线上电商数据，对线下场景人群进行精准圈选与触达。线上线下联动，电商行为数据助力商家线下广告营销科学性选点。如前文所述，传统模式下，线下场景营销往往没有可量化的数据依据以及精准的选址能力，广告主更多是基于物理位置的定性分析，依托以往的合作经验进行决策。而京东的线上线下一体化投放平台，可以帮助广告主实现对目标用户更加精准的覆盖，为线下渠道的选择提供可量化、科学性的选址方案。

线上线下联动，电商行为数据助力广告主更全面、量化评估线下投放结果。京东数据借助线上线下一体化投放平台，实现两大优势：一方面可以通过各维度电商行为数据及 AB Test 结果展示，验证及评估线下广告投放的增益；另一方面可以通过对用户行为的长期追踪，观测用户在消费周期内的媒体触达情况及对决策周期的影响，给予商家投放组合建议。

线下独家多元资源，为商家提供多元线下营销资源，协助线上线下联动营销。除了数据打通，京东也具备独特、多元的线下投放资源，结合互动广告形式，整合线上线下资源形成全域营销的同时降本提效。

（3）公域私域全流量营销：营销云打通公域私域流量壁垒，安全赋能商家与平台数据融合

京东营销云基于安全的数据建模，帮助商家打通全域用户。基于对用户的立体认知，商家可以利用平台的数智营销能力，生成公域私域营销整体策略，协同管理公域私域用户，提升用户价值。京东营销云的数据整合能力以保障数据安全为基础。面对商家的数据挖掘需求，京东深耕行业领先隐私计算技术，提出青藤计划，在保障数据安全的绝对前提下实现全域数据融合，让商家放心体验数智营销服务。

京东青藤计划构建一个安全域，支持商家和京东通过安全计算的方式，进行数据识别与求交，进而生成双方可识别、应用的人群包。这一人群包可以支持京东侧、品牌侧的标签下钻、多维度分层及分析，赋能

商家人群策略制定。同时基于京东营销云策略引擎，联动商家数据和京东数据，能够自动生成精准人群包，联动数坊，实现营销投放提效。

在微信域，京东依托京东购物官方视频号、官方企微社群、京东购物小程序等公私域资源，联动商家共建私域资源，实现造势、种草、拔草全链路的一体化营销。在造势阶段，京东可以借助官方视频号，与商家合作发起话题挑战赛等优质内容，将公域流量引流到商家商品详情页或大促会场。借助视频号流量红利，京东可以帮助商家方以较低 CPM 获得高效曝光。在种草阶段，京东可以借助官方直播账号，联动头部、腰部达人，与商家合作"京东 X 商家主题"带货专场，通过场景化的演绎，结合心智爆品的商品利益点，对目标用户强势种草。在拔草阶段，京东可以为商家提供多元购物资源点位露出，如京东购物大账号、京购小程序等，同时借助京东购物官方社群，联动商家私域社群、公众号等，共同构建专属活动日，借助互动链接引流到小程序或商家私域购买。

（4）免付费全链路营销：在京东广告营销后，付费与自然流量形成有效联动，助力商家店铺流量增长

免付费营销联动是商家店铺流量增长的重要推进器，京东借助合理科学的分配机制和产品能力，助力商家实现付费营销对自然流量带动，为商家提供确定性的流量增长路径。此外，京东商智平台还将提供流量联动看板，协助商家持续监测自然曝光增量，确保流量联动效果可感知、可解释、可信赖。

展望未来，京东将持续关注商家营销痛点，秉持与商家共同成长的心态，不断迭代更加贴合商家需要、能够切实帮助商家经营的方法论，落地相关产品工具，辅助商家全域长效经营，在充满不确定性的时代，获得确定性、高质量的增长。